LA MONNAIE
DANS L'ANTIQUITÉ

LEÇONS PROFESSÉES

DANS LA CHAIRE D'ARCHÉOLOGIE

PRÈS LA BIBLIOTHÈQUE NATIONALE

EN 1875-1877

PAR

FRANÇOIS LENORMANT

TOME PREMIER

PARIS

A. LÉVY
Librairie-éditeur
13, RUE LAFAYETTE, 13

MAISONNEUVE ET Cie
Libraires-éditeurs
25, QUAI VOLTAIRE, 25

ROLLIN ET FEUARDENT
Libraires-éditeurs
4, PLACE LOUVOIS, 4

1878

LA

MONNAIE DANS L'ANTIQUITÉ

TOME PREMIER

Paris. — Imprimerie Gauthier-Villars, 55, quai des Grands-Augustins.

LA MONNAIE
DANS L'ANTIQUITÉ

LEÇONS PROFESSÉES

DANS LA CHAIRE D'ARCHÉOLOGIE

PRÈS LA BIBLIOTHÈQUE NATIONALE

EN 1875-1877

PAR

FRANÇOIS LENORMANT

TOME PREMIER

PARIS

A. LÉVY
Libraire-éditeur
13, RUE LAFAYETTE, 13

MAISONNEUVE ET Cie
Libraires-éditeurs
25, QUAI VOLTAIRE, 25

ROLLIN ET FEUARDENT
Libraires-éditeurs
4, PLACE LOUVOIS, 4

1878

A M. LE BARON DE WITTE

HOMMAGE D'UNE AFFECTION PROFONDE

ET RESPECTUEUSE

PRÉFACE

Depuis la publication de la *Doctrina numorum veterum* d'Eckhel, à la fin du siècle dernier, aucun ouvrage d'ensemble n'a été publié sur la numismatique, et pourtant, comme toutes les branches des études d'érudition, la science des médailles a réalisé dans le cours de notre siècle d'immenses progrès. Le modeste et profond Viennois en reste et en restera toujours le législateur. Les principes qu'il a établis demeurent inébranlables; la méthode qu'il a inaugurée ou du moins conduite à son point de perfection, et dont il a laissé un modèle impossible à surpasser, est la vraie, celle dont il n'est pas permis de s'écarter, et c'est en s'y conformant, c'est en marchant sur les traces d'Eckhel que les grands numismatistes du XIXe siècle, Raoul Rochette, Millingen, le duc de Luynes, Ch. Lenormant, Borghesi, Cavedoni, — pour ne citer que les noms de ceux à la gloire de qui la mort a donné la dernière consécration, — ont fait avancer la science bien au delà du point où il l'avait portée.

C'est, en effet, avant tout, aux études scientifiques que doit s'appliquer la belle comparaison de Lucrèce :

Et quasi cursores vitai lampada tradunt.

Le flambeau que le génie a une fois allumé demeure inextinguible; il se transmet de main en main, dans une succession constante d'efforts et de générations, aux émules et aux disciples de celui qui a su le premier y recueillir l'étincelle sacrée, et tous, armés de ce flambeau, s'avancent d'un pas rapide vers le but ardemment poursuivi : la connaissance de la vérité. Pour un coureur qui succombe au milieu de la carrière, dix nouveaux se présentent, recueillant précieusement son héritage; leurs forces et leurs succès sont inégaux; mais chacun d'eux, portant un peu plus loin la lumière, éclaire une nouvelle partie de la route. Pendant ce temps, le but semble constamment reculer, car il est dans l'infini, et jamais il ne sera complétement atteint. C'est la condition même du progrès de la science humaine, qu'elle est toujours dans un perpétuel *devenir,* et que, si elle parvient à augmenter son trésor en conquérant quelques nouvelles parcelles de vérité, la plénitude de la vérité sur un sujet quelconque ne pourra jamais être atteinte ici-bas.

Il est donné au génie de l'homme de créer l'instrument, mais non de réaliser absolument l'œuvre; il peut acquérir et rendre parfaite la méthode qui pénètre les secrets de la nature ou ceux du passé de l'humanité; mais quand il s'agit de connaître ces secrets, il n'y parvient qu'incomplétement. Il y a toujours quelque chose qui lui échappe; à chaque pas qu'il fait en avant, de nouveaux problèmes, qui n'étaient pas soupçonnés la veille, se dressent devant lui. Dans cette avide poursuite de l'inconnu, ce sont toujours des horizons imprévus qui s'ouvrent devant ses regards et qu'il lui faut atteindre, et quand il y est parvenu, il reconnaît que sa tâche recommence, qu'il lui faut parcourir une nouvelle étape, au bout de laquelle en viendra une autre. La science progresse incessamment; chaque jour, elle sait un peu plus et un peu mieux; mais chaque progrès lui fait sentir davantage que ce qu'elle sait n'est que bien peu de chose à côté de ce qu'elle ne sait pas.

Pourtant ces efforts continus, dans lesquels les générations succèdent aux générations, ne sont pas stériles. Si la science perd toute force de vie et bientôt recule, le jour où elle se laisse aller à la trompeuse illusion d'avoir atteint le but, le jour où elle se croit définitivement fixée et où elle oublie la loi de progrès et de transformation incessante à laquelle elle est soumise, dans sa marche sans repos chacun de ses pas est fécond. Chaque étape du chemin parcouru reste conquise, et le point d'arrivée du jour est le point de départ des progrès du lendemain. Le trésor des connaissances n'est jamais complet; mais chaque génération, chaque travailleur l'enrichit, et le sentiment des conquêtes plus grandes qui restent à réaliser ne doit pas faire oublier la valeur et l'importance de celles qui sont accomplies. Ne nous croyons pas supérieurs aux maîtres qui ont créé la science dont nous avons fait l'objet de nos études, parce que, venus plus tard, nous en savons plus qu'eux; n'oublions jamais ce que nous leur devons, et sachons avoir pour leurs œuvres un respect et une admiration qui ne sont que justice. Mais ce respect et cette admiration pourraient à leur tour devenir une sorte de fétichisme et nous emprisonner dans une immobilité chinoise, s'il nous arrivait de croire qu'il suffit de répéter: *Magister dixit*, si nous ne comprenions pas que la meilleure manière d'honorer la mémoire des maîtres est d'aller plus loin qu'eux et de travailler à enrichir, en le développant dans la mesure de nos forces, le domaine qu'ils nous ont légué.

Mais s'il n'est permis à personne de nourrir l'orgueilleux espoir de dire le dernier mot d'une science et de la résumer d'une manière définitive, il est utile, il est même nécessaire de s'arrêter de temps à autre pour jeter un regard en arrière sur la route déjà parcourue et pour bien préciser le point où en sont parvenues les études. Un tableau général de l'état des notions, des résultats acquis et des lacunes qui restent encore à combler, n'est jamais un travail oiseux, car il fournit une aide efficace aux débutants qui abordent la carrière, il intéresse le public à la science, et même, pour les savants spéciaux, une semblable récapitulation de ce qui a été déjà fait peut servir à préparer de nouveaux progrès. C'est comme un inventaire du trésor amassé par une longue suite d'efforts, inventaire indispensable à renouveler d'intervalle en intervalle pour se rendre compte de ce qui compose ce trésor et aussi de ce qui y manque.

A plus de trois quarts de siècle de distance de la publication du dernier volume du grand ouvrage d'Eckhel, un résumé de l'état de la science des monnaies antiques est devenu nécessaire. Sans doute, par un privilége bien rare, le grand numismatiste autrichien était doué d'une érudition si sûre, d'une pénétration si heureuse, à la fois prudente et hardie, d'un tact scientifique si exquis, que bien peu de ses jugements sont à réformer; sa classification, en particulier, reste la meilleure qui ait été conçue, celle que tous ont dû adopter et qui demeurera désormais en usage tant que l'on formera des musées de médailles. Mais si les corrections à apporter à la *Doctrine* sont peu nombreuses, les travaux ultérieurs ont révélé une multitude d'additions à y faire. Eckhel a traité magistralement toutes les questions dont il s'est occupé, mais il en est beaucoup d'autres dont il n'a pas parlé, dont il ne pouvait pas parler, car elles n'étaient pas encore posées de son temps, et qui sont dès à présent élucidées et résolues.

Depuis la publication de la *Doctrine*, le nombre des monuments numismatiques de l'antiquité grecque et romaine connus, décrits et figurés, sur lesquels doivent porter les études de la science, a presque quintuplé; les descriptions ont acquis un caractère d'exactitude et de précision inconnu aux anciens ouvrages; au lieu des figures informes dont on se contentait autrefois, on a vu les graveurs se mettre à représenter les monnaies antiques telles qu'elles sont, avec leur véritable style d'art, et, dans les dernières années, l'emploi des procédés photographiques est venu permettre une fidélité de reproduction qui ne laisse rien à désirer. Celui qui disserte sur une pièce dont il ne lui a pas été donné de voir l'original n'est plus obligé de s'en fier à une description plus ou moins intelligente ou à l'interprétation toujours contestable d'un dessinateur; c'est le monument lui-même qui est désormais placé sous ses yeux dans l'image héliotypique. Quant à ce qui est de l'authenticité des monuments, leur critique, encore dans l'enfance à la fin du siècle dernier, — car nous sommes quelquefois surpris quand nous voyons dans les anciens médailliers, tels que celui de Florence, certaines monnaies qu'un Eckhel lui-même pouvait accepter pour antiques, — leur critique a su acquérir une sûreté qu'il est maintenant bien rare de trouver en défaut. A force d'avoir à lutter contre l'habileté toujours croissante des faussaires, les conservateurs des collections publiques, les grands négociants du commerce des médailles, qui sont souvent eux-mêmes des savants (il suffit de citer les noms de MM. Feuardent et Lambros), enfin les connaisseurs privés, ont pris une expérience et une finesse de coup d'œil vraiment merveilleuses; non-seulement les fraudes d'autrefois ne sauraient plus tromper personne, mais il n'est pas une de celles d'aujourd'hui, bien autrement habiles pourtant, qui ne soit vite percée à jour. Cette création de la critique intrinsèque des monuments numismatiques a débarrassé le terrain d'un bon nombre de pièces auxquelles nos prédécesseurs avaient donné place dans leurs ouvrages, sur lesquelles ils ont disserté, tandis qu'elles n'eussent pas dû occuper un seul instant la science, n'étant que le produit d'audacieuses falsifications. De cette manière, en même temps que le nombre des objets d'étude s'augmentait dans de si fortes proportions, il s'épurait par l'exclusion progressive de tout mélange suspect et capable d'égarer.

Il y a eu sous ce rapport une infinité de petits progrès de détail, qui ont porté sur toutes les séries et qui ont fini par exercer sur la science une influence plus générale qu'on n'aurait pu se l'imaginer d'abord. Mais, à côté de ces conquêtes partielles, de ces vérifications minutieuses, dont le champ est bien loin d'être épuisé, les savants de notre siècle ont su ajouter au domaine de la numismatique des provinces entières, qui, pour Eckhel et ses contemporains, étaient des terres absolument inconnues. Le hasard fécond des trouvailles, l'extension de la conquête européenne et des explorations scientifiques régulières dans des contrées inaccessibles aux recherches il n'y a pas encore un siècle, enfin, dans les pays mêmes où la culture savante avait flori depuis la Renaissance, l'observation attentive d'un nombre toujours plus grand de travailleurs modestes et patients, ont révélé des séries monétaires dont l'auteur de la *Doctrine* ne soupçonnait même pas l'existence et dont on ne sait ce que l'on doit le plus admirer, la richesse ou l'importance historique. Que l'on veuille bien seulement jeter un coup d'œil sur ce que sont aujourd'hui la suite des monnaies des royaumes grecs et barbares de la Bactriane et de l'Inde, dont Eckhel ne connaissait que deux pièces, et celle de la numismatique indigène des Gaules jusqu'à leur organisation par Auguste, et l'on pourra se faire une idée des résultats produits par les deux causes que je viens d'indiquer.

Les monnayages antiques de l'Asie à légendes phéniciennes, araméennes, hébraïques, pehlevies, cypriotes, etc., etc., sont aujourd'hui tout un monde dont les parties principales ont été explorées avec succès, dont le classement est établi d'une manière sûre dans toutes ses lignes essentielles, et dont les problèmes encore douteux vont chaque jour en se restreignant. Qu'en savait-on du temps d'Eckhel ? Les premiers déchiffrements des inscriptions pehlevies sur les monnaies des rois Sassanides par Sylvestre de Sacy, qui ont ouvert à la science une ère nouvelle et inauguré les méthodes d'explication des écritures inconnues et des langues perdues, sources de tant de merveilleuses conquêtes de l'érudition dans notre siècle, n'ont été publiés que postérieurement à l'apparition de la *Doctrine.* Au moment où elle fut écrite, tout le bagage en ce genre se réduisait aux travaux de Bayer sur les sicles hébraïques et à quelques heureuses lectures de légendes phéniciennes par l'abbé Barthélemy, lectures auxquelles Eckhel, rendu sceptique par les fantaisies extrascientifiques à qui l'épigraphie orientale avait trop souvent donné lieu, eut le tort de ne pas attribuer la valeur qu'elles avaient réellement.

C'est encore l'abbé Barthélemy, ce génie original et pénétrant, que la vie mondaine du XVIIIe siècle et le dévouement à ses nobles protecteurs ont trop souvent disputé et arraché à la science, c'est encore l'abbé Barthélemy qui a conçu le premier l'idée de ce qu'il appelait la *paléographie numismatique,* c'est-à-dire de la détermination des époques historiques des monnayages grecs autonomes d'après le développement des procédés techniques de la fabrication, les caractères du style d'art et la paléographie des légendes. Sous ce rapport, Eckhel s'est borné à enregistrer les données des mémoires du savant français; il n'y a rien ajouté de personnel, et la détermination des époques d'émission des autonomes grecques, mises en relation avec les grandes phases de l'histoire générale, n'apparaît même pas en germe dans son livre. En effet, Winckelmann venait à peine de découvrir qu'il y avait une histoire de l'art, ce dont on ne s'était pour ainsi dire pas douté avant lui, et cette nouvelle science, qui commençait seulement à naître, ne pouvait être encore d'aucun secours à la numismatique. Il n'en est plus de même aujourd'hui ; elle est fondée désormais d'une manière inébranlable et fournit les plus sûres indications pour fixer la date des monnaies. En même temps, l'étude des inscriptions, en se développant et en se régularisant, a donné aux critériums proprement paléographiques une certitude et une précision qu'on ne pouvait leur attribuer autrefois.

Eckhel avait mené si avant l'étude et la classification historique des monnaies des empereurs romains, que, sous ce rapport, ses continuateurs ne l'ont guère dépassé. Mais, avec lui, la série républicaine, celle des pièces si improprement appelées *consulaires*, demeurait un véritable chaos, grossièrement réparti par familles et presque sans aucune valeur pour l'histoire. C'est seulement en créant sur ses vrais fondements la science de l'épigraphie latine et l'histoire de l'administration romaine tirée des inscriptions, que Borghesi a commencé à jeter la lumière sur la numismatique des âges républicains, en même temps que Cavedoni trouvait dans l'analyse attentive des grands enfouissements un secours inestimable pour en débrouiller le chaos. Le classement chronologique de cette vaste série monétaire est ainsi devenu possible, et s'il y a encore bien des perfectionnements à y introduire, bien des problèmes de détail à y élucider, les bases en sont jetées et les grandes époques bien déterminées.

Mentionnons encore les questions, qui n'étaient pas encore abordées du temps d'Eckhel, sur lesquelles la *Doctrine* est muette, et qui de nos jours ont pris tant d'importance, relativement à l'étude des monuments numismatiques envisagés au point de vue de la métrologie, de l'histoire du développement des systèmes monétaires, de la valeur réciproque des métaux précieux et de leur pouvoir effectif, du cours de circulation des espèces, en un mot du rôle de la monnaie dans la vie économique et sociale des civilisations de l'antiquité. Là encore, il reste immensément à faire, et tout n'a pas une valeur égale dans les nombreux travaux dont ces problèmes ont fait l'objet, surtout depuis vingt-cinq ans. Il faut en défalquer une large part de conjectures douteuses ; il importe de s'y défier des mirages auxquels le jeu des chiffres ne se prête que trop facilement, en métrologie et en économie politique aussi bien qu'en statistique. Mais, même en écartant par une critique sévère tout ce qui n'est pas suffisamment certain, les recherches modernes sur ces matières ont produit un large contingent de faits positifs et capitaux qui contribuent dans une mesure considérable à l'avancement de la numismatique, et dont il n'est plus permis à l'histoire générale et à la science économique de ne pas tenir compte.

Tous ces progrès, qui ont si largement agrandi le champ des études et en partie renouvelé la face de la science, se sont opérés, comme il arrive toujours, d'une manière fragmentaire, dans des travaux qui ont porté sur des points spéciaux et déterminés. Aucun ouvrage n'est venu jusqu'ici les coordonner et les résumer dans une vue d'ensemble. On a publié des monographies soigneusement étudiées sur telle ou telle série numismatique, sur telle ou telle question particulière, des descriptions des collections publiques ou privées, et surtout un nombre presque infini de dissertations dans les revues spécialement consacrées à l'étude des médailles, dans celles dont le cadre embrasse tous les rameaux de l'archéologie, et dans les différents recueils académiques de l'Europe. C'est là qu'il faut aller chercher les faits nouveaux qui ont enrichi la science et son état présent. Mais le nombre, la variété, l'étendue des publications à consulter rendent les recherches pénibles même pour les savants spéciaux, qui sur chaque sujet ont toujours à craindre que quelque mémoire important n'ait fini par leur échapper. Elles deviennent bien plus difficiles pour les commençants, qui se plaignent avec raison de ne pas avoir à leur disposition un traité général exposant les principes et les faits essentiels de la numismatique, conformément à la situation actuelle des connaissances. Et à plus forte raison les résultats assurés désormais à la science des médailles antiques demeurent dans ces conditions un arcane inaccessible pour le grand public, pour ceux qui ne s'y adonnent pas d'une manière complète. Il est toujours mauvais qu'une science tende à devenir une sorte de propriété exclusive entre les mains des hommes spéciaux ; elle manque par là même à une partie de sa mission. Et la chose est encore plus fâcheuse quand il s'agit d'une science dont l'écueil, — et c'est là ce qui établit une analogie singulière entre la numismatique et certaines des sciences naturelles, comme l'entomologie, la conchyliologie et la botanique, — dont l'écueil est précisément la facilité avec laquelle, faute d'y rattacher des idées générales, elle se réduirait à la collection stérile d'une multitude de petits faits privés de vie, tombant ainsi dans la curiosité puérile. Combien des amateurs, qui recueillent des monnaies antiques avec un zèle digne de louanges mais insuffisamment éclairé, ne se doutent même pas de l'intérêt scientifique supérieur qu'ils pourraient relier à leurs goûts de curieux, et cela faute d'un livre qui ait éveillé leurs idées à ce sujet ! En même temps, pour ma part, j'ai été souvent surpris du peu de parti que les historiens et les économistes tirent des matériaux amoncelés par les numismatistes, matériaux dans lesquels ils trouveraient tant de richesses à mettre en œuvre, tant de renseignements dont l'absence laisse dans leurs écrits de notables et fâcheuses lacunes. Mais j'étais bien obligé ensuite, quand je cherchais à me rendre compte des causes de l'ignorance dans laquelle reste le public au sujet d'une des branches les plus capitales et les plus attrayantes de la science des antiquités, de reconnaître que la faute en était surtout aux numismatistes, qui depuis bien longtemps ne se sont pas suffisamment préoccupés de mettre leurs études à la portée des profanes, non plus que d'en donner une synthèse dont pussent facilement profiter ceux qui ont besoin de demander à la numismatique quelques-uns de ses résultats, sans cependant avoir le temps ou la possibilité de s'y donner d'une manière spéciale.

C'est l'absence de tout traité général de numismatique résumant les progrès consommés depuis Eckhel, et le sentiment de l'utilité pratique que présenterait un tel livre, quelque imparfaite qu'en fût la réalisation, qui m'ont enhardi à publier les leçons que pendant deux années successives j'avais consacrées à l'étude des médailles dans la chaire d'archéologie près la Bibliothèque nationale. J'y étais, d'ailleurs, encouragé par les conseils bienveillants d'amis dont l'opinion a pour moi la plus haute autorité, tout spécialement par ceux du savant éminent dont j'ai écrit le nom sur la première page de ce livre. En donnant la forme d'une rédaction définitivement arrêtée aux notes de mon cours, et en les révisant une dernière fois avant de les livrer à l'impression, je me suis efforcé de faire de mon mieux. Pourtant, je dois le déclarer ici, je sais autant que personne tout ce qui manque à cet ouvrage, et j'ai le sentiment profond de l'insuffisance avec laquelle j'ai rempli le programme que je m'étais tracé. Mais j'espère du moins que, telles qu'elles sont, ces leçons, faute d'un livre mieux fait, pourront être de quelque utilité.

La nouveauté même de l'entreprise pourra, d'ailleurs, dans une certaine mesure, me servir d'excuse, si je m'y suis montré trop inférieur. C'est la première fois que la numismatique a fait l'objet d'un cours public. Et même, lorsque je commençai mes leçons, un des savants qui tiennent aujourd'hui le premier rang dans cette étude m'exprimait des doutes sur la possibilité de ramener aux formes de l'enseignement professoral une science où la multitude et la variété des faits à observer semblent quelquefois défier les tentatives de synthèse, où le tact et la finesse de l'appréciation personnelle tiennent une place si considérable. Sans doute, il eût été enfantin de prétendre former par des leçons de ce genre des numismatistes pratiques. Ce ne sont ni les livres ni les professeurs, c'est l'étude directe et le maniement prolongé des monuments, développant certaines aptitudes naturelles, qui peuvent seuls apprendre à discerner d'un coup d'œil sûr une monnaie réellement antique d'une falsification moderne. Il y a des facultés particulières que développe la pratique familière des antiquités originales, et qui sont les plus nécessaires de toutes en archéologie, quelle que soit la branche que l'on entreprend de cultiver. C'est une éducation de l'œil que rien ne remplace et qu'il faut s'efforcer d'acquérir soi-même, en recourant aux grandes collections, en regardant souvent les monuments qu'elles renferment, de manière à en saisir les moindres détails, en s'y exerçant à cette minutieuse analyse qui permet seule d'en comprendre le caractère général, en les comparant entre eux et en étendant chaque jour le cercle de ses rapprochements. C'est seulement ainsi que le numismatiste, en même temps qu'il acquiert le sens critique de l'authenticité des médailles, parvient à ce degré de précision dans ses appréciations dont il ne saurait se passer et qui lui permet, à l'examen d'une pièce nouvelle et encore inconnue, qu'il s'agit de classer, d'en déterminer l'âge et la patrie d'après le style et la fabrique, sans avoir besoin d'autre témoignage. Une semblable gymnastique de l'œil et du tact est ce qui forme le connaisseur pratique dont doit être doublé tout savant vraiment digne de ce nom en matière d'archéologie monétaire, et ce qu'elle apprend ne saurait être enseigné par aucun professeur, non plus que par aucun livre.

Mais ce que l'on est en droit de demander à l'enseignement et aux livres, ce sont les principes fondamentaux de la méthode d'interprétation scientifique des monuments que l'observation pratique met seule à même de connaître. C'est aussi la synthèse des faits jusqu'à présent constatés, ramenée à des notions générales ; ce sont les grandes lignes du tableau d'ensemble qui ressort du rapprochement de cette multitude de faits, et, si l'on peut ainsi parler, les lois qui en découlent. C'est enfin l'apport que la numismatique est en état de faire dès à présent au fonds commun des sciences d'érudition. Voilà ce que j'ai essayé d'exposer dans mes leçons et ce qui me fait espérer qu'elles pourront, tant bien que mal, combler en partie la lacune que j'ai signalée, le manque d'un traité d'ensemble sur l'étude des médailles antiques d'après ses derniers progrès.

Les conditions mêmes de l'enseignement public m'ont ainsi amené à m'occuper, comme j'ai voulu, du reste, l'indiquer dans le titre du présent ouvrage, de *la monnaie* envisagée à un point de vue général chez les Grecs et chez les Romains, plutôt que *des monnaies* antiques considérées dans leur infinie variété. De là le cadre qui s'imposait presque nécessairement pour cet essai de résumé synthétique.

J'ai divisé mon étude en huit livres, comprenant chacun un nombre plus ou moins grand de chapitres; mais ces livres se groupent naturellement, cinq d'un côté et trois de l'autre, en deux plus grandes divisions, qui correspondent aux deux années successives du cours. Ce sont, comme diraient les Allemands, la *partie systématique* et la *partie historique*.

Dans la première partie, j'ai pris pour guide la lumineuse distinction empruntée par Isidore de Séville (1) aux jurisconsultes romains : « Il y a trois choses essentielles dans la monnaie, la matière, la loi, la forme; en l'absence de l'une d'elles, il n'y a plus, à proprement parler, de monnaie. » Après un rapide coup

(1) *Orig.* XVI, 17.

d'œil consacré à quelques questions préliminaires, telles que la définition des classes spéciales de monuments numismatiques que nous devions laisser de côté dans cette étude, comme n'étant pas des monnaies, les noms génériques de la monnaie chez les anciens et les origines de son usage, j'examine successivement les espèces monétaires du monde antique dans ces trois éléments constitutifs de la matière, de la loi et de la forme, en les embrassant dans une vue d'ensemble chez tous les peuples qui en ont frappé, depuis l'invention même de la monnaie jusqu'au moment où les rois des Barbares, établis dans l'Occident à la suite des invasions, répudièrent, sur les pièces qu'ils émettaient, toute trace de la suprématie impériale. Car ce sont là les deux faits qui délimitent dans le temps la numismatique ancienne, que j'avais seule à étudier ici. Au delà commence celle du moyen âge.

La matière, ce sont les métaux employés à l'usage monétaire, leurs valeurs respectives et les alliages qu'on leur donnait pour les rendre plus propres à la circulation ; ce sont aussi les substances, sans valeur intrinsèque correspondant à la valeur nominale que l'on y assignait, qui ont été employées à certaines époques à faire des monnaies purement fiduciaires, véritables assignats ; ce sont enfin les procédés matériels de la fabrication des espèces métalliques par le moyen de la frappe ou de la fonte. La loi dans les monnaies comprend avant tout les règles de droit public qui, aux diverses époques et dans les différents pays, ont déterminé la possession et l'exercice du privilége d'émission monétaire par telle ou telle forme de la puissance publique. C'est encore la constitution des différentes magistratures auxquelles ont été remis la direction et le contrôle des opérations monétaires, l'un des attributs les plus essentiels de la souveraineté et l'un de ceux en même temps qu'il importe le plus qui soient sagement réglés, mis à l'abri des fantaisies de l'arbitraire et de la mauvaise foi. Et à cette partie du sujet se rattachait naturellement, de telle façon qu'on n'eût pu l'en séparer sans inconvénient, tout ce qui touche à l'organisation des ateliers monétaires ainsi qu'à la condition des ouvriers et des graveurs des monnaies dans le monde grec d'abord, puis dans le monde romain. La vaste question des systèmes monétaires rentre aussi dans le domaine de la loi. Mais j'ai dû la réserver pour la seconde partie de l'ouvrage, car c'est seulement au point de vue historique et dans l'enchaînement successif des époques qu'elle peut être utilement examinée. Quant à ce qui est de la forme dans les monnaies, elle consiste avant tout dans deux éléments principaux, dont nous avons essayé de définir les conditions générales, l'histoire et les développements, les types et les légendes. Les surfrappes, les contre-marques et les autres faits du même genre rentraient naturellement dans les particularités de la forme, et nous avons dû y faire aussi une place à part aux plagiats, aux imitations par les peuples civilisés ou barbares des monnaies qui trouvaient un cours de faveur auprès du commerce, à cause du développement très-considérable que ces imitations, d'une nature médiocrement loyale, ont tenu dans le monnayage de l'antiquité comme dans celui du moyen âge. Il m'a également semblé utile, à cause de la nouveauté du sujet et de l'absence de tout manuel où les amateurs de médailles pussent trouver groupées les données qui leur sont indispensables sur cette matière, de consacrer un livre spécial à l'une des questions particulières qui se rattachent au point de vue de la forme, je veux dire à la paléographie monétaire proprement dite. Le lecteur y trouvera résumés les faits de l'histoire des écritures grecque et latine dont la connaissance est nécessaire aux numismatistes, puis les autres alphabets orientaux et occidentaux employés dans des légendes monétaires, avec les valeurs de leurs signes et des exemples qui permettent de s'exercer à la lecture.

On le voit, cette première partie, systématique, n'est autre que les *Prolegomena generalia* d'Eckhel, élargis, développés et mis autant que possible au niveau de l'état actuel de la science. Ce que nous y envisageons, ce sont les faits d'un caractère fondamental et universel, qui constituent l'essence même de la monnaie sous la variété multiforme de ses espèces, au lieu des différences qui distinguent chacune de celles-ci. Ainsi, quand il s'agit des types, ce que nous avons dû chercher, ce n'est pas à donner une idée de leur variation presque infinie, des détails qui les différencient, c'est au contraire à les ramener à un certain nombre de grandes classes, à dégager les règles de convenance esthétique qui ont dirigé les artistes dans leur composition, et à déterminer les ordres d'idées dans lesquels on les a généralement choisis, leur caractère avant tout religieux, ainsi que les progrès de la tendance qui conduisit ensuite à les rendre historiques, allusifs aux événements contemporains, tendance qui ne devint prédominante que sous les empereurs romains. Nous avons été même amenés, par la force des choses, à donner dans nos observations aux faits légaux et économiques, à qui appartient surtout le caractère de généralité, un développement plus grand qu'aux faits purement numismatiques, où se marquent surtout les variétés de détail.

Pour la seconde partie, historique, j'avais deux modèles que je devais m'attacher à imiter et à suivre, l'*Histoire de la monnaie romaine* de M. Mommsen et le livre de J. Brandis sur les systèmes monétaires de l'Asie antérieure jusqu'au règne d'Alexandre le Grand. Ce que ces deux savants ont si bien fait sur des sujets limités et des séries spéciales, j'ai essayé de le généraliser et de l'étendre à la totalité du monnayage antique. Il m'a fallu seulement, par suite de l'élargissement du cadre à remplir, adopter une forme plus résumée, me borner davantage aux grands traits et donner moins de place aux détails. Dans cette partie donc, au lieu de prendre la monnaie antique dans son ensemble pour étudier séparément chacun de ses éléments constitutifs, je procède par époques et par pays, m'efforçant de déterminer l'histoire, la succession et les vicissitudes des différents systèmes monétaires qui ont régné dans l'antiquité, et je consacre une revue rapide aux séries numismatiques qui représentent l'application de ces systèmes. Les divisions sont ici données par la chronologie et la géographie. Dans le monnayage autonome du monde oriental et grec, je distingue trois grandes périodes qui m'occupent successivement, de l'invention de la monnaie à Darius fils d'Hystaspe, de Darius à Philippe et Alexandre de Macédoine, enfin d'Alexandre à la conquête romaine, et dans chacune de ces époques mes études se distribuent géographiquement par régions.

Revenant ensuite aux origines pour pénétrer dans le domaine à part du monnayage italiote et romain, je retrace la formation du système de l'*aes grave* en Sicile et en Italie, et les principes nouveaux auxquels donne lieu la combinaison de la monnaie d'argent d'origine grecque avec l'usage indigène d'employer le cuivre pris au poids comme instrument des échanges. J'examine après cela les débuts du monnayage de l'argent à Rome, où il s'introduit plus tard que partout ailleurs, et je suis les développements de la monnaie romaine au fur et à mesure de l'extension de la puissance de la cité-reine, qui absorbe graduellement l'universalité du monde antique en le courbant sous le niveau de la domination. Cette étude historique de la monnaie romaine, où mon premier guide a été naturellement M. Mommsen, embrasse la série de la République et celle de l'Empire, jusqu'à l'émancipation définitive, monétaire comme politique, des rois barbares de l'Occident. Ici encore, ce sont les grands événements de l'histoire qui me fournissent les divisions, par l'influence qu'ils exercent sur le monnayage. Les espèces frappées en dehors du système monétaire romain, conformément aux données des anciens systèmes de drachmes grecques, soit dans les provinces directement soumises à Rome, soit dans les royaumes simplement vassaux, sont groupées à la suite du monnayage proprement romain sous la rubrique des diverses époques, à titre de monnaies provinciales frappées sous le contrôle et la direction des magistrats du peuple-roi, et raccordées à la monnaie romaine par des tarifs officiels qui exercent une influence décisive sur leurs tailles. Et même, à dater de l'Empire, l'action de la monnaie romaine devient telle et si marquée sur les monnaies des pays qui échappent à la suzeraineté de Rome, qui se maintiennent en état d'antagonisme ouvert avec la *romanité*, qu'il devient impossible de séparer le tableau de ces derniers monnayages de celui du monnayage impérial, auquel il forme un appendice naturel.

Ce que j'ai tenté est donc, en même temps qu'une sorte de sommaire des principaux faits d'une des branches spéciales de l'archéologie, un chapitre de l'histoire économique, administrative et commerciale des sociétés antiques. Aussi le présent livre s'adresse-t-il en même temps à deux classes différentes de lecteurs : d'une part, aux amateurs et aux curieux de médailles antiques, qu'il pourra conduire à rattacher, plus qu'ils ne le font d'ordinaire, les objets de leur goût et de leurs études pratiques, à des notions générales, à des considérations d'un intérêt plus large ; de l'autre, aux économistes et à ceux qui, scrutant l'histoire des civilisations passées, éprouveront le désir de se rendre compte de ce qu'ont été dans l'antiquité la monnaie et son rôle social. L'économie politique, en particulier, peut trouver dans ces questions de la numismatique autre chose que l'attrait d'une simple curiosité; il y a pour elle des enseignements à puiser, des arguments à mettre en œuvre dans l'expérience des siècles antiques. Car tous les problèmes monétaires des sociétés modernes ont été déjà soulevés dans l'antiquité; on peut y voir à l'œuvre les diverses solutions qui en ont été proposées, et nulle part les conséquences funestes qu'entraînent fatalement certaines erreurs économiques ne sont écrites d'une manière plus éclatante que dans l'histoire numismatique de la Grèce et surtout de Rome.

Je me suis efforcé de faire en sorte de pouvoir être lu et compris par les deux catégories de lecteurs que je viens d'indiquer. Par suite, désirant ne pas écrire pour les seuls numismatistes, ai-je évité, autant qu'il était en mon pouvoir, de déployer dans les notes et dans les citations un trop grand appareil d'érudition. Mes citations, restreintes aux limites les plus étroites et qu'il m'eût été facile de multiplier énormément si je l'eusse voulu, ne sont en réalité que des références, renvoyant le lecteur aux ouvrages principaux dans lesquels ont été traitées avec plus de détail les questions que je ne puis qu'esquisser sommairement, ou bien aux descriptions complètes des monnaies qui servent de point de départ et de justification à mes assertions. Autant que je puis, je renvoie dans ce dernier cas aux ouvrages qui sont dans toutes les mains et constituent comme le premier et indispensable fonds de la bibliothèque d'un numismatiste : pour les monnaies romaines de la suite républicaine et de la suite impériale, aux deux livres de M. Cohen, si précieux par l'exactitude et la précision des descriptions, aussi bien que par la rigueur avec laquelle en ont été éliminées toutes les pièces fausses, bien que sous d'autres rapports ils ne tiennent pas tout ce que l'on aurait pu réclamer dans l'état actuel des études ; pour les grecques, au grand ouvrage de Mionnet, qui reste encore si utile, en dépit des lectures incorrectes, des inexactitudes dans l'énoncé des types et des attributions douteuses dont il renferme malheureusement un trop grand nombre, en dépit des lacunes considérables qu'il présente et qui étaient inévitables à sa date. Il reste, d'ailleurs, jusqu'ici notre répertoire le plus étendu, le seul même de ce genre qui existe, car personne n'a eu encore le courage d'entreprendre de le refaire; et une description générale des monnaies antiques des suites grecque et orientale, un *corpus* donné avec le soin et la critique qui ont été apportés à faire ceux des inscriptions grecques et latines, est actuellement le premier *desideratum* de la science numismatique. Elle ne saurait désormais s'en passer, et si, ce qui est probable, la tâche est désormais au-dessus des forces d'un seul homme, elle aurait de quoi tenter les Académies.

Les références à l'ouvrage de Mionnet reviennent si souvent dans les notes de mon livre, que j'ai cru pouvoir me dispenser de le désigner autrement que par le nom de son auteur, de même que je me borne à faire suivre le nom de M. Cohen des lettres *MC* et *MI* en citant ses deux ouvrages de *Description des monnaies de la République romaine ou médailles consulaires* et *des monnaies de l'Empire romain.* Je cite de même en abrégé trois autres livres auxquels j'ai aussi l'occasion de renvoyer presque à chaque page, la *Doctrina numorum veterum* d'Eckhel (*DN*), *Das Münz-Mass-und Gewichtswesen in Vorderasien bis auf Alexander den Grossen* de J. Brandis (indiqué par le seul nom de l'auteur), enfin l'*Histoire de la monnaie romaine* de M. Mommsen (*MR*). Pour ce dernier ouvrage, mes citations se réfèrent à la traduction française par le duc de Blacas; les corrections que l'auteur lui-même y a introduites, les savantes notes jointes par le traducteur et par M. le baron de Witte, font en réalité de cette traduction une édition révisée et améliorée, en progrès sur la publication allemande originale. D'ailleurs, quand on écrit en français, on peut espérer trouver avant tout des lecteurs en France, et j'ai dû songer à ceux des amateurs de numismatique de notre pays qui ne sont pas en mesure d'être renvoyés directement à un ouvrage allemand, quand il existe de cet ouvrage une version dans notre langue.

PLAN DE L'OUVRAGE

Chapitre II. — *Coup d'œil sur la doctrine monétaire et ses conséquences pratiques dans l'antiquité.*

§ 1. Les Grecs.

§ 2. Les Romains.

Chapitre III. — *Les magistrats monétaires dans l'antiquité.*

§ 1. Les magistrats monétaires chez les Grecs.

§ 2. Les magistrats monétaires chez les Romains.

Chapitre IV. — *L'organisation des ateliers monétaires, les graveurs et les ouvriers dans l'antiquité.*

§ 1. Chez les Grecs.

§ 2. Chez les Romains.

LIVRE IV. — LA FORME DANS LES MONNAIES ANTIQUES.

Chapitre Ier. — *Les types monétaires dans l'antiquité.*

§ 1. La face et le revers dans les monnaies.

§ 2. Caractère principalement religieux des types des monnaies grecques.

3. Les types architecturaux et ceux qui reproduisent des œuvres célèbres de la sculpture.

§ 4. Les effigies royales sur les monnaies grecques.

§ 5. Développement des types historiques et des indications de valeur sur les monnaies chez les peuples Italiotes.

§ 6. Les types des monnaies de la République romaine.

§ 7. Les types des monnaies impériales romaines.

§ 8. Introduction des types chrétiens.

§ 9. Esquisse des rapports des phases de l'histoire de l'art avec le développement des types monétaires.

Chapitre II. — *Les légendes monétaires dans l'antiquité.*

§ 1. Développement graduel de la complication et de l'étendue des inscriptions monétaires.

§ 2. Formes des légendes principales sur les monnaies antiques.

§ 3. Mentions de magistrats dans les légendes.

§ 2. Période postérieure à Auguste.

§ 3. Emploi des alphabets latin et grec sur les monnaies gauloises.

§ 4. Combinaisons de l'alphabet latin avec des éléments runiques sur les monnaies des royautés barbares de l'Occident.

Chapitre III. — *Ecritures sémitiques.*

§ 1. L'alphabet phénicien et ses principaux types.

§ 2. Néopunique.

§ 3. Hébreu primitif.

§ 4. Les anciens alphabets araméens.

§ 5. Syriaque estranghelo.

§ 6. Sabien ou mendaïte.

§ 7. Nabatéen.

§ 8. Sabéen ou himyaritique.

§ 9. Ethiopien ou ghez.

Chapitre IV. — *Ecritures de l'Asie Mineure.*

§ 1. Cypriote.

§ 2. Phrygien et carien.

§ 3. Lycien.

§ 4. Pamphylien.

Chapitre V. — *Alphabets italiques.*

§ 1. Etrusque.

§ 2. Nord-étrusque.

§ 3. Ombrien.

§ 4. Osque.

Chapitre VI. — *Alphabets de l'Espagne.*

§ 1. Ibérien.

§ 2. Turditain.

§ 3. Bastulo-phénicien.

Chapitre VII. — *Alphabets des pays Iraniens et de l'Inde.*

§ 1. Le pehlevi et ses diverses variétés.

§ 2. Alphabet de l'Ariane.

§ 3. Les anciens alphabets dévanagaris.

LIVRE PREMIER

PROLÉGOMÈNES

CHAPITRE PREMIER

DES MONUMENTS NUMISMATIQUES QUI NE SONT PAS DES MONNAIES

§ 1. — Les médaillons romains d'or, d'argent et de cuivre.

1. Eckhel, en commençant son immortelle *Doctrine*, était encore obligé, par l'état de la science de son temps, de consacrer un chapitre à l'examen de la question de savoir si les monuments qu'étudie la numismatique étaient ou non de véritables monnaies, s'ils avaient servi à la circulation ou bien avaient été simplement frappés à titre commémoratif. Nous n'en sommes plus là. Que l'immense majorité ou pour mieux dire la presque totalité des pièces monétaires antiques parvenues jusqu'à nous se compose de monnaies autrefois circulantes, c'est ce dont personne ne saurait plus aujourd'hui douter et ne doute plus. Il faut, au contraire, poser maintenant la question inverse. Au début d'un livre spécialement consacré à l'étude de la monnaie proprement dite, on doit se demander si, parmi les monuments du ressort de la numismatique, il ne s'en rencontre pas quelques classes, peu nombreuses et nettement déterminées, qui sortent du sujet d'un pareil livre, quelques groupes de pièces produites par

les procédés de la fabrication monétaire et qui pourtant n'ont jamais été des monnaies, se distinguent même de celles-ci avec une entière certitude. Ces classes particulières de monuments numismatiques existent en effet, bien qu'elles soient peu de chose comme nombre à côté des vraies monnaies, qu'elles ne tiennent qu'une place infiniment minime sur la masse si considérable des pièces où le numimatiste doit faire porter ses investigations. Les monuments en question se distinguent à des caractères certains des monnaies. Avant d'entrer dans le fond de notre sujet, nous devons en passer rapidement en revue les différents groupes, quand ce ne serait que pour les éliminer du cadre de la présente étude.

Et d'abord, les anciens avaient-ils, à côté de leurs monnaies, comme une chose distincte, ce que nous appelons des médailles?

Le mot *médaille,* absolument inconnu à l'antiquité, a été emprunté chez nous dans le XVIe siècle à l'italien *medaglia.* Cette dernière expression, dans l'origine, n'était pour les Italiens qu'un synonyme d'obole ou de demi-denier (1); c'était l'équivalent du mot de basse latinité *medallia,* dont notre *maille* était, à son tour, la contraction conforme aux lois de formation de notre propre idiome. Les mailles italiennes ou *medaglie* étant tombées en désuétude, on ne donna plus ce nom qu'aux pièces anciennes qui n'avaient désormais qu'un intérêt de curiosité. C'est dans les écrivains du XVe siècle que le mot apparaît avec ce sens en Italie, et à la même époque Philippe de Commynes s'en sert le premier chez nous, en parlant des collections nu-

(1) Usavansi allora le medaglie in Firenze, che le due valevano uno danaio piccolo : *Novelle antiche,* 94, 3.

mismatiques de Pierre de Médicis. La *medaglia* ou médaille étant ainsi devenue, dans les habitudes du langage, une pièce monétaire étrangère à la circulation, envisagée seulement au point de vue de l'art ou de la curiosité, les mêmes mots prirent naturellement un nouveau sens; ils s'appliquèrent, par opposition au terme de monnaies, aux pièces que l'on commençait précisément dans le XVe siècle à prendre l'habitude de fabriquer (comme on a continué depuis lors, mais comme ne faisait pas le moyen âge) sous une forme analogue à celle des monnaies et avec les mêmes procédés, à titre d'objets d'ornement ou comme moyen de perpétuer le souvenir des événements, mais sans les destiner à circuler avec une valeur légale. C'est dans cette acception que je prends le mot quand je pose la question de savoir si les anciens, à côté de leur monnaie courante, ont eu des médailles sans caractère proprement monétaire.

2. Si l'antiquité a connu l'usage des médailles au sens que je viens d'indiquer, il y a eu du moins bien peu de développements, puisque ni les Grecs ni les Romains n'ont éprouvé le besoin de posséder dans leur langage, pour les désigner, un terme différent de ceux par lesquels on nommait la monnaie. Et pourtant les Romains avaient adopté une expression spéciale, celle de *nomismata*, pour la désignation des monnaies anciennes recueillies comme objets de curiosité, pour les médailles de collections (voy. ch. II, 4).

Il est vrai de remarquer que les sociétés antiques ne devaient pas ressentir au même degré que les nôtres le besoin de faire frapper spécialement des médailles commémoratives avec l'unique intention de conserver par elles le souvenir des grands événements. Ceci tenait à la manière dont elles avaient conçu les types des monnaies courantes, au caractère et à la variété qu'elles admettaient pour ces types. Aussi, quand on voulait y consacrer aux événements un souvenir métallique, il n'était pas nécessaire de recourir à la fabrication d'une médaille destinée à rester en dehors de la circulation du numéraire. C'est par la monnaie même que l'on assurait la mémoire du fait, en y plaçant un type allusif. La Confédération Suisse en fait de même encore de nos jours. A chacun des grands tirs fédéraux qui sont pour elle de véritables tirs nationaux, au lieu d'une médaille inutile, elle fait frapper une pièce de 5 francs avec des coins nouveaux, dont les types et les inscriptions rappellent la circonstance exceptionnelle qui en a produit la fabrication. Cette pièce entre dans la circulation générale au même titre que les espèces monétaires semblables comme titre et comme poids, et portant la même marque de valeur ; en même temps, on peut la conserver comme souvenir. C'est à la fois une monnaie et une médaille commémorative. De même, en Belgique, sous Léopold Ier, lors du mariage du duc de Brabant, aujourd'hui roi, l'on frappa une pièce de 20 fr. à l'effigie de ce prince, destinée à la fois à circuler comme monnaie et à garder la mémoire de l'événement.

Les Grecs, aux temps de leur indépendance, n'ont jamais connu d'autre manière de procéder. L'usage des médailles proprement dites leur a toujours été étranger; même sur leurs monnaies ils n'ont admis que tard les types allusifs aux événements, et cela toujours d'une manière assez détournée (voy. livre IV, chapitre Ier).

Sans doute, certaines monnaies grecques d'argent ou d'or semblent au premier abord, par leurs dimensions exceptionnelles, répondre à ce que sont dans nos idées l'apparence et les proportions d'une médaille plutôt qu'à celles d'une monnaie. Mais cette impression est inexacte. Il est facile de constater par des preuves positives que les plus grosses pièces d'or et d'argent des Grecs, au lieu d'être des médailles, représentent des tailles monétaires habituellement usitées dans la pratique de la circulation au moment où elles furent frappées.

Ainsi, les grandes monnaies d'argent de Syracuse du poids de 10 drachmes (que l'on qualifie quelquefois abusivement de *médaillons*) étaient des espèces circulantes, désignées d'après leur valeur par le nom de *pentécontalitron*, qui furent fabriquées en grandes quantités pour l'usage monétaire à deux époques différentes, du temps de Gélon Ier et sous la puissance de Denys le Jeune (livre VI, chap. VII, au mot *Démarétion*, et livre VII, chap. I, § 1). Les grandes pièces d'or des Lagides d'Egypte et des Séleucides de Syrie, du module des tétradrachmes d'argent et d'un poids double, étaient aussi des monnaies d'un usage habituel, monnaie à laquelle on donnait l'appellation de *mnaieion*, exprimant leur valeur d'une mine ou 100 drachmes d'argent (livre VI, chap. VI, § 1). On peut donc les comparer aux pièces de 100 francs en or que l'on frappe de temps à autre à la Monnaie de Paris.

Seule dans toutes les séries grecques l'énorme pièce d'or d'Eucratide, roi de Bactriane (1), dont le Cabinet de France possède l'unique exemplaire connu, semble présenter, par ses dimensions supérieures aux données normales des tailles usitées dans la circulation monétaire, le caractère exceptionnel d'une médaille frappée seulement pour com-

(1) *Revue numismatique*, 1867, pl. XII.

mémorer un grand événement. Le fait que son poids correspond à une valeur exacte dans la monnaie circulante de l'époque (20 statères d'or ou 500 drachmes d'argent) n'est pas une raison déterminante pour l'envisager autrement, car nous allons constater le même fait pour ceux des médaillons d'or romains qui le plus positivement n'ont jamais été des monnaies. Quant au type, les Dioscures à cheval, s'il est le plus habituel dans le monnayage proprement dit du même roi, on ne saurait méconnaître l'allusion manifeste qu'il renferme au fait culminant de l'histoire d'Eucratide, au combat de cavalerie dont l'issue inattendue le rendit maître d'une grande partie de l'Inde au moment même où il paraissait prêt à perdre sa couronne (1). Il semble donc que la grande pièce d'or ait été une médaille fabriquée à la suite de ce combat extraordinaire, peut-être avec le butin qui y avait été conquis, et pour en perpétuer le souvenir (2), et que ce soit sur cette médaille qu'ait été adopté pour la première fois le type allusif que le monarque fit ensuite passer sur la monnaie.

3. En revanche, dans la série impériale romaine, nous rencontrons avec certitude des pièces d'or, d'argent et de cuivre, reconnaissables en général à leurs dimensions

(1) Justin. XLI, 6.

(2) Il semble même que de cette médaille il n'a dû être fabriqué que deux ou trois échantillons, sinon l'unique parvenu jusqu'à nous. En effet, il est facile de constater, d'après les accidents de la surface de cet exemplaire, que le coin s'est brisé en le frappant, et cela après avoir à peine servi. Il avait été retouché pendant le cours de la frappe de la pièce même que nous possédons, qu'il avait fallu nécessairement faire recuire à plusieurs reprises pour arriver à un résultat parfait (voy. livre II, chap. III, § 1).

exceptionnelles, qui n'ont jamais été des monnaies et qui, bien que fabriquées par les mêmes procédés que celles-ci, ont eu un autre usage, une autre destination. Ce sont celles qu'en numismatique on a pris l'habitude de désigner, d'après leurs proportions, par le nom de *médaillons*, de l'italien *medaglione*, une grosse médaille.

Les médaillons proprement dits, — car il importe de réserver exclusivement cette expression aux pièces qui n'ont pas pu avoir le caractère de monnaies, — les médaillons ne commencent qu'avec le règne de Trajan. Ceux d'or ne se multiplient que sous les empereurs du IIIe siècle. En effet, il faut retrancher du nombre des monuments de cette classe le soi-disant médaillon d'or d'Auguste découvert à Herculanum (1) et celui de Domitien (2), qui a disparu des collections du Cabinet de France à la suite du vol de 1831 ; ce sont de grosses pièces de monnaie, des pièces de quatre *aurei*, appelées *quaterniones*, la plus forte taille monétaire usitée dans la circulation du temps des empereurs (voy. livre VII, chap. IV, § 1).

Suivant la judicieuse remarque d'Eckhel (3), les types des médaillons impériaux des trois métaux ont très-rarement un caractère historique que l'on puisse rapporter à un événement précis, et par là ils diffèrent complétement de nos médailles commémoratives. Les types des monnaies courantes des mêmes empereurs sont en général bien plus historiques ; c'est sur celles-ci que l'on plaçait les allusions aux faits dont on voulait conserver la mémoire sous une forme numismatique.

(1) Cohen, *Médailles impériales*, Octave Auguste, n° 36.

(2) Cohen, *M I*, Domitien, n° 5.

(3) *D N*, t. I, p. XVI.

Il importe, du reste, d'établir une distinction entre les médaillons impériaux d'après la matière dont ils sont formés pour la recherche de leur destination originaire.

4. Les médaillons d'or et d'argent forment un groupe à part.

Ils ont toujours un poids monétaire exact (1), ce qui n'a pas lieu, du reste, de surprendre, tout en admettant qu'ils n'étaient pas destinés à circuler légalement. Dans les habitudes de la cour de Byzance, les bulles d'or que l'on appendait à titre de sceaux au bas de certains actes particulièrement solennels devaient avoir un poids régulier de deux, trois, quatre *solidi* ou plus (2). Nous-mêmes nous avons généralement soin de donner à nos médailles d'or ou d'argent une valeur exacte, appréciable en une somme déterminée de monnaie.

Mais si les médaillons d'or en particulier ont toujours un poids monétaire exact, nous savons d'un autre côté que la monnaie courante de l'empire romain n'a jamais admis de tailles supérieures à trois et quatre *aurei*, à ce que l'on appelait le *ternio* et le *quaternio* (voy. livre VII, ch. IV, § 1). Il est donc facile de discerner d'après leur dimension et leur poids les pièces d'or, et aussi celles d'argent, qui n'ont jamais eu le caractère de monnaies et ont toujours été de véritables médailles.

Lampride raconte, dans la vie d'Alexandre Sévère, qu'Elagabale, dans une de ses coûteuses fantaisies, avait

(1) Sur les poids des médaillons d'or impériaux, voy. mon travail dans la *Revue numismatique*, 1867, p. 127-134.

(2) *De caerem. aul. byzant.* II, 48, p. 689, éd. de Bonn.

fait frapper, pour les distribuer à ses familiers, des pièces d'or dont quelques-unes allaient jusqu'à deux livres. Son austère successeur, en montant sur le trône, les fit fondre au profit du trésor (1) ; et c'est ainsi qu'aucun échantillon n'en est parvenu jusqu'à nous.

D'après cet exemple et d'après quelques autres dont il serait possible de le corroborer, on est en droit, je crois, d'affirmer que les médaillons d'or et d'argent étaient fabriqués spécialement pour être distribués aux personnages du plus de marque dans les *donativa* militaires et dans toutes les autres occasions de largesses publiques, de cadeaux officiels, tels que ceux qui avaient lieu aux kalendes de janvier ou aux Saturnales. On peut même ajouter que les médaillons d'or étaient peut-être donnés en présent par les empereurs, et ceux d'argent par les consuls entrant en exercice (2).

En effet, qu'il y eût une règle fixe de ce genre pour la distinction de l'emploi des deux métaux dans les largesses officielles, c'est ce que nous apprenons d'une manière positive par le précepte relatif à la nature des *missilia*, c'est-à-dire des petites pièces de monnaie que l'on jetait au

(1) *Formas binarias ternarias et quaternarias et denarias etiam usque ad bilibres quoque et centenarias, quas Heliogabalus invenerat, resolvi praecepit neque in usu cujusquam versari; atque ex eo his materiae nomen inditum est:* Lamprid. *Sev. Alex.* 39.

Pourtant, à son tour, Alexandre Sévère fit frapper quelques médaillons d'or que nous possédons, mais d'une valeur bien inférieure.

(2) On peut cependant objecter que la légende MONETA AVG, accompagnant le type des trois monnaies sur la presque totalité des médaillons d'argent postérieurs aux Antonins, semblerait plutôt impliquer que ces pièces étaient plutôt destinées à servir à des présents directement impériaux, mais faits à des personnages d'un rang moindre que ceux à qui l'on réservait les médaillons d'or.

peuple dans les pompes solennelles. Justinien le répète encore en ces termes, dans sa VIe Novelle : « A la seule au-« torité impériale appartient le privilége de répandre l'or sur « le peuple, car à elle seule il appartient de mépriser la plus « haute forme de la richesse. Quant à l'argent, qui est ce qu'il « y a de plus précieux après l'or, il est convenable que les « consuls en fassent leurs largesses. »

Il est vrai que les écrivains de l'époque mérovingienne nous montrent Clovis, à la pompe de sa proclamation comme patrice et consul, faisant jeter au peuple des monnaies d'or (1) dont quelques échantillons sont peut-être parvenus jusqu'à nous. C'était là, comme on le voit, une véritable usurpation sur les droits impériaux. Mais aussi n'était-ce pas un consul ordinaire que le terrible roi des Francs. Trop heureux de lui voir accepter les insignes du consulat, ce qui constituait une véritable reconnaissance de vasselage, l'empereur de Constantinople n'était pas en mesure de lui demander des explications sur des irrégularités et des empiétements de ce genre.

Donnés dans les circonstances que je viens d'indiquer, la plupart des médaillons d'or ont été portés au cou comme insignes de la faveur impériale. On les retrouve fréquemment encore munis de la bélière qui servait à les suspendre, entourés de riches encadrements d'or qui achevaient d'en faire des bijoux d'un grand luxe. C'est sous cette forme qu'ils devaient être généralement donnés, surtout à partir d'une certaine époque.

En effet, l'addition de la bélière est surtout constante sur les médaillons des empereurs postérieurs à Constantin, en même temps que ces médaillons atteignent à l'ordinaire

(1) Gregor. Turon. *Hist. Franc.* II, 38.

des dimensions et des poids inconnus aux époques plus anciennes. On en possède de l'empereur Constance pesant 56 *solidi* (1), de valeur des poids de 15, 40, 48 et 90 *solidi* (2), enfin de Justinien dont le poids égale 36 fois cette unité monétaire (3) (sur le *solidus*, voy. le livre VII, chap. VI, § 1). Ces énormes médaillons d'or n'ont jamais été découverts que dans les pays occupés par les barbares au temps où ils furent fabriqués. Ceux du Cabinet impérial et royal de Vienne, les plus grands que l'on connaisse, proviennent de la Hongrie et de la Transylvanie. On les fabriquait, en effet, pour les envoyer en présent à ceux des chefs des peuples barbares qui reconnaissaient la suprématie nominale de l'Empire, en même temps qu'on leur décernait ces titres de cour qui flattaient leur vanité.

C'est ainsi que Grégoire de Tours (4) raconte que le roi Chilpéric lui fit voir un jour les cadeaux impériaux qu'il venait de recevoir de Constantinople. « Il me montra aussi « des médailles d'or du poids d'une livre chacune (72 *solidi*) « que lui avait envoyées l'empereur. D'un côté, elles por- « taient l'effigie de l'empereur, avec cette inscription à « l'entour : *Tiberii Constantini perpetui Augusti*; de l'autre, « un quadrige et son conducteur, avec cette inscription : « *Gloria Romanorum*. Il me fit voir encore plusieurs autres « objets précieux que lui avaient offerts les ambassadeurs. »

(1) Arneth, *Gold und Silbermonumente der K. K. Münz und Antiken-Cabinetten in Wien*, pl. XV, n° 4; Cohen, *M I*, Constance II, n° 21.

(2) Arneth, pl. XVI, n°s 1 et 5; pl. XVII, n°s 1 et 3; Cohen, *M I*, Valens, n°s 1, 4, 6, 7, 8 et 10. — Voy. Steinbüchel, *Notice sur les médaillons romains en or du Musée impérial et royal de Vienne*, 1826.

(3) Pinder et Friedlænder, *Die Münzen Justinians*, pl. II.

(4) *Hist. Franc.* VI, 2.

Il faut remarquer ici que la légende GLORIA ROMANORVM, affirmation de la suprématie romaine, est effectivement celle qui se lit presque toujours, avec des types divers, au revers des énormes médaillons d'or destinés à ces présents aux barbares.

Quelques médaillons des métaux supérieurs, or ou argent, à l'époque du Bas-Empire, ont exceptionnellement des types plus historiques, se rattachant d'une manière directe à des événements, mais n'excluant aucunement, bien au contraire, l'idée que les pièces en question ont été fabriquées pour des présents impériaux ou consulaires à l'occasion de ces événements. Tel est le petit médaillon d'argent de Constantin, commémoratif de la fondation de Constantinople, qui présente au revers la figure de la Fortune de la nouvelle ville (1). On en possède plusieurs exemplaires, lesquels montrent que des coins de ce médaillon furent mis simultanément en œuvre dans les dix ateliers de l'hôtel des monnaies de Constantinople, pour les inaugurer. Les divers exemplaires offrent entre eux de très-grandes variations de poids.

5. Les médaillons de bronze se distinguent des monnaies du même métal par un caractère absolument précis et certain, qui ne permet pas de conserver un doute sur leur nature monétaire : c'est l'absence des lettres S C, *senatus consulto*. La présence de ces lettres était, en effet, d'une rigoureuse nécessité sur la monnaie de cuivre pour lui donner libre circulation dans tout l'empire. Elle y était la marque indispensable de l'autorité du Sénat, auquel Auguste avait laissé la direction, la surveillance et la

(1) Friedlænder, *Zeitschr. für Numismatik*, t. III, p. 125 et s.

responsabilité du monnayage de ce métal (voy. livre III, chap. Ier, § 7, et livre VII, chap. IV, § 1).

Seules, quelques monnaies de cuivre, destinées exclusivement aux besoins de la circulation locale d'une province, ne sont pas marquées des lettres S C, parce qu'elles n'étaient pas fabriquées par l'autorité sénatoriale (1), mais en vertu d'une permission particulière de l'empereur. Telles sont les pièces d'Auguste, de Tibère, de Caligula, de Claude et de Néron, au type de l'autel de Rome et d'Auguste élevé à Lyon au-dessus du confluent du Rhône et de la Saône. Elles sont sorties de l'atelier de Lugdunum pour circuler uniquement dans les trois Gaules, Aquitaine, Celtique et Belgique, dont les députés se réunissaient dans cette ville (voy. livre III, chap. I, § 3; livre VII, chap. IV, § 4); mais les nombreuses contremarques dont elles sont empreintes montrent qu'elles ne pouvaient être acceptées en dehors des trois provinces indiquées qu'après avoir reçu une estampille qui en permettait l'usage ailleurs. Ainsi, pour être reçues indifféremment dans tout l'empire, il fallait qu'elles eussent été surfrappées en contremarque des lettres IMP ou AVG, initiales des mots *imperator* ou *augustus*, dont l'apposition les transformait de monnaies locales en monnaies d'empire. Pour leur circulation dans la seule province de la Narbonnaise, il fallait une permission du proconsul de cette province, indiquée par la contremarque P P, *permissu proconsulis*. Même pour qu'elles fussent reçues seulement sur le territoire restreint de la colonie de Vienne, si voisine de Lugdunum, mais appartenant à la Narbonnaise, une

(1) En dehors de Rome même, il n'y avait qu'un seul atelier sénatorial, celui d'Antioche de Syrie, dont les produits étaient aussi marqués des lettres S C.

autorisation des magistrats coloniaux était nécessaire et devait être mentionnée par une estampille spéciale aux lettres D D, *decurionum decreto* (voy. livre IV, chap. v, § 1 ; livre VII, chap. IV, § 4).

Les monnaies de cuivre provinciales de ce genre sont peu nombreuses et toutes bien connues. D'ailleurs, avec un peu d'habitude, il est facile de les distinguer au style et à la fabrique des pièces de coin proprement romain. Parmi ces dernières, c'est l'absence des lettres S C qui doit être prise comme le caractère absolu, et au témoignage irréfragable, distinguant les médaillons de bronze, qui n'ont pas eu la destination monétaire, des monnaies véritables de même métal. Celui qui voudrait ici se guider uniquement d'après la dimension n'arriverait à aucun résultat scientifiquement acceptable et serait forcément induit à de graves erreurs. Il existe, en effet, quelques médaillons non monétaires qui n'excèdent pas le module de ce qu'on appelle vulgairement le *grand bronze*. Par contre, certaines monnaies destinées à la circulation courante, et comme telles marquées des lettres S C, atteignent les dimensions ordinaires des médaillons. Tels sont les quinaires de cuivre de Trajan Dèce (1) et d'Herennia Etruscilla (2) (voy. livre VII, chap. IV, § 2).

Les médaillons se distinguent aussi généralement des monnaies contemporaines par un travail plus soigné, plus précieux, par une supériorité marquée de fabrication et de style. Les coins en ont été gravés avec moins de hâte et plus de recherche; la frappe en est plus régulière, plus attentive et toujours mieux réussie. Ce sont des produits plus

(1) Cohen, *M I*, Trajan Dèce, n°s 57-62.

(2) Cohen, *M I*, Étruscille, n° 18.

parfaits de l'industrie du monnayeur, qui a pu y consacrer plus de temps et plus de soins, travailler à tête reposée, sans être pressé par les besoins de l'usage public, et, par suite, y donner davantage le caractère d'une véritable œuvre d'art.

Si les dimensions en diamètre ne dépassent pas dans tous les cas celles des plus fortes monnaies, le flan métallique des médaillons est toujours notablement plus épais. L'épaisseur en varie d'ailleurs d'une manière très-sensible d'un exemplaire à l'autre du même médaillon, et il est clair que l'on n'attachait aucune importance à donner une égalité de poids plus ou moins exacte aux différents exemplaires. Enfin, l'on remarque quelquefois dans la préparation du flan de ces pièces des recherches singulières et coûteuses qu'on n'eût pu se permettre en fabriquant de vraies monnaies, car elles exigeaient des frais de main-d'œuvre qui eussent produit des pertes sensibles pour les finances publiques. Je veux parler des médaillons qu'une fantaisie bizarre faisait frapper sur un flan de deux métaux, formé d'un disque de bronze d'un certain alliage et d'une certaine couleur, serti au milieu d'un cercle de bronze d'autre composition et d'autre couleur, l'empreinte des types du coin matrice s'étendant sur la totalité des deux surfaces formée de cette manière de l'un et de l'autre côté de la pièce.

6. Les médaillons de bronze impériaux se rencontrent fréquemment encastrés dans une large bordure du même métal, fondue et ciselée, qui en augmente très-fortement la largeur et a reçu une décoration plus ou moins riche. Le plus souvent, la bordure est très-simple,

présentant seulement quelques moulures circulaires, de manière à faire ressortir par le contraste l'élégance et la richesse des types de la pièce placée au centre.

Le Beau et l'abbé Barthélemy ont très-ingénieusement conjecturé (1) que les médaillons de bronze ainsi encastrés devaient être appendus aux enseignes militaires pour y montrer l'image du souverain, objet d'un culte public. Il n'est pas besoin d'accumuler ici les passages qui, chez les auteurs anciens, prouvent que les portraits impériaux faisaient la principale décoration des enseignes légionnaires. Suétone (2) raconte qu'Artaban, roi des Parthes, ayant passé l'Euphrate pour traiter de la paix, adora les aigles romaines et les images des Césars qui y étaient attachées. Ce furent ces images dont l'aspect souleva tout le peuple de Jérusalem lorsque Pontius Pilatus eut fait entrer dans cette ville les enseignes romaines (3). C'est aussi ce qui, dans l'âge des persécutions, coûta la vie à tant de chrétiens qui, pour cette raison, refusaient d'entrer dans la milice ou de rendre aux enseignes un culte que leur religion leur interdisait. Toutes les fois que les légions se lassaient d'un empereur, elles arrachaient son portrait de leurs étendards pour y substituer celui du nouveau maître qu'elles choisissaient. Tacite, Suétone, Hérodien et les écrivains de l'Histoire Auguste en fournissent une quantité d'exemples, et c'est pour cela que les porte-enseignes étaient souvent qualifiés de « porteurs d'images », *imaginarii* ou *imaginiferi* (4).

(1) *Mém. de l'Acad. des inscr.* anc. sér. t. XXXV, p. 299.

(2) *Cai.* 14.

(3) Joseph. *Bell. Jud.* II, 9.

(4) Veget. II, 7.

Les nombreuses représentations des enseignes romaines que nous offrent les sculptures de différents monuments, en particulier celles des arcs de triomphe, ne laissent pas de doute sur ce qu'étaient les images impériales qu'on y attachait. Elles y figurent toujours sous la forme de médaillons ayant exactement l'aspect de nos médaillons de bronze encastrés ; presque jamais on n'en voit un seul par enseigne, mais deux, trois ou même quatre superposés les uns aux autres, et tantôt appliqués, tantôt suspendus par des chaînettes le long de la partie supérieure de la hampe, immédiatement au-dessous de l'aigle qui la surmontait. Souvent les médaillons de bronze encastrés que l'on rencontre dans les collections présentent, à la partie supérieure ou inférieure de la circonférence de leur bordure, les traces incontestables du tenon métallique qui servait à les fixer les uns au-dessus des autres.

La forme des enseignes des corps auxiliaires était plus variable que celle des enseignes légionnaires; on y laissait davantage carrière à la fantaisie des chefs de corps. Mais l'image impériale, environnée d'un culte, en était toujours un élément essentiel, et elle y figurait encore sous la forme d'un médaillon de très-larges dimensions, comme nos médaillons de bronze encastrés. Il est, par exemple, facile de reconnaître la place où s'enchâssaient les images césariennes et la forme qu'elles avaient dans une de ces enseignes d'auxiliaires qui a été découverte en Grèce (1).

L'opinion de Le Beau et de Barthélemy sur la destination des médaillons de bronze à l'effigie des empereurs, munis de larges encadrements, paraît donc bien démontrée, et elle a reçu l'adhésion de la majorité des savants. On ne

(1) Le Bas, *Voyage en Grèce*, Monuments figurés, pl. CIX.

doit pas y objecter, en effet, que quelquefois ce n'est pas la tête de l'empereur régnant, mais celle de sa femme ou de quelque autre membre de sa famille qui est représentée sur ces monuments. L'honneur de l'image appliquée aux enseignes militaires ne se bornait pas, en effet, aux seuls augustes; il s'étendait aux césars et même aux autres membres de la famille impériale. Le portrait de Drusus était sur les enseignes de l'armée de Germanie, et c'est à cette image vénérée pour le souvenir de tant de glorieux exploits que son fils Germanicus s'adresse, dans Tacite (1), pour calmer la mutinerie des soldats. Les légions crurent faire leur cour à Tibère, en plaçant sur leurs enseignes l'image de l'ambitieux Séjan, dont il avait fait son gendre. Tibère le souffrit avec sa dissimulation ordinaire; mais, après s'être défait de Séjan, il récompensa les légions de Syrie, parce qu'elles étaient les seules qui n'eussent pas rendu cet honneur à son perfide favori (2).

7. Cependant la majorité des médaillons de bronze impériaux ne sont pas encastrés dans des bordures du genre de celles qui les rendaient propres à être fixées le long des enseignes, et ne l'ont certainement jamais été. Il faut donc que l'on en ait fabriqué, et en grand nombre, pour un autre usage. C'est là, d'ailleurs, un emploi pour lequel on utilisait les médaillons non monétaires, et non pas la destination en vue de laquelle on les frappait. En effet, on leur substituait quelquefois dans cet emploi des grands bronzes monétaires, marqués au revers des lettres

(1) *Ann.* I, 43.

(2) Sueton. *Tiber.* 48.

S C, qui assuraient leur circulation, quand le module de ces pièces les rendait propres à un tel usage. On en rencontre, en effet, qui ont été munis de l'encadrement des images d'enseignes (1), exactement comme des médaillons, et dont l'application à cet emploi ne peut donc faire l'objet d'un doute.

Quelle était donc l'intention dans laquelle on fabriquait les médaillons de bronze non monétaires? Ces pièces sont d'un métal trop vil pour avoir pu servir à des présents impériaux ou consulaires, comme les médaillons d'or et d'argent. D'un autre côté, le travail en était trop soigné, la fabrication trop coûteuse, pour que l'on puisse admettre que c'étaient de simples tessères distribuées au peuple comme billets donnant part à la distribution dans les congiaires, les frumentations et les autres circonstances analogues.

Mais, de même que la matière des médaillons d'or et d'argent fournit un indice très-sûr pour en reconnaître la destination, il semble que dans la matière des médaillons de bronze on puisse trouver une lumière sur l'autorité qui les faisait fabriquer. Ils ont été exécutés par les mêmes graveurs et dans les mêmes ateliers que les monnaies de cuivre; la vraisemblance est donc que l'ordre de leur fabrication a dû être donné par l'autorité qui dirigeait ces ateliers, c'est-à-dire par le Sénat, maître de la frappe du cuivre comme l'empereur l'était de celle de l'or ou de l'argent. L'omission intentionnelle et constante des lettres S C n'a, par le fait, rien de contraire à cette idée d'une origine sénatoriale; en effet, si l'on avait placé ces lettres

(1) Voy. entre autres exemples les pièces du Cabinet de France gravées dans Cohen, *M I*, t. II, pl. II, n° 342, et pl. VIII.

sur les pièces en question, leur inscription y eût donné *ipso facto* le caractère de monnaie courante, ce que l'on voulait éviter. Elles ne devaient donc en aucun cas figurer sur des médailles distinctes de la monnaie, quand bien même c'était le Sénat qui faisait fabriquer ces médailles.

Le jugement le plus vraisemblable sur l'origine et la destination de la plupart des médailles de bronze, celui qui paraît le mieux fondé reste toujours celui d'Eckhel (1). « Je ne crois pas me tromper, dit-il, en rapportant leur fabrication à l'origine suivante. Ces médaillons ont dû être faits par l'autorité du Sénat lorsqu'il émettait des vœux publics pour l'empereur dans des circonstances telles qu'une arrivée (*adventus*), un départ (*profectio*), un triomphe, ou bien chaque année aux kalendes de janvier, ou bien encore dans quelque solennité religieuse. Emis dans des circonstances de ce genre et répandus dans le public pour en conserver le souvenir, on s'explique le soin tout particulier apporté à leur travail. On comprend aussi comment ils sont en bronze, puisque le Sénat n'avait de droit que sur ce métal, et comment la marque S C y a été supprimée pour empêcher leur confusion avec la monnaie. » L'examen des types qui se rencontrent sur les médaillons de bronze impériaux de coin romain confirme entièrement ces idées (2). C'est à des circonstances du genre de celles énumérées par Eckhel que se rapportent leurs types, bien plus qu'à des événements précis. Ceux d'*adventus* et de *profectio* sont presque les seuls qui aient un caractère

(1) *D N*, t. I, p. XVII.

(2) La collection des médaillons de coin romain conservés au Musée Britannique a fait récemment l'objet d'une splendide publication aux frais de ce grand établissement scientifique : *Roman medallions in the British Museum*, Londres, 1875, in-4°.

historique; le plus grand nombre sont d'une nature religieuse qui les rattache tout naturellement à des vœux publics. Particulièrement intéressant et instructif est le petit médaillon d'Hadrien, frappé à l'occasion des souhaits des kalendes de janvier, qui a pour légende au revers *Se*-*natus* *Populus* *Que* *Romanus* *Annum* *Novum* *Faustum* *Felicem* HADRIANO AVG*usto* *Patri* *Patriae* (1).

8. De Rome, l'usage des médailles de bronze non monétaires passa dans les provinces orientales vers l'époque d'Hadrien. C'est depuis le règne de ce prince jusque vers la fin du IIIe siècle qu'il y donna naissance aux grands médaillons, analogues à ceux de coin romain et toujours en bronze, avec la tête des empereurs, qu'émirent les cités de l'Asie Mineure et de la Thrace à l'occasion de ces jeux périodiques et solennels qui tenaient alors tant de place dans la vie des Grecs dégénérés et par lesquels ils se consolaient de la liberté perdue.

Ces médaillons des provinces d'Orient, quelquefois de dimensions plus larges que ceux de coin romain, mais au flan généralement moins épais, s'en distinguent dès le premier coup d'œil par un travail bien moins soigné, par un plus mauvais style, aussi bien que par la nature des types des revers, presque tous agonistiques, par la langue des légendes, qui est constamment le grec, et par l'inscription des noms des villes qui les ont fait frapper. Ces pièces se trouvent décrites avec les monnaies dans le grand ouvrage de Mionnet et dans les principaux catalogues des collections numismatiques. On ne leur a consacré aucune étude spé-

(1) Cohen, *M I*, Adrien, n° 374.

ciale depuis le livre de Buonarroti, publié à la fin du XVIIe siècle (1), et il serait fort à désirer que quelque numismatiste en donnât une monographie complète. Le sujet en vaut bien la peine.

Les légendes tracées au revers des médaillons de bronze des villes grecques sous la domination impériale en indiquent très-nettement l'origine et la destination. Presque toujours les jeux dont ils commémoraient la célébration y sont mentionnés, et cela avec des formules tout autres que celles des mentions de jeux qui se trouvent fréquemment à la même époque sur les monnaies proprement dites. J'en citerai comme exemple l'inscription qui se lit sur plusieurs médaillons frappés à Philippopolis de Thrace au temps de l'empereur Caracalla (2) : ΚΟΙΝΟΝ ΘΡΑΚΩΝ ΑΛΕΞΑΝΔΡΕΙΑ ΠΥΘΙΑ ΕΝ ΦΙΛΙΠΠΟΠΟΛΕΙ: *Communauté des Thraces. Jeux Alexandréens Pythiens à Philippopolis.* Sur une monnaie destinée à une circulation légale, les jeux pourraient être mentionnés, mais le nom de la ville serait de règle exprimé par l'adjectif ethnique au génitif pluriel, ΦΙΛΙΠΠΟΠΟΛΕΙΤΩΝ, car ce serait une monnaie *des gens de Philippopolis*, à laquelle l'autorité municipale donnerait sa garantie par cette formule. L'emploi de l'expression ἐν Φιλιπποπόλει, *à Philippopolis*, s'appliquant aux jeux eux-mêmes, est caractéristique d'une médaille non monétaire, destinée seulement à conserver le souvenir de la fête agonistique.

Les médaillons sont souvent frappés au nom de ces assemblées de délégués des villes d'une même province, désignées par les noms de *conventus* ou de *commune*, en

(1) *Osservazioni storiche sovra alcuni medaglioni antichi,* Rome, 1698.

(2) Mionnet, t. I, p. 417, n°s 349-353.

grec κοινόν, qui, sous la surveillance des gouverneurs romains, se réunissaient pour délibérer sur certains intérêts financiers communs ou bien pour administrer certains cultes et certains jeux (1). Une partie de ceux de ces κοινὰ dont les noms se lisent sur les médaillons n'apparaissent pas également sur des monnaies ; c'est l'indice que les communautés qui se trouvent dans ce cas pouvaient bien faire fabriquer des médailles n'ayant pas de cours légal, mais ne possédaient pas pour cela le droit d'un monnayage collectif. On peut citer dans ce genre la communauté des treize villes d'Ionie, ΚΟΙΝΟΝ ΙΩΝΩΝ, ΚΟΙΝΟΝ ΙΓ ΠΟΛΕΩΝ ΙΩΝΩΝ, et celle des cités de la Thrace, ΚΟΙΝΟΝ ΘΡΑΚΩΝ.

On remarque aussi sur les médaillons la multiplication des formules de dédicace exprimées par le verbe ἀνέθηκε. Il est vrai que des formules semblables se rencontrent aussi quelquefois à la même époque et dans les mêmes contrées sur de vraies monnaies, où elles semblent indiquer la générosité de quelque riche particulier qui se serait chargé de subvenir pour sa ville aux frais de la fabrication monétaire (2) (voy. livre IV, chap. II). Mais on doit remarquer que sur les monnaies l'inscription de dédicace, composée du nom d'un individu que suit le verbe, se place généralement après la mention des habitants de la ville au génitif de possession : (*Monnaie*) *des gens de tel endroit; un tel a dédié*. La formule qui met l'adjectif ethnique au datif après le verbe de dédicace — *Un tel a dédié aux gens de tel endroit* — peut être considérée comme presque absolument caractéristique d'une médaille au lieu d'une

(1) Voy. Eckhel, *D N*, t. IV, p. 430 et s.; Tittmann, *Griech. Staatsverfassungen*, p. 740 et s.

(2) Eckhel, *D N*, t. IV, p. 368 et s.

monnaie. Le sens de ces inscriptions de dédicace et le caractère commémoratif des pièces qui les portent, même quand elles ont pu être admises dans la circulation locale, sont tout spécialement caractérisés par celles que P. Claudius Attalus, fils du célèbre Polémon et sophiste comme lui, fit frapper, dans les modules des *médaillons* et du *grand bronze*, à Laodicée de Phrygie sous le règne de Marc-Aurèle et avec la tête de cet empereur (1). L'une d'elles porte en légende Π ΚΛ ΑΤΤΑΛΟϹ ЄΠΙΝΙΚΙΟΝ ΑΝЄΘΗΚЄ ΛΑΟΔΙΚЄѠΝ, *P. Claudius Attalus a dédié en monument commémoratif de sa victoire (agonistique). (Monnaie) des gens de Laodicée.*

Au reste, dans la série improprement qualifiée d'impériales grecques, comme dans la série de coin romain, l'emploi d'un module extraordinaire et supérieur à celui des plus grosses monnaies habituelles n'est pas strictement nécessaire pour faire reconnaître une pièce non monétaire. A côté des médaillons que leurs dimensions font distinguer au premier coup d'œil, il y a de petites médailles dont une étude attentive amène à discerner la véritable nature. Ainsi, je crois pouvoir affirmer qu'aucune des nombreuses pièces frappées dans les villes grecques avec la tête d'Antinoüs n'a eu le caractère d'une monnaie circulante, bien qu'on en ait autant dans les proportions du *grand bronze* ou même du *moyen bronze* que dans celles des médaillons. Ce sont des médailles commémoratives en l'honneur du nouveau dieu que créait le honteux caprice d'Hadrien, fabriquées au moment de l'établissement de son culte pour en éterniser le souvenir. Bien des faits se réunissent pour le prouver. On a de ces pièces dans des

(1) Eckhel, *D N*, t. III, p. 163.

villes dont il n'existe pas de monnaies contemporaines ou du moins pas de monnaies du même module, par conséquent dans des villes qui ne jouissaient pas de la permission de monnayage ou qui n'en avaient qu'une restreinte. Elles ont des légendes grecques dans des colonies romaines dont les monnaies ont toujours leurs légendes en latin, ce qui montre une intention bien manifeste d'empêcher par cette particularité même qu'on ne les y confondît avec la monnaie destinée à la circulation. Enfin, c'est au revers des pièces à la tête d'Antinoüs, que l'on rencontre le plus souvent la formule de dédicace dont nous parlions tout à l'heure. Le prêtre, institué pour desservir le culte du dieu de nouvelle création au nom d'une province ou d'une ville, dédie la médaille frappée en son honneur aux gens de la province ou de la ville réunis à sa fête. C'est ainsi que s'exprime dans les légendes de pièces de ce genre un nommé Hostilius Marcellus, établi à Corinthe prêtre d'Antinoüs pour la province d'Achaïe : ΟCΤΙΛΙΟC ΜΑΡΚЄΛΛΟC Ο ΙЄΡЄΥC ΤΟΥ ΑΝΤΙΝΟΟΥ ΚΟΡΙΝΘΙΩΝ ΑΝЄΘΗΚЄ (1), *Hostilius Marcellus, le prêtre d'Antinoüs pour les Corinthiens, a dédié*, ou bien: ΟCΤΙΛΙΟC ΜΑΡΚЄΛΛΟC Ο ΙЄΡЄΥC ΤΟΥ ΑΝΤΙΝΟΟΥ ΑΧΑΙΟΙC ΑΝЄΘΗΚЄ (2), *Hostilius Marcellus, le prêtre d'Antinoüs, a dédié aux Achéens.* Celui de Smyrne écrit sur une pièce du module ordinaire des monnaies, au revers de la tête de son dieu, CΜΥΡΝΑΙΩΝ ΙЄΡΩΝΥΜΟC ΑΝЄΘΗΚЄ (3), *des gens de Smyrne; Hiéronyme a dédié*, et le stratége de la ville sur plusieurs mé-

(1) Mionnet, t. II, p. 180, n° 239.

(2) Mionnet, t. II, p. 160, nos 97 et 98.

(3) Mionnet, t. III, p. 229, n° 1287.

daillons, ΠΟΛΕΜΩΝ ΑΝΕΘΗΚΕ CΜΥΡΝΑΙΟΙC (1), *Polémon a dédié aux gens de Smyrne;* le prêtre d'Antinoüs à Mégalopolis d'Arcadie sur une très-petite médaille, ΒΕΤΟΥΡΙΟC ΤΟΙC ΑΡΚΑCΙ (2), *Veturius aux Arcadiens.*

§ 2. — Les pièces fabriquées spécialement en vue d'offrandes religieuses.

1. Les médailles à l'image d'Antinoüs divinisé, surtout quand leur module se rapproche de celui des espèces monétaires habituelles, ont pu dans certains endroits être frappées pour un objet de culte et d'offrande aussi bien que dans une intention de simple commémoration. En effet, il est positif que dans l'antiquité les ateliers monétaires ont fabriqué des pièces exclusivement destinées à servir dans des offrandes religieuses, et non à circuler comme monnaie ordinaire.

C'était un usage très-répandu chez les anciens que celui d'offrir aux divinités des pièces de monnaie. Dans certains sanctuaires, semblable offrande avait le caractère d'une prescription rituelle. « La superficie de l'agora de Pharæ (d'Achaïe), dit Pausanias (3), est considérable, comme dans les localités les plus anciennes. Au milieu s'élève une figure en marbre d'Hermès barbu. Le dieu est debout, le corps en gaîne et de forme carrée, sans base et adhérent au sol même de la place. L'inscription que porte cette statue,

(1) Mionnet, t. III, nos 1279-1286.

(2) Mionnet, t. II, p. 245, nos 19-22.

(3) VII, 22, 2.

dont la grandeur est médiocre, dit qu'elle a été dédiée par le Messénien Simylos. On donne à l'Hermès de Pharæ le surnom d'Agoræos, et on le consulte à titre d'oracle. Un autel de marbre est placé devant la statue, et des lampes de bronze, soudées avec du plomb, pendent le long de l'autel. Celui qui veut consulter le dieu se rend le soir sur la place, et, après avoir brûlé de l'encens sur l'autel et versé de l'huile dans les lampes, il les allume et dépose un chalque de la monnaie du pays sur l'autel, vers la droite de la statue. Puis il confie à l'oreille du dieu la question qu'il veut lui adresser, et s'éloigne en se bouchant les oreilles. A peine est-il sorti de la place, qu'il retire ses mains de ses oreilles, et la première voix qu'il entend devient pour lui l'oracle du dieu. »

Clément d'Alexandrie (1), dans ses éloquentes invectives contre le paganisme, reproche aux pèlerins de Paphos de donner à Aphrodite une pièce de monnaie comme à une courtisane. Letronne (2) a tiré un ingénieux parti d'un passage d'Aristophane (3) pour démontrer que les monnaies offertes aux dieux étaient souvent déposées dans la main étendue en avant de leurs statues.

C'est surtout dans le culte des fontaines et des rivières que l'usage des offrandes de monnaies paraît avoir été le plus constant. On connaît les découvertes si nombreuses de monuments numismatiques faites dans le bassin de certaines sources thermales, comme celles des *Aquae Apollinares*, près de Rome (4), d'Arles, dans les Pyrénées-Orien-

(1) *Protrept.* p. 13, éd. Potter.

(2) *Ann. de l'Inst. arch.* t. VI, p. 217.

(3) *Eccles.* 777 et suiv.

(4) Marchi, *La stipe tributata alle Acque Apollinari*, Rome, 1852, in-4°.

tales (1), et de Bourbonne-les-Bains (2), où ces pièces de monnaie avaient été jetées par les malades comme présents à la nymphe locale; c'était ce qu'on appelait en latin *stipens jacere*. Des trouvailles semblables, se rattachant à une habitude d'offrandes analogues, ont eu lieu, particulièrement dans notre pays, sur certains points du cours des rivières; des masses considérables de pièces gauloises et romaines ont été, par exemple, tirées du lit de la Mayenne, au gué de Saint-Léonard (3), ainsi que de celui de la Vilaine, à Rennes (4), et tous les amateurs parisiens savent combien de monnaies d'or des anciens Parisii sont retirées à chaque dragage du milieu des sables sur un point fort restreint du confluent de la Seine et de la Marne. Il est bon de rappeler aussi le nombre de pièces antiques qu'ont rendu au jour les fonds de l'étang de Soing, de la mer de Flines et du lac de Grandlieu (5).

Ces exemples montrent que les monnaies offertes aux dieux ne l'étaient pas seulement comme celles que l'on dépose dans les troncs de nos églises, en vue d'enrichir la caisse du sanctuaire et d'aider aux frais du culte. On les dédiait aussi à titre d'objets destinés à être conservés sous leur forme même, à titre d'ex-voto inviolables.

(1) Greppo, *Études archéologiques sur les eaux thermales de la Gaule*, p. 293.

(2) Ch. Robert, *Numismatique de la province de Languedoc*, p. 44 et 45. — Il faut encore rappeler les découvertes faites dans le bassin de La Font-Gaucher, près de Saintes.

(3) De Sarcus, *Rev. archéol.* nouv. sér. t. XII, p. 383 et s.

(4) Toulmouche, *Fouilles de la Vilaine*.

(5) Sur toutes ces trouvailles de monnaies en grande quantité dans les rivières et les lacs de la Gaule, voy. Saulcy, *Mélanges de numismatique*, 1875, p. 420.

Ainsi, les inventaires épigraphiques des trésors des temples d'Athènes mentionnent-ils à plusieurs reprises, comme y étant conservées, des monnaies dédiées par unités ou en très-petit nombre (même dans un cas avec cette indication que c'étaient des monnaies fausses), et pareille mention y est suivie du nom du dédicateur (voy. le chap. VII du livre VI).

2. Mais en pareil cas on devait craindre qu'un vol impie ne remît en circulation les monnaies ainsi consacrées. Aucune classe d'offrandes ne pouvait avec plus de facilité disparaître sans laisser de traces qui permissent de les retrouver à la suite d'un enlèvement frauduleux. On fut donc amené à chercher des moyens qui permissent de prévenir le sacrilége en rendant la pièce de monnaie impossible à recevoir dans la circulation une fois qu'elle avait été dédiée en offrande. Le plus simple et le plus grossier consista à l'oblitérer, sur une de ses faces ou sur toutes les deux, d'un coup de cisaille qui lui fît perdre son caractère légal. C'est de cette façon qu'ont été traités tous les statères des Parisii qui se rencontrent dans le lit de la Seine, à l'endroit consacré.

Chez les Grecs, on eut recours quelquefois à un procédé plus délicat et plus ingénieux. Il consistait, lorsque la monnaie était de dimensions assez considérables pour offrir un champ qui permît d'en agir ainsi, à y graver à la pointe, plus ou moins profondément, une petite inscription de dédicace. Une pièce d'argent incuse de Crotone, conservée au Cabinet de France, a reçu ainsi, du côté de son revers, en lettres assez profondément gravées, l'inscription ἱαρὸν τοῦ Ἀπόλ[λωνος, *consacré à Apollon* (1). Dans la même collection, un octadrachme d'argent de la reine d'Egypte Arsinoé Philadelphe porte incisé à la pointe Μακεδῷ ἀν[άθημα, *offrande à Macédos* (2). D'autres monnaies antiques ont offert en graffito les inscriptions Σαράπ[ιδι] ἀν[άθημα], Διον[ύσῳ] ἀν[άθημα], Ὀσίρ[ει] ou bien ἱερόν (3). Fréquemment, sur des pièces grecques, on constate l'addition postérieure des lettres ΑΝΑΘ, ΑΝ, ou simplement Α, initiales du mot ἀνάθημα, *offrande*, tracées à la pointe (voy. livre IV, chap. v, § 3).

3. Enfin, dans certaines circonstances, et c'est cet usage spécial qui doit ici, bien que fort rare, attirer principalement notre attention, l'on se décida, pour plus de sûreté encore, à fabriquer des monnaies particulières, exclusivement destinées à servir pour les offrandes religieuses, sans pouvoir circuler autrement, bien qu'elles fussent taillées sur le poids des espèces monétaires habituelles. On serait assez tenté d'attribuer une semblable origine à la drachme aux types de Milet qui porte la légende ΕΓ ΔΙΔΥΜΩΝ ΙΕΡΗ, (*monnaie*) *sacrée de Didymes* (4), légende par laquelle cette pièce est mise en rapport direct avec le culte d'Apollon Branchidien à Didymes, dans le voisinage de Milet. Cependant il n'est

(1) Sestini, *Classes generales*, p. 17; Mionnet, *Suppl.* t. I, pl. IX, n° 23.

(2) Il s'agit du dieu égyptien, fils d'Osiris, que Diodore de Sicile (I, 18) appelle Μακεδών.

(3) A ce sujet, voyez mon travail spécial dans la dernière livraison de la *Revue numismatique* de 1874.

(4) Millingen, *Sylloge of ancient coins*, p. 70.

pas possible de se prononcer d'une manière définitive pour une semblable conclusion, car quelquefois, par exemple dans l'Asie Mineure, à Alexandria Troas et à Ilium, les inscriptions de la monnaie courante la désignent comme émise au nom de la divinité protectrice de la ville, au lieu de l'être au nom des autorités politiques (voy. livre III, chap. I, § 2, 4; livre IV, chap. II).

En revanche, nous avons un exemple certain dans ces curieuses pièces frappées avec les coins des as coloniaux de Nemausus sur des flans de cuivre en forme d'un jambon muni du pied du porc (1). On ne les a jamais rencontrées que dans le bassin de la fontaine de Nîmes, où elles avaient été jetées comme offrandes. Ce sont là certainement des ex-voto qui ont été fabriqués pour être tels et qui n'ont jamais circulé comme monnaies. Mais les types qui les décorent sur les deux faces ont été frappés avec les coins mêmes de la monnaie ordinaire, et, sous une forme plus recherchée, ils représentaient l'offrande traditionnelle d'une pièce du numéraire usuel à la divinité de la fontaine sacrée.

4. Il importe de rapprocher de cet usage le fait que certaines pièces de monnaie ont été spécialement frappées sous la direction et sur l'initiative des autorités sacerdotales pour être données en prix dans les jeux célébrés en l'honneur des dieux (2). M. Ernest Curtius (3) admet un

(1) La Saussaye, *Numismatique de la Gaule Narbonnaise*, pl. XX, n° 36; Ch. Robert, *Numismatique de la province de Languedoc*, pl. IV, n° 12.

(2) Sur le sujet général des monnaies en rapport avec les jeux publics, voy. Eckhel, *D N*, t. IV, p. 421-454.

(3) Dans les *Monatsberichte* de l'Académie de Berlin, 1869, p. 468.

assez grand développement à la donnée d'émissions monétaires spéciales destinées à fournir les prix des jeux, qui, dans certains cas, étaient en argent (1), ou à subvenir aux frais de leur célébration, lesquels, dans les temps les plus anciens, étaient à la charge des caisses des temples, car les solennités agonistiques avaient chez les Grecs un caractère religieux et sacré. En tout cas, nous en avons un exemple positif : c'est le didrachme d'argent de Métaponte, où la figure du dieu-fleuve Achéloüs est accompagnée de la légende Ἀχελῴου ἆθλον, « prix de l'Achéloüs » (2). Cette inscription ne peut laisser un doute sur la destination originaire de la pièce, frappée pour un prix de jeux publics. Et l'exemple est d'autant plus curieux qu'il remonte à une date fort élevée, qu'il précède de plusieurs siècles les émissions de monnaies de cuivre à l'occasion des jeux, faites en si grand nombre par les cités grecques, surtout en Asie Mineure, au temps des empereurs romains (voy. livre III, chap. I, § 4; livre IV, chap. IV; livre VII, chap. IV, § 4).

§ 3. — Imitations de monnaies faites pour des bijoux.

1. C'est à l'imitation des anciens que nos joailliers se sont mis à monter en bijoux des médailles antiques. Comme les femmes orientales de nos jours, celles de la Grèce et de

(1) Sur cet usage et en particulier sur les jeux appelés Θέμιδες, où les prix étaient toujours en argent, voyez H. de Longpérier, *Rev. numism.* 1869-1870, p. 31 et suiv.

(2) Millingen, *Ancient coins*, pl. I, n° 21, et p. 12; D. de Luynes, *Métaponte*, pl. I, n° 13; O. John, *Archæol. Zeit.* 1862, p. 321.

Rome aimaient à trouver dans les monnaies des éléments pour leurs parures. Nous possédons un grand nombre de bijoux antiques de tout genre, principalement des colliers et des bracelets, où les pièces d'or du temps entrent pour une large part. Rien de plus fréquent que de rencontrer des *aurei* romains de la période impériale munis d'une bélière ou bien montés dans des encadrements ciselés et découpés, souvent d'une extrême élégance, qui les transformaient en pendants de colliers. Les plus pauvres se paraient même de monnaies d'argent. Celles qui ont servi à un tel usage sont percées d'un trou pour les enfiler en collier et en pendants. Il n'est personne ayant manié un certain nombre de pièces antiques qui n'ait eu l'occasion d'en remarquer dans ces conditions. On voit même des vases de métaux précieux, tels que la fameuse patère d'or trouvée à Rennes et conservée au Cabinet des médailles de Paris (1), qui offrent comme motif de décoration des rangs de pièces de monnaie enchâssées dans le métal. Le jurisconsulte Pomponien, dans le *Digeste*, parle des « médailles anciennes d'or et d'argent que l'on emploie dans les bijoux à la façon des gemmes (2). »

Une de ces applications des monnaies à l'ornementation des bijoux paraît avoir eu quelque temps à Rome un caractère officiel. Pline raconte que les affranchis de Claude avaient établi l'usage de ne permettre de porter

(1) Millin, *Monuments inédits*, t. I, pl. XXIV-XXVI; Chabouillet, *Catalogue des camées, etc. du cabinet des Médailles*, n° 2537.

Dans chaque alvéole où l'on a inséré une pièce d'or, on avait indiqué à l'avance, par une inscription au pointillé que la monnaie a ensuite recouverte, de quel empereur ou de quelle impératrice elle devait être.

(2) *Nomismata aurea vel argentea vetera quibus pro gemmis uti solent :* Digest. VII, 1, 28.

l'effigie de l'empereur *en or à leur anneau* qu'à ceux qui avaient obtenu la faveur de l'admission auprès de lui; la bague avec cette image constituait donc pour eux comme une sorte de signe de reconnaissance et de passeport à l'entrée du palais. Vespasien abolit cette règle et permit à tout le monde l'image impériale (1). Comme l'a remarqué M. de Longpérier (2), il s'agit évidemment ici des anneaux dont on possède quelques échantillons, où le chaton porte enchâssé un quinaire d'or dont le droit, avec la tête de l'empereur, est seul apparent.

2. L'habitude dont nous parlons conduisit l'industrie privée à exécuter des imitations de monnaies uniquement pour les placer dans les bijoux. On raconte que, sous Elagabale, Valerius Pætus, ayant fait exécuter des pièces de plaisir en or où ses traits étaient tracés, fut condamné à mort comme ayant usurpé un droit souverain, bien qu'il prouvât avoir destiné ces pièces à composer simplement des bijoux pour ses maîtresses (3). Le crime qui lui coûta la vie était ici de paraître avoir usurpé le droit d'effigie monétaire, attribut exclusif du pouvoir impérial (voy. livre III, chap. I, § 8). Mais sa défense même montre que l'on considérait comme un acte permis la fabrication de copies de monnaies destinées à faire partie

(1) *Fuit et alia Claudii principatu differentia in solis his, quibus admissionem liberti ejus dedissent, imaginem principis ex auro in annulo gerendi, magna criminum occasione : quæ omnia salutaris exortus Vespasiani imperatoris abolivit, aequaliter publicando principem :* Plin., *Hist. nat.* XXXIII, 12, 3.

(2) *Rev. num.* 1868, p. 333.

(3) Dio Cass. XXIX, 4.

des bijoux, sans doute à la condition d'y employer un procédé différent de celui de la frappe des espèces monétaires, de manière que la confusion ne fût pas possible.

En outre, il est bien évident que, pour rendre l'acte licite et indifférent, il fallait que l'on ne copiât pas les monnaies courantes du moment, que l'on fabriquât ou des pièces entièrement de fantaisie ou des imitations d'anciennes monnaies depuis longtemps sorties de la circulation. C'est ainsi qu'était formé un bracelet que j'avais acquis en Grèce en 1866 (1) et qui depuis a passé entre les mains de feu M. le baron Seillière. Ce bracelet ne datait pas d'un temps plus haut que l'époque impériale romaine, et il était composé d'imitations d'hectés (ou sixièmes de statère) en électrum de Mitylène, telles qu'on les frappait dans cette île entre la guerre du Péloponèse et le règne d'Alexandre le Grand (2) (voy. livre VI, chap. IV, § 3). Les pièces que l'on y avait copiées étaient donc des monnaies qui avaient cessé d'être en usage depuis cinq ou six siècles, de véritables médailles de collections d'antiquaires. Le fabricant ne s'était, du reste, astreint ni à donner strictement le même poids à toutes les pièces, ni à reproduire avec quelque précision celui des anciennes monnaies, dont il copiait seulement l'apparence extérieure. De plus, au lieu de les frapper, comme les hectés de Mitylène originales et en général toutes les monnaies antiques, il les avait coulées.

3. Souvent ce que l'on introduisait dans la composition

(1) *Gazette des beaux-arts*, t. XXI, p. 120.

(2) Ces pièces avaient pour types, d'un côté une tête de Nymphe, de l'autre une cithare à sept cordes dans un carré formé de quatre traits.

d'un bijou, c'était un estampage pris sur une monnaie contemporaine et formé d'une feuille d'or plus ou moins épaisse. Deux diadèmes d'or trouvés dans une des tombes royales du Bosphore Cimmérien, et conservés au Musée de l'Ermitage de Saint-Pétersbourg (1), offrent à leur milieu, comme ornement, l'estampage pris sur la face de médaillons de bronze bien connus de coin romain, l'un avec l'effigie de Marc-Aurèle, l'autre avec les deux bustes conjugués de Commode et de sa concubine Marcia, celle-ci vêtue en amazone. Le soi-disant médaillon d'or de Tétricus, volé au Cabinet de France en 1831 (2), n'était pas autre chose qu'une bractée relativement fort épaisse, mais estampée de la même manière sur un original qui nous reste inconnu; une riche bordure d'or l'entourait et complétait le joyau.

Des feuilles d'or beaucoup plus minces, estampées sur des pièces d'un moindre module, s'employaient aussi en les cousant comme des paillettes sur des vêtements de grand luxe, au moins chez les Asiatiques et les barbares à demi hellénisés (3). Le Cabinet des médailles de Paris possède une série de bractéates de ce genre trouvées toutes ensemble en Syrie et offrant l'empreinte de la face d'*aurei* de Caracalla et de Julia Mamæa (4). D'autres, plus anciennes et probablement même antérieures à Alexandre, ont été trouvées près de Kertch, dans le fameux tumulus du Koul-

(1) *Antiquités du Bosphore Cimmérien*, pl. III, n° 1, et IV, n° 1.

(2) *Mém. de l'Acad. des inscr.* anc. sér. t. XXVI, pl. à la p. 504; Cohen, *M I*, t. V, pl. VI, 1.

(3) Voy. l'article *Brattea* dans le *Dictionnaire des antiquités* de MM. Daremberg et Saglio.

(4) *Bulletin archéologique de l'Athénæum français*, 1855, p. 40.

Oba (1). Elles sont estampées sur des pièces de Panticapée, d'Athènes et d'autres villes grecques, et sur leur circonférence on voit les trous où passaient les fils qui les fixaient sur l'étoffe.

§ 4. — Les médailles talismaniques.

1. Certaines monnaies et médailles ont été portées en bijoux, non-seulement comme simples ornements, mais à titre de talismans protecteurs. On en a même fabriqué spécialement pour cette destination.

Une idée talismanique de ce genre s'attachait à l'effigie d'Alexandre le Grand dans l'empire romain, au IIIe siècle de l'ère chrétienne. Le conquérant macédonien divinisé, et toujours en grande vénération chez les Orientaux depuis sa mort, eut une vogue extraordinaire à ce moment chez tous les habitants de l'empire, et à Rome même, comme héros protecteur. On en fit un véritable dieu qui repoussait tous les maux et toutes les influences funestes, Ἀλεξίκακος, comme était déjà depuis longtemps surnommé son ancêtre mythique Hercule. Ce fut le résultat à la fois de la véritable invasion de superstitions orientales, avec leur cortége de croyances et de rites magiques, qui coïncida à Rome avec l'avénement de la famille de Septime Sévère, et aussi de la mode d'imitation d'Alexandre qui préoccupa si vivement l'esprit de Caracalla et d'Alexandre Sévère, fantaisie bizarre chez le premier, tendance plus raisonnée chez le second. Le fils de Julia Mamæa, né dans le temple

(1) *Antiquités du Bosphore Cimmérien*, pl. XXI, nos 2-9.

d'Alexandre le Grand, le considérait naturellement comme son patron, et d'ailleurs il faisait du nom du vainqueur du dernier Darius comme un symbole de la lutte de la civilisation occidentale contre la Perse, qui était la grande préoccupation et la pensée politique de son règne.

Nous avons des monuments numismatiques de cette mode dans la nombreuse émission de monnaies de cuivre du module du moyen bronze, que l'autorité romaine fit frapper dans la province de Macédoine pour la circulation locale, sous Caracalla ou sous Alexandre Sévère, avec l'effigie et le nom d'Alexandre le Grand (1). A la même époque, on commença à fabriquer des médailles non monétaires, d'un caractère talismanique, avec la même effigie (2). « On prétend, dit Trebellius Pollion, que ceux qui portent « l'effigie d'Alexandre en or ou en argent sont protégés « dans tous les actes de leur vie (3). » Il montre cette superstition particulièrement développée pendant plusieurs générations successives dans la famille d'où sortit l'usurpateur Macrien, énumère les différents objets où l'on plaçait habituellement l'effigie du héros macédonien et nous apprend que les femmes la portaient dans leurs bijoux aussi bien que les hommes dans leurs ornements. Au temps où il écrivait, c'est-à-dire au IVe siècle, le même usage continuait, et Trebellius Pollion cite la patère avec portrait d'Alexandre que possédait son ami Cornelius Macer. La

(1) Eckhel, *D N*, t. II, p. 110 et s.; Mionnet, t. I, p. 534-562.

(2) Telles sont les petites pièces d'or et d'argent, à la tête et au nom d'Alexandre, décrites par Mionnet, t. I, p. 553, nos 572-575; voy. Eckhel, t. II, p. 108; une petite pièce d'or au nom et à la tête d'Olympias, sa mère, *Zeitschr. f. Num.* t. III, p. 56.

(3) *Dicuntur juvari in omni actu suo, qui Alexandrum expressum vel auro gestitant vel argento :* Trebell. Poll. *Trig. tyr.* 14.

manière la plus naturelle de reproduire cette effigie protectrice pour l'enchâsser dans des bijoux ou dans des pièces d'orfévrerie était la forme de médailles du genre de celles que Lampride nous dit avoir été fabriquées par l'ordre d'Alexandre Sévère. « Il fit faire de nombreuses médailles « avec la figure d'Alexandre, quelques-unes en électrum, « mais le plus grand nombre en or (1). »

Il y a quelques années, on découvrit à Tarse, avec un certain nombre de monnaies d'or romaines descendant jusqu'au règne de Gordien III, un groupe de bijoux antiques et quatre médaillons d'or, l'un d'Alexandre Sévère, les trois autres correspondant d'une manière fort remarquable aux indications du passage de Lampride (2). Ces trois médaillons, qui font maintenant partie des collections du Cabinet des médailles, ont de 67 à 70 centimètres de diamètre, et les bords en ont été amincis au marteau pour entrer plus facilement dans une sertissure ; leurs poids ne sont pas égaux entre eux et ne représentent pas des valeurs monétaires exactes. Le travail est celui du IIIe siècle, mais très-soigné. Chacun porte une tête différente, Hercule, Philippe, Alexandre, qui devaient être réunis dans une même parure comme une sorte de triade héroïque macédonienne. Au revers des trois, on lit la même légende au nom du roi Alexandre, ΒΑϹΙΛΕΥϹ ΑΛΕΞΑΝΔΡΟϹ; sur les deux médaillons aux têtes d'Hercule et d'Alexandre, le type du revers représente le combat du fils de Philippe, monté à cheval, contre un lion, imitation d'un groupe fa-

(1) *Alexandri habitu nummos plurimos figuravit : et quidem electreos aliquantum, sed plurimos tamen aureos :* Lamprid. *Alex. Sev.* 25.

(2) A. de Longpérier, *Trésor de Tarse*, dans la *Rev. num.* 1868, p. 309-336, pl. X-XIII.

meux de Lysippe dédié à Delphes par Cratère (1) ; sur celui à la tête de Philippe, c'est la Victoire dans un quadrige (2).

M. de Longpérier considère ces médaillons d'or du trésor de Tarse comme ayant été destinés à former des phalères militaires pour les hommes des légions néo-macédoniennes d'Alexandre Sévère. Il constate pourtant en même temps qu'une partie au moins des bijoux avec lesquels ils furent trouvés présentaient un caractère talismanique très-prononcé ; il admet donc que l'on puisse préférer tenir les médaillons eux-mêmes comme ayant aussi servi d'amulettes préservatrices, d'ornements destinés à porter bonheur, plutôt que de récompenses officielles au courage. C'est là, pour ma part, l'opinion vers laquelle j'incline le plus, et il me semble même difficile de ne pas croire qu'Alexandre Sévère lui-même, subissant l'influence des idées de son temps, attachait dans une certaine mesure une notion de ce genre à ses propres médailles d'Alexandre de Macédoine.

2. Plus tard, saint Jean Chrysostome reprenait sévèrement les chrétiens de son temps pour la superstition idolâtrique qui leur faisait « attacher à leurs têtes et à leurs « pieds comme amulettes des médailles en cuivre d'Alexan- « dre le Macédonien (3). » Quelques-unes des médailles

(1) Plutarch. *Alex.* 55.

(2) Aussi la légende y subit elle une modification; elle est alors **ΒΑCΙΛΕωC ΑΛΕΞΑΝΔΡΟΥ**, car le type ne représente plus Alexandre lui-même, mais la Victoire d'Alexandre.

(3) Νομίσματα χαλκᾶ Ἀλεξάνδρου τοῦ Μακεδόνος ταῖς κεφαλαῖς καὶ τοῖς ποσὶ περιδεσμούντων : Johan. Chrysost. *Ad illum. catechum. Homil.* II, 5.

auxquelles fait allusion l'éloquent Père de l'Eglise sont parvenues jusqu'à nous en original et présentent un bien bizarre mélange de représentations païennes et chrétiennes (1). C'est d'abord un médaillon contorniate (voy. plus loin le § 6 de ce chapitre) où l'on voit d'un côté la tête d'Alexandre coiffée de la peau de lion d'Hercule, comme sur ses tétradrachmes, de l'autre le monogramme du Christ. Ce sont ensuite de petites médailles de cuivre avec l'effigie d'Alexandre, représentée de même et accompagnée du nom ALEXANDRI, le revers montrant l'ânesse avec son poulain qui, d'après les Evangiles, porta le Sauveur à son entrée triomphale dans Jérusalem. Sur une des variétés, ce type est accompagné de l'inscription D N IHV XPS DEI FILIVS, *Dominus noster Jesus Christus Dei filius*. Le style de ces singuliers monuments de superstition les indique comme environ contemporains de l'empereur Honorius (2), et en effet il existe une petite médaille talismanique du même genre qui a sur une de ses faces l'effigie de cet empereur, avec son nom, sur l'autre le type de l'ânesse et de l'ânon, avec la légende ASINA.

3. Il y a même dans la série des médaillons de bronze impériaux de coin romain, dès le IIe siècle, quelques pièces auxquelles on doit attribuer une origine et une destination talismaniques, dont par conséquent la fabrication a dû

(1) Vettori, *Dissertatio apologetica de quibusdam Alexandri Severi numismatibus*, Rome, 1749; Eckhel, *D N*, t. VIII, p. 173 et suiv.; Cavedoni, *Rev. numism.* 1857, p. 309-314, pl. VIII.

(2) L'idée d'association du Christ et d'Alexandre remonte, du reste, plus haut; elle apparaît pour la première fois, circonstance bien digne de remarque, dans le laraire d'Alexandre Sévère.

avoir un caractère privé, au lieu d'émaner d'une décision du Sénat. Je me bornerai à en citer un seul exemple, qui du moins paraît certain.

En 1777, on découvrit à Rome, dans les ruines d'une maison privée, une peinture murale divisée en deux tableaux et tout à fait singulière (1). Dans la première composition, une femme dont les traits sont ceux de l'impératrice Lucille, femme de Lucius Verus, se tient debout au milieu d'un jardin et sur le bord d'un étang ; on lui a donné l'attitude et l'accoutrement habituels à Venus Genitrix. Sa main droite, élevée, saisit la branche d'un arbre sacré auprès duquel est un autel. Trois Amours enfantins et ailés l'entourent. L'un tombe la tête la première, précipité de l'arbre dans les eaux ; un autre, debout sur l'autel, paraît disposé à le suivre ; le troisième, de l'autre côté, donne les marques d'un profond désespoir. On a reconnu sans hésiter dans ces trois Amours les trois enfants que les monnaies à la légende FECVNDITAS (2) attribuent à Lucille et dont aucun ne survivait plus quand, à la mort de Lucius Verus, elle fut remariée à Pompeianus ; leur mère étant transformée en Vénus, ce travestissement pour eux en découlait naturellement. Dès lors, comme Ottfried Müller l'a distingué avec sa sagacité habituelle, la composition prend un sens assez clair. Elle est allusive au trépas de celui de ces enfants qui mourut le premier en bas âge et que représente l'Amour précipité. L'autre tableau y fait suite et a manifestement trait à quelque cérémonie expiatoire et magique par laquelle l'impératrice, après la

(1) Buti, *Parietinae picturae inter Esquilinum et Viminalem collem detectae*, Rome, 1758 ; Ottfr. Müller, *Denkm. d. alt. Kunst.* t. I, pl. LXXIV, n° 427.

(2) Cohen, *M I*, Lucille, n°s 50-52.

mort du premier de ses enfants, avait cru pouvoir assurer l'existence des deux survivants. Lucille, toujours en Vénus, est assise sur un rocher au bord d'une rivière, où l'ensemble de la composition induit à reconnaître le Styx. Deux Amours seulement l'accompagnent cette fois. Une suivante agenouillée plonge l'un d'eux dans les eaux du fleuve infernal pour l'y rendre invulnérable comme le jeune Achille; l'autre se prépare à s'y élancer à son tour.

Or, parmi les médaillons de bronze à l'effigie de Lucille, il en est un, d'une extrême rareté, dont le revers groupe en un seul tableau tous les éléments essentiels de ces deux peintures allégoriques (1). La première composition, celle qui a trait à la mort de l'enfant, demeure intacte; la seconde est réduite à trois figures placées sur le premier plan, à la droite du spectateur; mais c'est assez pour en indiquer le sens. Les deux Amours personnifiant les enfants survivants sortent du bain régénérateur dans le Styx, qu'indiquent ici les eaux sur le devant (2) ; la suivante, qui vient de les y plonger, est encore agenouillée sur le bord de cette eau ; elle y remplit un vase pour les rites de l'expiation. Voilà donc un médaillon dont le type a trait de la manière la plus directe, et par une allusion transparente, à une cérémonie propitiatoire et magique qui n'a pas pu avoir un caractère officiel et public. Le fait est particulièrement remarquable avec la date élevée de la pièce.

(1) Cohen, *M I*, Lucille, n° 39.

(2) Il est fort naturel que l'Amour qui meurt ait été en même temps représenté précipité dans ce fleuve des Enfers. Si les uns y trouvent la préservation, les autres s'y engloutissent.

§ 5. — Les médailles de dévotion des premiers chrétiens.

1. C'est à l'imitation des médailles talismaniques païennes que les chrétiens des premiers siècles se mirent à fabriquer les médailles de dévotion qu'ils suspendaient à leur col et dont l'usage s'est continué jusqu'à nos jours.

Dans la *Vie de sainte Geneviève*, écrite dès les premiers temps mérovingiens, on raconte que lorsque la jeune bergère eut prononcé entre les mains de saint Germain, évêque d'Auxerre, la consécration de sa virginité à Dieu, l'évêque lui remit une médaille de cuivre marquée du signe de la croix pour la porter à son col en gage de la profession religieuse à laquelle elle venait de se vouer (1). Trois passages assez obscurs des *Traités* de saint Zénon, évêque de Vérone, semblent aussi faire allusion à une semblable médaille donnée aux néophytes lors de leur baptême (2). M. J.-B. de Rossi a consacré un article d'une importance capitale aux monuments, parvenus jusqu'à nous et antérieurs au VIIe siècle, de cet usage des médailles de dévotion, beaucoup plus ancien chez les fidèles qu'on n'était disposé généralement à le croire (3). Ce sont toujours d'assez larges médailles de cuivre, dont les types n'ont pas été obtenus en relief par les procédés de la frappe

(1) *Quasi quoddam pignus religiosi muneris atque ut perforatus collo ejus inhaereret indixit* : Bolland. *Act. Sanct.* t. I, januar. p. 143.

(2) L. I, tract. 14, 4; l. II, tract. 35 et 42.

(3) *Bulletino di archeologia cristiania*, 1869, p. 33-45 et 49-64.

monétaire, mais incisés dans le métal ou imprimés en creux au marteau par le moyen d'un poinçon en relief et ensuite retouchés au burin; il faut descendre au VIe siècle pour rencontrer, et cela seulement en Orient, des médailles de dévotion chrétienne frappées avec des coins semblables à ceux des monnaies (1). Chacune est munie au sommet d'un anneau de suspension ou percée d'un trou pour y passer un cordon.

2. La plus ancienne connue n'a de sujet que d'un côté et représente le Pasteur divin veillant sur son troupeau, scène tout empreinte de l'esprit de la discipline du secret, de règle au temps des persécutions. La composition, très-gracieuse, est tout à fait conforme à celles que l'on voit sur les sarcophages du IIIe siècle, et c'est à cette date que le monument doit être rapporté. Nous voyons ensuite, dans les siècles postérieurs, la plupart des sujets habituels dans les peintures des catacombes, dans les mosaïques des églises et dans les bas-reliefs des sarcophages, se montrer sur les médailles de cette classe, par exemple encore le Pasteur autrement représenté, l'orante, la scène du sacrifice d'Abraham ou bien celle de l'adoration des Mages, le monogramme du Christ, etc.

Parmi ces représentations, il en est que M. de Rossi pense très-judicieusement de nature à caractériser les médailles qui les portent comme ayant été des médailles

(1) Telle est la médaille de pèlerinage du Saint-Sépulcre de Jérusalem, rangée bien à tort par Eckhel (*D N*, t. VII, p. 251) parmi les monnaies de l'empereur Jean Zimiscès, car elle est fort antérieure : De Rossi, *l. c.*, p. 58.

baptismales comme celles dont parle saint Zénon. Ce sont les sujets pastoraux qui font allusion au troupeau chrétien dans lequel entre le catéchumène, la scène du Christ entre les deux principaux apôtres Pierre et Paul, remettant au premier le livre de la loi, ou bien le symbole des cerfs se désaltérant dans les eaux régénératrices, suivant les paroles du Psalmiste.

D'autres médailles sont manifestement des souvenirs de pèlerinages aux tombeaux des martyrs, des signes de consécration au culte de tel ou tel saint. Je citerai comme exemple celle qui montre d'un côté le martyre de saint Laurent, de l'autre un chrétien qui visite son tombeau, un cierge à la main ; l'une et l'autre scène est accompagnée de l'acclamation SVCCESSA VIVAS, vœu pour la femme à qui la médaille était donnée. Une autre retrace la scène de la présentation d'un enfant du nom de GAVDENTIANVS, consacré par un de ses parents au sépulcre d'un martyr.

3. A partir du moment, du reste assez tardif (voy. livre IV, chap. I), où la croix s'implanta définitivement comme type principal sur une des faces d'une bonne partie des monnaies frappées pour la circulation, nombre de chrétiens, au lieu de chercher à se procurer des médailles spécialement de dévotion, prirent comme telles des pièces de monnaie marquées du signe sacré sous la protection duquel ils se plaçaient. Ce furent donc des monnaies au type de la croix qu'ils suspendirent à leur col ou cousurent à leurs vêtements, après les avoir perforées. Quelques détails du récit relatif à sainte Geneviève et à saint Germain d'Auxerre semblent indiquer la pièce donnée

par l'évêque pour être portée par la vierge comme une monnaie véritable plutôt qu'une médaille fabriquée exprès dans une intention pieuse. Il en fut ainsi pendant toute la durée des temps barbares. C'est seulement avec le progrès des arts du moyen âge que la fabrication des médailles de dévotion, d'abord en plomb, reprit un développement d'abord comparable et bientôt fort supérieur à celui qu'elle avait eu dans l'Eglise primitive, du IIIe au VIIe siècle.

§ 6. — Les médaillons contorniates.

1. Sous ce nom de *médaillons contorniates*, on désigne des médailles planes, d'un cuivre dont la couleur et l'alliage varient, d'une fabrique particulière, et d'un travail et d'un style souvent imparfaits, dont les types ont en général peu de relief. Le module en est à peu près égal à celui des médaillons de bronze impériaux, mais leur poids est inférieur, le flan ayant moins d'épaisseur. Ces médaillons portent presque tous sur leurs deux faces un cercle parfaitement régulier, tracé en creux à l'aide du tour; quelquefois aussi les bords de la tranche sont un peu relevés, afin d'empêcher le frottement des types en relief (1). Le cercle en creux, auquel ces pièces doivent leur nom (de l'italien *contorno*), ne leur est pas exclusivement propre; on le retrouve aussi sur quelques médaillons

(1) Sur les contorniates, voyez principalement : Havercamp, *De numis contorniatis*, Leyde, 1722; Eckhel, *D N*, t. VIII, p. 277-314; Sabatier, *Description générale des médaillons contorniates*, Paris, 1860; Cavedoni, *Osservazioni critiche sopra gli antichi medaglioni contorniati*, dans le *Bullet. archeol. ital.* 1862, p. 33-38 et 49-56.

proprement dits des empereurs postérieurs à Constantin (1). Mais ce qui distingue nettement les contorniates, en leur donnant un aspect particulier auquel il n'est pas possible de se méprendre, c'est qu'en immense majorité, au lieu d'être frappés au marteau, ils sont coulés, avec ou sans retouches au burin.

Une des faces est occupée ordinairement par une tête ou un buste, et la majeure partie des sujets figurés sur les revers se rapportent aux jeux du cirque ou de l'amphithéâtre; quelques-uns sont empruntés aux traditions mythologiques, et on en trouve en ce genre de fort curieux; d'autres, enfin, reproduisent avec plus ou moins de fidélité, et assez souvent d'une manière servile, des types copiés sur ceux d'anciennes monnaies impériales. Les têtes du droit sont fort variées: on en voit des premiers empereurs (mais la plupart, sauf celles de Néron et de Trajan, dans les simples copies de monnaies) aussi bien que des princes du Bas-Empire, d'Alexandre le Grand, des hommes célèbres, orateurs, poëtes, rhéteurs, philosophes, de la Grèce et de Rome. D'autres fois, des bustes d'auriges ou *agitatores* du cirque, tenant leur cheval par la bride, ou bien des masques scéniques sont figurés au droit des contorniates et y occupent la place des effigies impériales ou des portraits de personnages célèbres. Les têtes de divinités sont très-rares sur ces pièces; on n'y relève que celles de Jupiter Sérapis, de Minerve, de Mercure, le dieu de la palestre, du Soleil, de Rome et d'Hercule.

(1) Voy. dans Cohen, *M I*, t. VI, p. 381 et 382, les pièces aux têtes de Constantin, Constant Ier et Constance; Sabatier, pl. XVII, n° 4, XVIII, n° 12, et XIX, n° 1. Ce sont des médaillons véritables et non des contorniates, malgré la présence du contour en creux.

2. On a longtemps discuté sur l'époque où ont été fabriqués les médaillons contorniates. Ducange et Havercamp croyaient encore que ceux où l'on voit les têtes de souverains du Haut-Empire dataient de leur temps. Eckhel a montré à quel point les caractères d'art et de style rendaient une semblable opinion impossible à soutenir. Les anciens empereurs y figurent seulement à titre d'hommage commémoratif, et souvent dans les légendes qui les désignent on leur donne des titres qu'ils n'ont jamais pris, qui étaient même encore inconnus de leur temps. Il est désormais incontestable que c'est aux temps du Bas-Empire qu'ont été faits les contorniates. Eckhel les faisait partir de Constantin ; M. Sabatier, au contraire, a voulu en restreindre la fabrication entre les règnes de Valens et d'Anthemius (1), et c'est bien la date que leur comparaison avec les monnaies, sous le rapport du style, assigne au plus grand nombre. Cependant, comme l'a judicieusement remarqué M. Ch. Robert (2), « il en est, même parmi ceux fabriqués avec les moyens les plus imparfaits, qui dénotent par le large et le mouvement des figures une époque antérieure à la seconde moitié du IVe siècle, que caractérisaient déjà en Orient et en Occident les formes roides et allongées de l'école byzantine. » Le jugement d'Eckhel paraît donc le plus vraisemblable ; j'ajouterai même comme argument en sa faveur que c'est précisément sous Constantin, Constant et Constance que les médaillons de bronze impériaux présentent quelquefois le cercle exécuté au tour qui devient ensuite un des traits les plus constants des contorniates.

(1) Anthemius est, en effet, le dernier empereur dont l'effigie se montre sur les contorniates : Sabatier, pl. XII, n° 11.

(2) *Rev. num*, 1868, p. 249.

3. Une première observation est à faire comme préliminaire à toute recherche sur l'origine et la destination des médaillons contorniates. C'est qu'ils sont tous incontestablement de fabrication occidentale, même ceux dont les inscriptions sont rédigées en grec. Aucun ne présente la tête d'un des empereurs qui régnèrent seulement sur l'Orient; aucun n'offre dans son travail les caractères de style qui distinguaient déjà d'une manière certaine, au IVe et au Ve siècle, l'art de Byzance de celui des pays latins.

En même temps, il est impossible de méconnaître la relation étroite qui existe entre les contorniates et les jeux et spectacles du cirque, lesquels tenaient une si grande place dans la vie des Romains aux siècles où furent fabriqués ces monuments numismatiques. La grande majorité des types de leurs revers est là pour l'attester; ce sont tantôt des vues du Circus Maximus de Rome, tantôt des scènes empruntées aux *decursiones* ou courses de chevaux et aux courses de chars, dont les diverses factions, la blanche (*alba*), la rouge (*russata*), la bleue (*veneta*) et la verte (*prasina*), partageaient la population et avaient pris, les deux dernières surtout, l'importance de partis politiques, aux *venationes* ou combats des bestiaires contre des animaux, aux luttes d'athlètes, aux tours d'adresse des bâtonnistes (1) et aux concours de musique. Dans d'autres cas, et très-souvent, ce sont les portraits des favoris des courses, chevaux ou cochers, accompagnés de leurs noms, que montre l'une ou l'autre face de la pièce. Les types mythologiques eux-mêmes y sont fréquemment allu-

(1) Sur cette classe de types spécialement, voy. Ch. Robert, *Rev. num.* 1868, p. 251 et suiv.

sifs à la fondation des jeux les plus célèbres ; par exemple, celui d'Hercule assis sur l'Aventin, ayant à côté de lui sa femme Roma, fille d'Evandre (1), a trait aux Jeux Séculaires, commémoratifs de la fondation de Rome ; celui d'Hypsipyle et Archémore (2) rappelle l'origine des Jeux Néméens.

C'est comme protecteurs et fauteurs des plaisirs du cirque que les anciens empereurs ont leurs effigies placées sur ces pièces. On rappelle ainsi ce qu'ils avaient fait pour développer des divertissements aussi chers. Deux têtes surtout reviennent très-habituellement, celles de Néron et de Trajan, association bizarre dans une popularité posthume du plus odieux monstre et du meilleur empereur qui aient exercé le pouvoir, mais qui s'explique en ce que le premier avait institué les Jeux Quinquennaux et en ce que le second avait considérablement agrandi le cirque, aussi bien que par le souvenir des Jeux Parthiques ou Triomphaux, célébrés avec un éclat extraordinaire en son honneur, de son vivant ou après sa mort. Il ne faut pas oublier, d'ailleurs, que le souvenir de Néron n'éveillait pas dans le peuple de Rome le sentiment d'exécration qui eût été légitime. Il était, au contraire, très-populaire, surtout dans le monde qui vivait du cirque ou de l'amphithéâtre, et se passionnait pour leurs spectacles. C'était l'empereur sportsman par excellence, celui qui s'était le plus intéressé à la splendeur des jeux, le premier qui y eût pris part lui-même comme acteur. Et cette étrange popularité allait en grandissant à mesure qu'on s'éloignait de lui. Nous en avons un monument, contemporain de la fabrica-

(1) Sabatier, pl. XIII, n° 5; de Witte, *Rev. num.* 1861, p. 245.

(2) *Rev. num.* 1868, pl. VII, n° 4.

tion des contorniates et d'un style d'art tout pareil. C'est un camée du Cabinet de France (1), où l'on voit Néron, la tête radiée, debout dans un quadrige, tenant le sceptre et la *mappa circensis*, avec laquelle il donna le premier le signal du commencement des jeux. Autour est l'inscription ΝΕΡΟΝ ΑΓΟΥCΤΕ, *ô Néron Auguste*. C'est une véritable invocation; le parricide a fini par devenir un héros agonistique.

Les médaillons contorniates ont donc été fabriqués à l'occasion des jeux du cirque. Ce ne sont certainement pas des monnaies; ce ne sont pas non plus des médailles commémoratives comme celles que font frapper les gouvernements. Ils n'émanent d'aucune autorité publique et portent tous les caractères les plus manifestes de fabrications privées.

4. Pinkerton (2) a émis la conjecture que les contorniates avaient été des tessères, des billets distribués pour donner entrée dans le cirque. Cette interprétation semble admissible pour une petite partie d'entre eux. Tels sont ceux qui ont été copiés d'anciennes monnaies et qui ne pouvaient guère servir que comme une sorte de jetons. Deux autres, à la tête de Néron, semblent, d'après les types de leurs revers, n'avoir pu être destinés qu'à donner droit à une part dans une distribution publique de comes-

(1) Caylus, *Recueil d'antiquités*, t. I, pl. LXXXVI, 2; Chabouillet, *Catalogue des camées, pierres gravées et antiques de la Bibliothèque impériale*, n° 238.

(2) *Essay on medals*, t. I, p. 232.

tibles (1). La même explication d'origine et de destination cadrerait très-bien avec celui qui, portant sur le droit la tête de l'empereur Placidus Valentinianus, montre au revers PETRONIVS MAXSVMVS V*ir* *Clarissimus* COnSul assis sur son siége consulaire et présidant les jeux (2).

Cependant il faut remarquer que sur les contorniates on ne rencontre jamais de chiffres indicateurs de telle ou telle cavea, de telle ou telle rangée de places, comme sur les véritables tessères théâtrales ou agonales. Au contraire, ces chiffres ne font défaut dans aucun exemple connu sur les monuments de cette dernière espèce, et, en effet, des indications de places étaient nécessaires sur les billets qui donnaient entrée dans le théâtre, dans le cirque et dans l'amphithéâtre.

D'ailleurs on ferait difficilement accorder la théorie de Pinkerton avec le souhait VINCAS, en grec NIKA, adressé le plus souvent dans les légendes des contorniates à tel ou tel des favoris, chevaux ou cochers, dont ils offrent l'image, quelquefois avec l'indication de sa faction, quand l'inscription se rapporte à l'*agitator*, DOMNINVS IN VENETO (3), EVSTORGIVS IN PRASINO (4). Le magistrat qui donnait les jeux par une obligation de sa charge, n'aurait pas pu prendre parti d'une manière aussi publique pour tel ou tel des coureurs qui se disputaient la palme, sur les billets mêmes distribués à l'entrée.

(1) Sabatier, pl. XIX, n° 4, et Cohen, *M I*, t. VI, pl. XX, n° 74. Le premier montre au revers une série de poissons recherchés des gourmets; le second un couteau, un pain, un jambon et une tête de porc.

(2) Sabatier, pl. XVI, n° 6.

(3) Sabatier, pl. III, n° 10; IV, n° 2.

(4) Sabatier, pl. III, n° 9.

Si donc il est possible d'admettre, à la suite de Pinkerton, que quelques-uns des contorniates ont pu jouer le rôle de tessères donnant accès aux jeux, cette théorie ne s'appliquerait qu'à une fort petite part de leur nombreux ensemble. Pour la grande majorité, il faut chercher un autre usage, une autre destination.

5. Pour ma part, je suis surtout frappé du caractère talismanique évident d'une très-notable partie des types de ces pièces.

La tête qui s'y montre le plus fréquemment est celle d'Alexandre le Grand, et la figure du héros macédonien n'est pas moins multipliée sur les revers. Or, nous savons maintenant d'une manière très-précise quelle idée était attachée dans les superstitions magiques et talismaniques à l'image d'Alexandre (voy. plus haut, § 4, 1). La pièce que nous avons citée plus haut (§ 4, 2), avec la tête d'Alexandre et le monogramme du Christ, et dont l'explication nous a été donnée par un passage de saint Jean Chrysostome, ne se rattache pas seulement à la série des contorniates par son aspect extérieur et par le mode de sa fabrication ; elle appartient sûrement au nombre de ceux qui ont été fabriqués pour les jeux du cirque. En effet, on y voit gravé en creux, à côté de la tête du fils de Philippe, un symbole, fréquent sur les contorniates, que M. Ch. Robert a retrouvé, dans des monuments d'autres classes, imprimé sur la cuisse des chevaux, et qu'il considère très-ingénieusement comme ayant été la marque d'une écurie célèbre du temps d'Honorius (1).

(1) *Rev. archéol.* nouv. sér. t. XXXII, p. 36.

Le choix de la plupart des sujets mythologiques figurés au revers des contorniates est tout à fait remarquable au point de vue que j'indique. C'est Hécate entourée de serpents, Hécate la déesse des enchantements, dont la figure décore tant d'amulettes, en particulier tant de ces pierres gravées, pour la plupart magiques, que l'on se dispense trop souvent d'étudier en les rejetant pêle-mêle dans la classe des *abraxas* ou soi-disant *pierres gnostiques;* ce sont les dieux spécialement qualifiés d'ἀλεξίκακοι, ceux qui repoussent les maux et les influences funestes, Apollon tuant le serpent Python, Hercule et ses différents travaux. Or, ces exploits du fils d'Alcmène, nous voyons au Bas-Empire les médecins eux-mêmes, comme Alexandre de Tralles, prescrire de les graver sur certaines gemmes pour en faire des amulettes qui amèneront la guérison de telle ou telle maladie (1). Notons maintenant, parmi les scènes empruntées à l'histoire héroïque, les exploits de Thésée, parallèles à ceux d'Hercule, auxquels on attachait les mêmes idées, on attribuait le même pouvoir ; Ulysse échappant aux périls de Scylla, à ceux de l'antre de Polyphème, ou bien déjouant les enchantements de Circé; la perfidie de Dircé châtiée par Amphion et Zétus; Énée sauvant son père et sortant sain et sauf de l'incendie de Troie, Énée que certaines légendes de basse époque, qui naissaient alors, représentent comme particulièrement versé et puissant dans les arts magiques. Ce sont là bien manifestement des sujets tous destinés à porter bonheur, à écarter un danger, à repousser un maléfice.

Il faut même noter que lorsque les traditions relatives à la fondation de jeux célèbres eussent appelé la représen-

(1) Voy. Ch. Lenormant, *Rev. archéol.* t. III, p. 510 et suiv.

tation d'une scène funeste, qu'on eût pu considérer comme d'un fâcheux augure, l'artiste auteur du contorniate n'a pas hésité à se montrer infidèle aux données reçues pour y substituer une image favorable. Sous ce rapport, la pièce qui représente Hypsipyle (ΥΨΙΠΥΛΗ) avec Archémore (1) est particulièrement curieuse. L'artiste n'a pas pu se décider à y représenter le fils de Lycurgue étouffé par le serpent; c'eût été une image néfaste. Il en a fait, au contraire, le vainqueur du monstre qui le tue dans la tradition poétique, et pour le représenter il a emprunté la figure habituelle d'Hercule au berceau, étouffant les serpents envoyés par la jalousie de Junon. Si on ne lui reconnaît pas l'intention que nous lui prêtons, il faudrait lui attribuer un degré d'ignorance bien invraisemblable, pour avoir confondu deux représentations si opposées.

Quant aux écrivains célèbres dont les effigies sont représentées sur les contorniates, ils sont en général choisis parmi ceux à qui commençait à se former, sous le Bas-Empire, une réputation de magiciens, qui s'est prolongée dans le moyen âge. Tel est le cas d'Homère, de Pythagore, de Virgile, de Salluste, que l'on rencontre sur ces monuments, aussi bien que le thaumaturge Apollonius de Tyane et qu'Apulée, accusé déjà de magie de son vivant même. Une étude complète des contorniates qui offrent des portraits de personnages célèbres ne pourrait être faite qu'en groupant les légendes superstitieuses et bizarres qui firent à Constantinople regarder tant de statues de grands hommes comme des talismans, et celles qui avaient cours sur les poëtes latins dans les premiers siècles de la Rome du moyen âge. Si celui qui offre en regard l'une de l'autre

(1) *Rev. num.* 1868, pl. VII, n° 4.

les têtes du tyran Nicocréon et du philosophe Anaxarque (1) est vraiment antique, ce que n'admettait pas le savant Hase et ce dont on peut douter fortement, il ne contredirait pas la théorie que j'émets sur ces portraits, bien qu'Anaxarque ne soit nulle part représenté comme un magicien. En effet, le mot placé dans la bouche du philosophe s'adressant au tyran, qui occupe tout le champ du revers, rentre absolument dans la catégorie des *verba fausta*, de ces paroles que l'on aimait à prononcer parce qu'on les croyait capables de détourner le malheur, de conjurer un enchantement : ΟΥΔΕΝ ΕΜΟΥ ΣΟΥ ΕΣΤΑΙ ΑΚΚΙΖΟΜΕΝΟΥ : « Tu n'auras rien de moi si tu fais le méchant. »

6. L'époque du Bas-Empire, à laquelle nous avons vu qu'il fallait rapporter les médaillons contorniates, fut particulièrement marquée par un développement énorme des superstitions magiques et talismaniques, en même temps que la passion des courses du cirque atteignait son plus haut degré d'ardeur. Le paganisme mourant tournait en théurgie. Les images des dieux, les représentations mythologiques étaient regardées comme douées d'un pouvoir mystérieux; on en faisait des talismans, que beaucoup de chrétiens eux-mêmes se laissaient aller à porter, malgré les condamnations des Pères de l'Eglise contre ces pratiques coupables. La superstition magique se mêlait à tous les actes de la vie. Dans les luttes du cirque, chacune des factions était persuadée que l'adverse employait des sortiléges pour

(1) Sabatier, pl. XIV, n° 2.

faire échouer ses coureurs. C'était la grande accusation qu'elles se jetaient réciproquement à la face.

Les contorniates sont le témoignage matériel, le monument de ces croyances et de ces préjugés. La plupart de leurs types étaient destinés à porter bonheur, comme de vrais talismans, aux chevaux et aux cochers de telle ou telle faction, en faveur desquels ces pièces portaient des acclamations propices, souhaitant la victoire et déjouant l'effet des maléfices ou des imprécations funestes.

Cannegieter (1), d'Orville (2), Cavedoni (3) et M. de Rossi (4) ont reconnu le caractère talismanique de la grande majorité des contorniates. Seulement les derniers me paraissent leur attribuer un usage trop restreint, en admettant uniquement que les coureurs et les cochers devaient les porter sur eux dans des *ligaturae* magiques pour s'attirer la réussite. Je crois à cet emploi, mais il ne me paraît pas suffisant pour expliquer le grand nombre d'exemplaires que l'on rencontre de certains de ces médaillons. Il me semble nécessaire d'admettre qu'à la porte du cirque on devait vendre ou distribuer les contorniates en l'honneur des favoris de l'une et de l'autre faction. Les partisans de la verte ou de la bleue se munissaient de la médaille de leur coureur, comme d'un talisman destiné à déjouer les manœuvres et les sortiléges du parti adverse. C'était quelque chose d'analogue aux *fétiches* que cherchent encore à porter sur eux les joueurs et les parieurs des courses, car cette ridicule superstition est loin d'être

(1) Dans les *Miscellaneae observationes* de Burmann, p. 137.

(2) *Misc. observ. crit. novae*, t. I, p. 7 et suiv.

(3) Dans la dissertation citée plus haut, p. 580.

(4) *Bullet. d'arch. crist.* 1869, p. 61.

morte, et il serait facile d'en citer de nos jours bien des exemples, et des plus bizarres. On connaît tel grand parieur qui ne veut se rendre sur le champ de courses qu'avec un sou troué dans sa poche; tel autre qui croit que c'est un vieux bouton de guêtre qui lui assure la chance. La conclusion à laquelle nous arrivons ainsi sur la destination des contorniates est aussi celle que Cannegieter a développée avec la plus profonde érudition.

On sait avec quelle ardeur les empereurs eux-mêmes prenaient parti pour les bleus ou les verts, s'enrôlant publiquement dans une des factions du cirque et la soutenant de son active protection. Les contorniates où l'on voit le portrait de l'empereur régnant sont bien évidemment ceux de la faction pour laquelle il s'était déclaré. C'est, au contraire, celle qui ne pouvait se parer ainsi de l'effigie du maître en possession du pouvoir, qui recourait à celles des empereurs d'autrefois, protecteurs du cirque, comme Auguste, Néron ou Trajan. Il lui fallait bien chercher des patrons dans le passé pour contrebalancer le patron vivant du parti adverse.

§ 7. — Les tessères théatrales.

1. Les médaillons contorniates n'étaient donc pas, au moins pour la plus grande partie, quoi qu'en ait dit Pinkerton, des tessères théâtrales, des billets donnant entrée aux spectacles. Ils avaient une destination particulière, en rapport avec les superstitions propres au temps où ils ont été fabriqués, aussi bien qu'avec les divertissements préférés de cette époque. Mais, à côté de ces pièces, il existe

un certain nombre de vraies tessères de théâtre, exécutées au moyen des procédés de la frappe monétaire.

Ce sont des jetons de cuivre, d'un module intermédiaire entre ceux que l'on désigne vulgairement sous les noms de *moyen* et de *petit bronze*, module qui n'était celui d'aucune monnaie circulante. Les plus intéressants, car ils déterminent la date des autres, offrent d'un côté la tête d'un empereur ou d'un personnage de sa famille, de l'autre, au milieu d'une couronne, un grand chiffre allant de I à XVI (1); c'est le numéro de la cavea où la tessère donnait le droit de se placer. D'après les têtes que l'on y voit figurer et d'après le style, ces tessères de cuivre frappées avec des coins analogues à ceux des monnaies, et sans doute dans les mêmes ateliers, ont vu le jour à deux époques différentes, séparées par un hiatus de plusieurs siècles, d'abord d'Auguste à Claude, puis sous les empereurs du Bas-Empire, Julien, Théodose, Honorius. Dans l'intervalle, par une raison qui nous échappe, on cessa cette fabrication, et l'on donna une préférence exclusive aux tessères d'os et de plomb, dont nous n'avons pas à parler ici, car elles sont absolument étrangères au ressort de la numismatique.

Quelquefois, avec les mêmes chiffres au revers et tous les caractères du style ne permettant pas de faire descendre ces tessères plus bas que le Ier siècle de l'ère chrétienne, ce sont des têtes de divinités qui remplacent sur le droit les effigies impériales (2). On relève ainsi la présence de celle de Minerve, d'une Bacchante et du masque de Méduse vu de face. Sur une autre tessère du même genre,

(1) Eckhel, *D N*, t. VIII, p. 314; les descriptions dans Cohen, *M I*, t. VI, p. 535-540.

(2) Cohen, *M I*, t. VI, p. 540 et suiv.

ce n'est plus une tête ou un buste, c'est la figure entière de Silène monté sur un âne, qui fait pendant au chiffre indicateur de la place.

On rencontre, en effet, tout un groupe de tessères du même genre, qui, marquées toujours de chiffres au revers, présentent au droit un petit sujet, vivement et spirituellement retracé, exécuté avec une grande finesse dans le style d'art de la meilleure époque impériale (1). Le plus souvent, comme de juste, le sujet est emprunté aux spectacles mêmes pour lesquels ces tessères servaient de billets d'entrée; c'est un cocher vainqueur et tenant la palme, dans son char au galop, ou bien un autre, triomphateur du cirque, défilant au pas dans un char attelé de mules, ou bien encore un chameau qui marche précipitamment en portant sur le dos une tourelle où sont deux figures. Plus rarement ce ne sont pas les spectacles théâtraux, mais des divertissements privés qui ont fourni les sujets des tessères : telle est celle où l'on voit deux joueurs de mourre assis en face l'un de l'autre, avec au-dessus d'eux le nom de leur jeu, MORA, qui prend ainsi droit de cité dans le lexique latin, malgré le silence des auteurs; telle est aussi celle où quatre hommes balancent une femme dans une sorte de panier.

2. Il est encore nécessaire, malgré ce que le sujet a de scabreux et de répugnant à la fois, de parler ici, pour les classer à leur véritable place et en indiquer du moins brièvement la destination, des tessères auxquelles une habitude invétérée fait donner généralement le nom tout à fait inexact, et l'on peut même dire ridicule, de *spin-*

(1) Cohen, *M I*, t. VI, p. 541 et suiv.

triennes. Ce nom y fut donné, en effet, par les antiquaires d'autrefois en vertu d'une application erronée d'un passage de Suétone (1), qui n'a rien à voir avec les monuments en question. Ces tessères sont en cuivre, de même dimension, de même fabrique et de même style que celles dont nous venons de parler. Elles ont au revers les mêmes numéros, mais sur l'autre face des sujets variés, tous de la plus révoltante obscénité (2).

Les prétendues spintriennes sont purement et simplement des tessères théâtrales datant de l'époque du Haut-Empire. Leur meilleur commentaire se trouve dans la pièce de vers où Martial (3) célèbre la magnificence des jeux donnés au peuple, sous le règne de Domitien, par L. Arruntius Stella. « Chaque jour a ses présents qui se « succèdent sans relâche ; le peuple se gorge du butin im- « mense qu'on lui jette. Tantôt c'est une nuée de médailles « aux images lascives (*lasciva numismata*) qui tombe sur « lui ; tantôt des tessères distribuées sans parcimonie « invitent aux spectacles d'animaux. On peut, en toute « sécurité, remplir son giron de cette pluie bienfaisante, « et la volaille bien gardée attend, sans perdre une plume « de ses ailes, le maître que le sort va lui donner. » On ne saurait méconnaître les tessères dont nous nous occupons dans les *lasciva numismata* de Martial ; il n'y a pas

(1) *Tiber*. 43.

(2) Eckhel, *D N*, t. VIII, p. 315. Il existe un recueil assez nombreux de prétendues *spintriennes* gravées par Saint-Aubin, qui s'intercale dans les exemplaires bien complets des *Pierres gravées du duc d'Orléans*, par La Chaud et Leblond. L'artiste s'y est peu préoccupé de fidélité au style antique dans ses reproductions ; il ne visait qu'à offrir aux amateurs du XVIIIe siècle les polissonneries dont ils étaient si friands.

(3) VIII, 164.

de plus exacte définition pour les désigner. Mais on doit noter que le poëte ne semble en aucune façon parler d'une circonstance exceptionnelle dans les jeux qu'il chante; tout indique qu'il fait allusion à un usage ordinaire. Son témoignage montre même que l'usage de ces étranges billets d'entrée n'était pas exclusivement réservé, comme quelques-uns l'ont soutenu pour l'honneur de la belle antiquité, à certaines fêtes où l'on mettait plus qu'à d'autres toute retenue de côté, par exemple aux *Floralia.* La civilisation païenne voyait dans des obscénités de ce genre de simples facéties; ses amusements n'étaient pas plus moraux que ne l'est encore ajourd'hui le Karagheuz de Constantinople. Pourtant, comme la fabrication des soi-disant spintriennes ne semble pas avoir dépassé le temps de Domitien, l'on est en droit de supposer que les empereurs comme Nerva et Trajan, honnêtes et désireux de voir au moins régner dans les mœurs une certaine régularité extérieure, ne tolérèrent plus l'exhibition d'images aussi dévergondées sur les tessères des jeux publics.

Personne ne croit plus aujourd'hui, comme on faisait avant Spanheim, que dans les tessères en question l'on ait des médailles par lesquelles Tibère ait voulu immortaliser et divulguer le souvenir de ses débauches secrètes de Caprée. Mais il est du moins curieux que, suivant une remarque due à M. Cohen (1), sur une des prétendues spintriennes l'homme couché sur un lit, tandis qu'une femme est assise auprès sur un tabouret, soit certainement Tibère; le graveur du coin a précisé ses traits avec une netteté qui ne permet pas de conserver un doute à ce sujet. Ce qui rend cette circonstance encore plus digne de re-

(1) *Méd. imp.* introduction, p. XXIII.

marque, c'est que précisément l'attitude de la femme et de Tibère sont ici celles que Parrhasius avait prêtée à Atalante et à Méléagre dans un tableau infâme que Tibère avait fait placer dans sa chambre à coucher, après en avoir accepté le legs préférablement à celui d'une énorme sommé d'argent (1). Suétone, qui pourtant n'est pas sévère et s'indigne peu, rapporte ce trait comme ayant causé un véritable scandale. Le peuple saisissait, dit-on, pour la souligner, dans un mot d'une Atellane, une allusion aux goûts dépravés du vieil empereur (2), qui se révélaient aussi dans son affection pour ce tableau ; il est donc assez peu étonnant d'en trouver une représentation dictée par un sentiment satirique (3). Seulement le simple bon sens suffit à faire comprendre que ce n'est pas de son vivant que l'on a pu oser se permettre une pareille plaisanterie à son égard. C'est après sa mort, dans les premiers temps du règne de Caligula, qui ne montrait pas beaucoup de tendresse pour la mémoire du prince qu'il avait fait étouffer. On se permit, du reste, bien d'autres libertés avec le souvenir de Claude, dans les débuts du règne de Néron. Tandis que Sénèque écrivait son *Apocolokyntose*, on représentait derrière la tête de l'empereur qui venait de mourir le bolet par le moyen duquel il venait d'être fait dieu, sur un *aureus* de sa *Consécration* (4).

(1) Sueton. *Tiber*. 44.

(2) Sueton. *Tiber*. 45.

(3) Il est même assez probable que, pour rendre l'allusion plus directe, le graveur du coin de la tessère a dû imiter la composition du tableau de Parrhasius.

(4) Ch. Lenormant, *Iconographie des empereurs romains*, p. 26, pl. XIII, n° 10.

§ 8. — Jetons divers.

1. En général, chez les anciens c'étaient de simples pièces de plomb que l'on employait pour tous les usages infiniment variés auxquels ont été appliqués les jetons et les méreaux dans le moyen âge et aux temps modernes. Je me bornerai ici à renvoyer le lecteur aux ouvrages de M. Albert Dumont sur les plombs de la Grèce (1), de Ficoroni (2) et du R. P. Garrucci (3) sur les romains, pour ce qui touche à cette branche particulière de la numismatique, beaucoup trop négligée et encore imparfaitement connue. Pourtant, à côté des plombs, — qui généralement ont été fondus, ou dont on a produit les reliefs au moyen d'une pression du morceau de métal dans un moule en forme de pince, — on rencontre quelques échantillons antiques de jetons de diverses espèces, frappés en cuivre de la même manière que les monnaies. Tous ceux que l'on connaît jusqu'ici, sauf un seul, sont de fabrique romaine et du premier siècle de l'empire.

Le plus souvent, il est impossible d'arriver à en déterminer la destination d'une manière précise, car ces jetons sont anépigraphes, et les types qui les décorent n'ont pas une signification assez claire pour suggérer autre chose que des conjectures bien incertaines. Tel est le cas de ceux que l'on a généralement le tort de placer dans la classe des *Impériales*

(1) *De plumbeis apud Graecos tesseris*, Paris, 1870.

(2) *I Piombi antichi*, Rome, 1740.

(3) *I Piombi antichi raccolti dall' Eminent. principe cardinale Altieri*, Rome, 1847.

incertaines de petit bronze, bien que l'absence des lettres caractéristiques S C ne dût pas permettre de les confondre avec les monnaies (1). Il serait, en effet, bien imprudent de chercher à deviner quel a pu être l'usage spécial d'un jeton qui montre d'un côté le buste casqué de la déesse Rome et de l'autre le nom ROMA occupant le champ ; d'un autre où l'on voit un carpentum traîné par deux mules, faisant pendant à une couronne de laurier ; d'un troisième où les types sont d'une part un mulet sellé et bridé, et de l'autre une pioche ; enfin d'un quatrième où figure un vase, au revers d'un modius accompagné de trois épis. Les pièces muettes et pour nous énigmatiques de ce genre sont très-nombreuses dans la série des plombs. Tout au plus pourrait-on ranger dans un groupe de *tessères militaires*, sans essayer de préciser davantage, celles de cuivre où un étendard apparaît sur une face, tandis que l'autre est occupée par une figure de Pallas, de la Victoire ou de Mars *Gradivus* portant un trophée sur l'épaule.

2. Heureusement quelques jetons de cuivre obtenus par la frappe monétaire présentent des légendes qui nous éclaircissent sur leur destination. Mais ils sont si peu nombreux, que l'on peut pour ainsi dire citer ici tous ceux que l'on connaît jusqu'à présent.

Voici d'abord un jeton de jeu. On en connaît un assez bon nombre d'exemplaires trouvés en Italie, en Gaule, en Espagne et en Afrique, ce qui montre que l'usage en fut à la mode un peu partout dans l'Occident latin. Il présente à son revers, avec quatre osselets, l'inscription suivante,

(1) Cohen, *M I*, t. VI, p. 546 et suiv., n°s 30-44.

disposée sur plusieurs lignes : QVI LVDIT ARRAM DET QVOD SATIS SIT : « Que celui qui se met au jeu donne des arrhes suffisantes pour répondre (1). »

A côté je place ceux qui ont servi à des marchands ou à des industriels pour donner leur adresse. Nous en avons un latin, du balnéaire LORVS, où il s'est fait représenter en fonction, massant un de ses clients (2), et un grec, de l'époque impériale, où un pharmacopole d'Ephèse, copiant les types monétaires de la ville, inscrit son nom avec l'indication d'un médicament dont il avait la spécialité (3).

Quatre jetons de cuivre différents, avec des types variés, portent le nom d'un même personnage, qui prend le titre de *magister juventutis*, C MITREIVS L F MAG IVVENT (4). Ficoroni (5) a publié un jeton analogue, mais en plomb, d'un autre *magister juventutis*.

Athènes, probablement à l'époque où elle conservait son ancienne constitution sous la suprématie des Romains, nous offre une tessère de magistrat en cuivre, d'apparence monétaire, qui devait servir de jeton de présence aux Thesmothètes dans leurs réunions communes ou plutôt dans les séances judiciaires qu'ils présidaient, ou bien encore être employée, comme le pense M. Frænkel, au tirage au sort qui les répartissait entre les différents tribunaux (6). Elle montre d'un côté quatre chouettes disposées avec leurs

(1) Eckhel, *D N*, t. VIII, p. 316; Cohen, *M I*, t. VI, pl. XX, Tessères des jeux, 5.

(2) Cohen, *M I*, t. VI, p. 542, n° 9.

(3) Eckhel, *D N*, t. VIII, p. 317.

(4) Eckhel, *D N*, t. VIII, p. 314; Cohen, *M I*, t. VI, p. 53, nos 12-15.

(5) Pl. IX, n° 1.

(6) Poll. VIII, 88; voy. Schœmann, *Opusc. acad.* t. I, p. 200 et suiv.

pieds dirigés vers un centre commun, et autour la légende ΘΕΣΜΟΘΕΤΩΝ, de l'autre un grand E (1). On sait que les tribunaux héliastiques, présidés par les Thesmothètes, étaient désignés chacun par une des premières lettres de l'alphabet.

Certains monuments de la classe dont nous parlons ont été fabriqués à l'occasion de fêtes, où ils servaient sans doute de tessères donnant part à des spectacles, à des cérémonies, à des banquets. On possède, par exemple, un jeton de cuivre sur lequel on lit le fameux cri des Saturnales IO SAT*urnalia* IO (2); mais les jetons des Saturnales, indiqués par leurs inscriptions, se rencontrent plus souvent en plomb (3). Un autre, en cuivre, offre aux regards sur une de ses faces deux fers à cheval au milieu d'une armille terminée à ses deux bouts par des têtes de serpent (4), tandis que sur le revers on voit un rameau d'olivier avec la légende IO IO TRIVMP*he* (5). C'est évidemment d'un triomphe du cirque qu'il s'agit ici.

Ces indications, les seules que l'on puisse donner dans l'état actuel de la science, se réduisent, comme on le voit, à bien peu de chose. La catégorie de monuments dont je parle ici est, dans tout le domaine de la numismatique,

(1) Beulé, *Les Monnaies d'Athènes*, p. 78; Prokesch, *Ined. mein. Samml.* (dans les *Mém. de l'Acad. de Vienne*, t. IX), *Europ.* n° 36; *Zeitschr. f. Num.* t. III, p. 383 et suiv.

(2) Eckhel, *D N*, t. VIII, p. 316.

(3) Ficoroni, pl. VII, n° 20, et pl. XV, n° 1.

(4) Ce type est un élément fort intéressant dans la question de la date où commença la ferrure des chevaux, d'autant plus que le travail de la pièce porte l'empreinte d'une époque assez élevée pour qu'on ait pu la rapporter au règne de Domitien.

(5) Eckhel, *D N*, t. VIII, p. 316; Cohen, *M I*, t. VI, p. 543, n° 1.

celle à laquelle on a jusqu'à présent accordé le moins d'attention et d'étude. Amateurs et cabinets publics n'ont même pris aucun soin d'en recueillir les échantillons. Il y aurait pourtant, on n'en saurait douter, des découvertes intéressantes à faire et tout au moins d'utiles observations à glaner dans ce champ négligé des travailleurs. Aussi, pour ma part, je m'étonne un peu qu'il n'ait pas encore tenté quelque numismatiste ou quelque collectionneur. Et, comme il arrive toujours, une recherche attentive et suivie des monuments de cette nature révélerait bientôt des richesses dont on ne se doute seulement pas, dans une série dont la pauvreté paraît singulière aujourd'hui.

CHAPITRE II

NOMS GÉNÉRIQUES DE LA MONNAIE CHEZ LES ANCIENS

1. Ces noms sont, chez les Grecs, ἀργύριον, νόμισμα, χρήματα; chez les Romains, *aes*, *pecunia*, *moneta*, *nummus*, *nomisma*, *philippi*. L'étude de leurs origines et de leurs emplois peut donner lieu à quelques observations qui ne manquent pas d'intérêt.

Ἀργύριον dérive d'ἄργυρος, « argent », comme χρύσιον et χάλκιον, désignations spéciales des monnaies d'or et de cuivre, de χρυσὸς et χαλκός. Mais, comme le remarque Eustathe (1), « on dit ἀργύριον même quand il s'agit de pièces d'or. » En effet, ce nom s'est appliqué de bonne heure (2) à toute espèce de monnaie, quel qu'en fût le métal, parce que la masse principale de la circulation métallique chez les Grecs consistait en argent; c'était pour eux le métal étalon (voy. livre II, chap. I, § 2). De même, chez les Romains, on continue à dire *aes* dans un

(1) *In Iliad.* p. 1205.

(2) On rencontre déjà le mot avec cette acception chez Thucydide, Xénophon et Aristophane.

sens général pour toute sorte d'espèces monnayées (1), alors que l'on frappait de l'or, de l'argent et du cuivre, en souvenir du temps où la République ne connaissait que le monnayage du cuivre (voy. livre VII, chap. II, § 1 et 3). De là l'emploi du mot *aes* à la place de *stipendium* pour désigner un salaire, une solde, l'expression *aes alienum* pour dire une dette, et la formule épigraphique ÆRE CONLATO en parlant d'un monument élevé par souscription. *Aes* est aussi la racine d'*aestimare*. « En termes de droit, dit Ulpien (2), *aes* s'applique même à des monnaies d'or. »

2. Χρήματα indique la monnaie comme la représentation de la valeur des choses, comme la richesse par excellence. C'est en ce sens qu'on lit dans Pindare (3) : « De l'argent, de l'argent, s'écrie celui à qui manquent du même coup ses biens et ses amis : »

Χρήματα, χρήματ', ἀνὴρ
Ὃς φᾶ κτεάνων θ' ἅμα λειφθεὶς καὶ φίλων.

Horace (4) a exprimé une idée analogue :

Scilicet uxorem cum dote, fidemque et amicos,
Et genus, et formam regina pecunia donat,
Et bene nummatum decorat Suadela Venusque.

(1) Terent. *Phorm.* III, 2, 26 : *Ancilla aere suo empta.* — Virg. *Ecl.* I, 36 : *Gravis aere domum mihi dextra redibat.* — Horat. *Epist.* I, 7, 23 : *Nec tamen ignorat quid distent aera lupinis.* — Horat. *Art. poet.* 345 : *Hic meret aera liber.*

(2) *Etiam aureos nummos aes dicimus* : Digest. L, 16, 159.

(3) *Isthm.* II, 17.

(4) *Epist.* I, 6, 36-38.

« Nous appelons χρήματα, dit Aristote (1), toutes les choses dont la valeur peut se mesurer en monnaie. » C'est de là que le mot est passé à l'expression de la monnaie elle-même, qui sert de règle à cette valeur. Pollux (2) fait une remarque à enregistrer au sujet de l'emploi grammatical de ce mot : « Il est bon d'ajouter à ce que nous disons des monnaies que les Attiques, lorsqu'ils veulent les désigner, emploient le mot χρήματα au pluriel, réservant le singulier χρῆμα pour dire une chose ou un bien, tandis que les Ioniens s'en servent aussi pour dire la monnaie. » Ce qu'il rapporte ici de l'usage ionien est confirmé par un exemple chez Hérodote (3).

3. Le latin *pecunia* possédait originairement un sens du même genre. Comme *peculium*, il dérive de *pecus*, « bétail ». « Il n'est pas étrange, dit très-exactement Festus (4), que ces mots d'usage si fréquent dérivent du bétail ; chez les anciens, c'est en bétail principalement que consistaient les richesses et les patrimoines, de telle façon que nous disons encore *pecunia* et *peculium.* »

Chez tous les peuples primitifs, avant l'adoption du signe métallique, le bétail servit d'étalon à la valeur des choses, et ceci est particulièrement positif chez les nations de race aryenne (5). Les évaluations de la valeur des objets

(1) *Ethic.* IV, 1.

(2) IX, 87.

(3) III, 38.

(4) Au mot *Abgregare.*

(5) Pictet, *Les Origines indo-européennes*, t. II, p. 37-40.

sont faites en bœufs ou en vaches dans le *Rig-Véda*, le *Zend-Avesta* (1) et les poésies homériques (2), comme dans les lois irlandaises du commencement du moyen âge. Le même état de choses se révèle dans les plus anciennes traditions romaines. Il se continua même fort tard, car les lois Aternia-Tarpeia et Menenia-Sestia, votées en 300 et 302 de Rome (454 et 452 av. J.-C.), fixaient encore en bestiaux le prix des amendes (3). L'échelle de valeurs qu'elles admettaient pour ce genre de payements faisait d'un bœuf l'équivalent de dix moutons, comme les anciennes lois scandinaves établissaient l'équivalence d'un bœuf avec quinze moutons (4). C'est ainsi que le mot *pecunia* devint la désignation générale de l'instrument des échanges, du signe de la valeur, et s'appliqua tout naturellement à la monnaie métallique quand elle fut devenue ce signe. De la même façon, l'ancien nom germanique du bétail, que nous offre le gothique *faihu* (étymologiquement le même mot que *pecus*), entre dans l'expression *fader-fio* de la loi des Lombards, *fædering-feoh* des lois anglo-saxonnes, pour dire la « dot paternelle », et se retrouve dans l'anglais *fee*, « salaire », *maiden-fee*, « dot ». Le gothique *skatts*, anglo-saxon *sceat*, scandinave *skattr*, ancien allemand *scaz*, « monnaie, trésor », est originairement un nom du bétail, que l'on reconnaît avec ce dernier sens dans le slavon ecclésiastique *skotŭ* et l'irlandais *scath*. A l'autre extrémité

(1) Évaluation du salaire des médecins : Vendidad-Sadé, farg. VII et IX.

(2) *Iliad.* Z, 236.

(3) Sur la loi Aternia-Tarpeia : Cic. *De Republ.* II, 35; Dion. Halic. X, 50. — Loi Menenia-Sestia : Fest. v. *peculatus*.

(4) Voy. Mommsen, *Hist. rom.* t. I, p. 181.

des domaines de la race aryenne, le sanscrit *rûpya*, « monnaie d'or ou d'argent », d'où le nom des roupies, dérive de *rûpa*, « bétail ».

C'est un souvenir de l'ancien état de choses, de l'emploi du bétail auquel s'était substitué le métal, et de l'origine du nom de *pecunia*, qui a fait placer par les Romains et les Italiotes la figure d'un bœuf sur les lingots quadrilatères de cuivre pesant plusieurs livres, qui constituèrent la première forme de la *pecunia signata* (voy. livre VII, chap. II, § 1). Plus tard, la tradition de ce fait, en s'altérant, donna naissance à une légende; on raconta que Servius Tullius avait été le premier à marquer le bronze (*primus signavit aes*) en y faisant représenter un bœuf, une brebis ou un porc (1); d'autres allèrent même jusqu'à attribuer cette monnaie à Janus (2). En réalité, les lingots au bœuf n'ont pas été fabriqués antérieurement au ve siècle avant Jésus-Christ.

En Grèce, nous voyons aussi une fable analogue naître de la même origine. Il y avait, particulièrement à Athènes, un proverbe qui disait βοῦς ἐπὶ γλώσσῃ βέβηκεν, « un bœuf a passé sur sa langue », en parlant d'un homme dont le silence avait été acheté (3); il demeurait dans le langage comme un débris du temps où les payements se faisaient en bétail. Plus tard, la tradition de cette antique coutume s'étant

(1) Plin. *Hist. nat.* XXXIII, 3, 12; cf. Marquardt, *Handb. d. rœm. Alterth.* III, 2, 4.

(2) Macrob. *Saturn.* I, 7.

(3) Voy. des exemples de l'emploi de ce proverbe : Theogn. 815; Æschyl. *Agamemn.* 35. — On peut y comparer l'expression de Sophocle (*Œdip. Col.* 1051) : « Ceux sur la langue de qui a passé une clef d'or. »

complétement oblitérée, on supposa l'existence d'une monnaie primitive appelée βοῦς, d'après la figure d'un bœuf dont elle aurait été marquée. Les uns prétendaient qu'une telle monnaie avait été en usage à Athènes (1); les autres ne savaient pas précisément si ç'avait été à Athènes ou à Délos (2). Plutarque (3) est plus affirmatif; pour lui, c'est Thésée en personne qui a fait frapper le « bœuf » monétaire. Tout cela n'est qu'une pure fable. Thésée n'a jamais fabriqué de monnaie, et ce n'est que bien longtemps après lui que l'on a commencé à en faire, si toutefois lui-même a jamais existé. Quant à la monnaie appelée βοῦς et méritant ce nom d'après son type, elle n'a jamais eu d'existence ni à Athènes ni sur un autre point de la Grèce. La seule réalité, c'est que le proverbe est né de l'emploi des bestiaux comme instrument d'échange, emploi qui s'est continué en Attique plus tard peut-être que partout ailleurs. En effet, ce fut Solon, auteur de la première monnaie métallique d'Athènes (voy. livre VI, chap. III, § 3), qui convertit en valeurs monétaires les amendes fixées en bétail par les anciennes lois de Dracon (4); il le fit en tarifant à une drachme et à cinq drachmes ce qui était antérieurement fixé à un mouton et à un bœuf; d'où résulte l'existence d'une antique échelle proportionnelle des valeurs, où un bœuf équivalait à cinq moutons.

Au IIIe siècle de l'ère chrétienne, le mot *pecunia* vit res-

(1) Hesych. v. βοῦς ἐπὶ γλώσσῃ.

(2) Pollux, IX, 60, 61.

(3) *Thes.* 25.

(4) Pollux, IX, 61; Plutarch. *Sol.* 23; cf. Bœckh, *Metrol. Untersuch.* p. 122.

treindre son emploi à une acception toute spéciale et devint la dénomination de certaines espèces de monnaies. On ne s'en sert plus que pour désigner exclusivement le numéraire de cuivre, par opposition à celui d'or et d'argent. C'est ainsi que Lampride (1) dit d'Alexandre Sévère : *Nunquam aurum, nunquam argentum, vix pecuniam donavit.* Dans la Notice de l'Empire (2) et dans le Code de Justinien (3), nous voyons énumérer comme caisses impériales les *scrinia aureae massae* (de l'or en lingots), *scrinia auri ad responsum* (de l'or monnayé), *scrinium ab argento* (de l'argent en barre), *scrinium a miliarensibus* (de l'argent monnayé), et enfin *scrinium a pecuniis* (de la monnaie de cuivre) (4). A dater de la réforme monétaire de Dioclétien (voy. livre VII, chap. IV, § 3), la plus grosse pièce de cuivre s'appela *pecunia major* ou *majorina* (5).

4. Νόμισμα vient de νομίζειν, « régler légalement ». Aristote (6) développe cette étymologie : « C'est de même que la monnaie est devenue un objet d'échange ; aussi l'appelle-t-on νόμισμα, son existence étant non le produit de la nature, mais l'œuvre de la loi (νόμος), ce qui fait qu'il dépend de nous de la modifier ou de la décrier. »

Le mot νόμισμα se montre pour la première fois chez les

(1) *Sev. Alex.* 33.

(2) *Orient.* 12 ; *Occid.* 10.

(3) XII, 24, 7.

(4) Cf. encore *conflare pecunias* (Cod. Theod. IX, 23, 1) et *conflatores figurati aeris* (Cod. Theod. IX, 21, 1).

(5) Mommsen, *M R*, t. III, p. 105.

(6) *Ethic.* V, 5.

tragiques. Le simple νόμος, avec le même sens (1), paraît une forme plus ancienne; il signifiait originairement une part régulière de métal. Au lieu de νόμος, les Doriens, du moins ceux de l'Italie et de la Sicile, disaient νοῦμμος (2). C'est ce terme qui, transmis aux Latins par les villes grecques, avec l'usage même de la monnaie (3), produisit chez eux l'expression *nummus* ou *numus*.

Νοῦμμος était, du reste, devenu chez les Grecs de Sicile l'appellation spéciale d'une taille monétaire déterminée, de la petite pièce d'argent pesant 1/10 du statère d'argent de Corinthe et équivalant originairement à une livre ou litra de cuivre (voy. livre VII, chap. I, § 1). Le mot *nummus* passa d'abord à Rome avec un sens analogue et aussi restreint; il y désigna la pièce d'argent environ correspondante, le sesterce, *nummus sestertius* ou simplement *nummus* (voy. livre VII, chap. III, § 2), comme on continua toujours à dire dans les énoncés de sommes (4). Quand il prit une signification plus générale, il commença à s'appliquer à toute espèce de monnaie d'or et d'argent, mais non de cuivre. Ainsi, Plaute se sert de *nummus* indifféremment en parlant d'une obole grecque (5) ou d'un statère (6); l'inscription de la colonne de Duilius, qui, si elle date de l'époque impériale, a été du moins faite sur des documents anciens, mentionne séparément l'*aes* et les *numei*

(1) *Antiatt. ap.* Bekker, *Anecd.* p. 109; Suid. *s. v.*

(2) Pollux, IX, 79, 80 et 87, qui cite un exemple d'Épicharme dans sa comédie des Χύτραι.

(3) Varr. *De Ling. lat.* V, 173; Fest. *s. v.*

(4) Mommsen, *MR*, t. I, p. 238.

(5) *Mostell.* II, 1, 10.

(6) *Trucul.* II, 7, 11; *Rud.* V, 2, 40.

d'or et d'argent. Ce n'est qu'un peu plus tard que l'acception du mot s'étendant encore, *nummus* devint le nom le plus ordinaire et le plus générique de la monnaie courante.

Les poëtes du siècle d'Auguste empruntèrent au grec *nomisma*, comme doublet de *nummus*, pour les besoins de la quantité :

Retulit acceptos regale nomisma philippos (1).

Mais, dans l'usage de la prose, *nomisma* ne fut adopté que pour désigner les anciennes monnaies hors de cours rassemblées dans un but de curiosité, les médailles de collections (2). Nous avons déjà vu plus haut (chap. I, § 3, 1) un jurisconsulte mentionner les *nomismata vetera* d'or et

(1) Horat. *Epist.* II, 1, 233. — Voy. encore, un peu plus tard, Martial. I, 12.

(2) Rien n'indique que le goût des collections de médailles ait existé chez les Grecs ; l'ignorance des écrivains helléniques sur les anciens monuments monétaires de leurs peuples semble même prouver positivement le contraire. Mais chez les Romains il y avait des amateurs de numismatique et des collectionneurs de médailles. Suétone (*August.* 75) raconte que, parmi les présents d'objets de prix qu'Auguste distribuait à ses familiers à l'occasion des saturnales, il leur donnait des monnaies anciennes de toute espèce, des rois grecs et des pays étrangers, *numos omnis notae, etiam veteres regios et peregrinos.* Ce passage suffirait à lui seul pour prouver que les médailles anciennes étaient fort recherchées à Rome dès le début de l'empire. Le texte d'Ulpien rappelé par nous quelques lignes plus bas contient une allusion certaine à l'usage de ce genre de collections. Nous savons aussi par un témoignage positif (Plin. *H N*, XXXIII, 9, 132) que les amateurs de Rome recherchaient particulièrement, à titre de curiosités, ce que nous appelons les *monnaies fourrées* (voy. livre II, chap. II, § 3). Mais ils savaient aussi faire une application vraiment scientifique à l'histoire des données fournies par les monuments numismatiques ; ainsi les écrivains de l'Histoire Auguste ont souvent recours aux monnaies pour prouver la réalité d'événements (Herodian. II, 15; Lamprid. *Diadumenian.* 2; Vopisc. *Firm.* 2).

d'argent que l'on enchâssait dans les bijoux. Ulpien dit (1) : « Dans les cas de legs d'or ou d'argent monnayé, on doit se conformer à la désignation expresse du testateur, par exemple quand il a dit si c'étaient des *philippi* ou des *nomismata* qu'il entendait léguer (2). »

L'expression de *philippi* désigne ici la monnaie courante, opposée aux médailles de collections ; c'est un terme dont l'usage, avec ce sens, devint général après le IIe siècle de l'ère chrétienne (3). Dans un rescrit de Valérien, conservé par Trébellius Pollion (4), l'empereur se sert des mots *philippei nostri vultus* en parlant des monnaies d'or à son effigie. Pour Vopiscus, les plus petites pièces d'argent sont des *argentei philippei minutuli* (5) et les pièces de cuivre des *aerei philippei* (6). Il faut voir dans l'adoption de cette expression l'influence d'un terme littéraire affecté sur le langage; c'est dans les comiques que les écrivains de la décadence avaient été puiser le mot de *philippi* ou *philippei* pour en faire, par une recherche prétentieuse, une désignation de la monnaie (7). Car les comiques, transportant en latin les pièces de la comédie nouvelle d'Athènes, parlent souvent de philippes. Dans les comédies de Ménandre

(1) Dig. VII, 1, 28.

(2) *Si aurum vel argentum legatum est, id paterfamilias videtur testamento legasse quod ejus aliqua forma est expressum, veluti quae philippi sunt, itemque nomismata et similia* : Dig. XXXIV, 2, 27.

(3) Mommsen, *M R*, t. III, p. 68, note 4.

(4) *Claud.* 14 ; cf. Vopisc. *Bonos.* 15.

(5) *Aurelian.* 9 et 12.

(6) *Prob.* 4.

(7) C'est ainsi que plus tard Ausone (*Epist.* V, 18) ne se sert plus seulement du mot *philippi*, mais de *darii*, par une affectation plus grande encore, en parlant des *solidi* d'or de son temps.

et de Philémon, il s'agissait de véritables statères de Philippe de Macédoine (voy. livre VI, chap. v, § 1), la principale monnaie d'or circulant dans le monde grec au moment où ils écrivaient. Mais, sur le théâtre de Rome, ce terme avait déjà perdu son sens précis; il n'était plus pour les spectateurs que l'indication vague d'une espèce de monnaie, dont ils ne connaissaient plus bien la nature.

Tandis que le mot *nomisma*, passé en latin, prenait à Rome la signification de médaille ancienne, de pièce hors de cours, νόμισμα, en grec, continuait à désigner la monnaie courante. Les *aurei* de l'âge impérial et, après Constantin, les *solidi*, qui les remplacèrent (voy. livre VII, chap. vi, § 1), s'appelaient en grec χρυσᾶ νομίσματα (1) ou simplement χρυσᾶ (2). Mais, au VIIIe siècle, l'usage changea sur ce point, et le simple νόμισμα, prenant un sens spécial et restreint, devint l'appellation du *solidus* (3); ceci dura jusqu'au XIIIe siècle, où l'*hyperpyron*, de poids et de valeur fort inférieurs, remplaça le *solidus* à Byzance. Mais cette dernière monnaie, appartenant au moyen âge, ne rentre plus dans le cadre de nos études.

5. Le mot de *moneta* vient de ce que, à Rome, le premier atelier régulier de frappe des monnaies fut, en même temps que s'introduisait le monnayage de l'argent (4), établi sur le Capitole, dans les dépendances du temple de Junon Moneta (5), Junon « l'avertisseuse », élevé sur

(1) Menandr. *Hist.* p. 352 et 390, éd. de Bonn.

(2) Theophylact. *Hist.* p. 39 et 46, éd. de Bonn.

(3) Voy. Paparrigopoulos, *Rev. archéol.* nouv. sér. t. XXXII, p. 283.

(4) Mommsen, *M R*, t. II, p. 30.

(5) Tit. Liv. VI, 20.

l'emplacement de la maison de Manlius, à l'endroit d'où il avait entendu les Gaulois monter à l'assaut de la forteresse. Le Sénat, à la suite d'un vœu (1), plaçait ainsi la fabrication des espèces monétaires sous le patronage de la déesse du bon conseil. Un célèbre denier d'argent de Titus Carisius (2) offre d'un côté la tête de cette déesse avec l'inscription de son nom, MONETA, de l'autre les instruments du monnayage. L'atelier se trouvant de cette manière *ad Monetam*, les magistrats qui le surveillaient et le dirigeaient reçurent fort naturellement le nom de *triumviri monetales* ou *monetarii* (voy. livre III, chap. III, § 2), et l'atelier lui-même fut appelé par abréviation *moneta*. C'est encore là le sens le plus ordinaire du mot chez Cicéron (3).

Pourtant, dès l'époque du grand orateur, nous constatons que le mot avait déjà passé de l'atelier de fabrication à ses produits, qu'avec le sens de « monnaie » il commençait à être admis et d'usage courant à la fin de la République. Dans son *Traité des lois*, Cicéron dit, en parlant de la vieille déesse *Natio*, qui présidait à la naissance et aux accouchements : « Si elle est vraiment une déesse, l'Espérance, la Monnaie et toutes les choses en sont également (4). » En effet, *Moneta*, non plus comme une forme de Junon, mais comme la monnaie personnifiée, devient un personnage allégorique que l'on voit fréquemment représenté au revers des pièces impériales (5) ; on admit même

(1) Suid. *v.* Μονῆτα.

(2) Cohen, *M C*, pl. X, *Carisia*, n° 7.

(3) *Philipp.* VII, 1 ; *Ep. ad Attic.* VIII, 7.

(4) *Ea si dea est, ergo etiam Spes et Moneta omniaque :* Cic. *De leg.* VI, 20.

(5) Voy. Rasche, *Lex. r. num.*, à ce mot.

trois *Monetae*, que l'on figurait ensemble, à cause des trois métaux dans lesquels on frappait le numéraire circulant (voy. livre II, chap. I, § 1, 1).

Le mot latin passa sous la forme μονῆτα dans le grec des bas temps; mais on n'en rencontre pas d'exemple avant les Byzantins. Si une pièce d'Alexandrie à l'effigie de Commode (1) laisse lire MONHTA, c'est comme nom de la personnification allégorique de la monnaie, dont cette légende accompagne l'image. Nous trouvons aussi le mot מוניטא dans le Talmud, où il n'a pas dû venir directement du latin, mais s'introduire par l'intermédiaire du grec.

Les temps modernes nous offrent aussi quelques exemples de noms de monnaies, dérivant de lieux de fabrication, et prenant ensuite un sens très-général. L'histoire en est tout à fait parallèle à celle du mot *moneta*.

Notre français *maille* et l'italien *medaglia*, absolument synonymes à l'origine (voy. plus haut, chap. I, § 1, 1) et désignant l'obole ou demi-denier, dérivent tous deux, chacun suivant les lois de formation de la langue à laquelle il appartient, du mot de basse latinité *medallia*. L'étymologie généralement admise, celle qu'enregistre encore M. Littré, rattache ce dernier mot à *metallum*; mais ce n'est pas à titre d'espèce métallique que la plus petite monnaie d'argent du moyen âge a été ainsi désignée. Du Cange (2) a établi que *medallia*, qui appartient exclusivement à la langue du moyen âge et ne se rencontre pas avant les temps carlovingiens, provenait des deniers et des oboles d'argent de Melle en Poitou, frappées sous les successeurs

(1) Mionnet, t. VI, p. 344, n° 2407.

(2) *Glossar. inf. lat.* s. v.

de Charlemagne et portant, comme désignation de leur lieu d'émission, l'inscription METALLVM ou METALLO. Ces pièces ont été fabriquées en quantités énormes, par suite de l'importance des mines d'argent exploitées à Melle pendant plusieurs siècles (1); elles ont constitué le principal numéraire circulant en Occident pendant la première partie du moyen âge. A tel point que leur légende indicative de localité fut copiée dans beaucoup d'endroits où elle n'avait plus de sens, afin que le public vît toujours sur les pièces le mot auquel il était habitué, qui tournait à devenir dans ses habitudes un nom de cette monnaie. C'est de la même façon que l'on copia dans les lieux les plus divers le TVRONVS CIVIS des deniers *tournois*, qui, eux aussi, durent leur nom à leur premier siége de fabrication, la ville de Tours. L'origine que nous indiquons pour le mot *medallia* rend seule compte d'une manière exacte de la présence du *d* au lieu d'un *t*. En effet, M. Lecointre-Dupont a prouvé (2), par la publication d'un *triens* d'or, qu'à l'époque mérovingienne Melle portait le nom de *Medolus* ou *Medolum*, au lieu de *Metallum*, en latin « la mine », forme allusive, et résultant d'une fausse explication du nom, qu'on peut mettre sur le compte des érudits du temps de Charlemagne. Le *d* de *Medolus* est resté dans la tradition populaire et reparaît dans la forme, également populaire, *medallia*, et en se servant de cette forme au lieu de *metallia*, pour désigner l'obole de Melle, le langage inconscient du peuple, comme il arrive quelquefois en pareil

(1) *Rev. num.* 1841, p. 230.

(2) *Essai sur les monnaies du Poitou*, p. 55; cf. d'Amécourt, *Annuaire de la Société de numismatique*, t. III, p. 312.

cas, était plus conforme à la vérité étymologique que l'essai de correction des demi-savants.

Lorsqu'au XVIe siècle on mit en exploitation les mines d'argent du Joachimsthal, en Bohême, la plus grosse pièce de la monnaie impériale frappée avec le métal de ces mines reçut le nom de *thaler*, proprement « monnaie de la vallée » (1). La notion de l'origine du nom s'oblitérant rapidement, l'usage s'en généralisa dans toute l'Allemagne, et thaler y devint la désignation universelle d'une taille monétaire déterminée, celle de ces fortes pièces, en quelque lieu qu'elles fussent frappées et que le métal en vînt de telle ou telle origine. Le nom même se répandit au loin, par les voies du commerce, avec la monnaie qu'il désignait, et, en se naturalisant dans d'autres langues, il finit par y désigner des pièces qui n'ont de commun avec le thaler allemand qu'une approximation de valeur. C'est ainsi que *thaler*, perdant toute trace de sa signification étymologique primitive, est devenu le τάλαρον oriental, qui désigne la piastre espagnole ou colonnate (2). Même, au delà de l'Atlantique, il a donné naissance au nom du *dollar* américain, qui n'est plus une pièce d'argent, mais une taille d'or dont la valeur se rapproche dans une certaine mesure de l'ancien thaler allemand. A côté de *thaler*, dans les premiers temps, on disait aussi *joachimsthaler*. C'est ce dernier nom qui, après s'être altéré dans le langage populaire de l'Allemagne elle-même en *jochenthaler*, devint en

(1) J. G. Wachter, *Glossar german.* p. 1680.

(2) Quand on veut désigner les anciens thalers allemands qui circulent dans le Levant concurremment avec la piastre espagnole, on ajoute l'épithète d' « allemand », τάλαρον γερμανικὸν, tandis que le simple τάλαρον désigne la pièce d'Espagne ou du Mexique.

français *jocondale* (1), expression usitée au XVIe siècle pour désigner toute espèce de grande pièce d'argent d'Allemagne, de Hongrie ou de Hollande (2). Le dernier exemple où on le rencontre est l'Ordonnance royale de 1577 sur le cours des monnaies étrangères ; mais le Dictionnaire français-anglais de Randle Cotgrave (imprimé à Londres en 1660) l'enregistre encore. Depuis longtemps il a disparu de l'usage.

(1) La corruption s'est faite ici sous l'influence du flamand, comme celles de *reichsthaler* en *rixdale* et de *lœwenthaler* en *léondale*.

(2) Longpérier, *Rev. num.* 1874, p. 110 et s.

CHAPITRE III

ORIGINE ET PROPAGATION DE L'USAGE DE LA MONNAIE DANS LE MONDE ANTIQUE

---

§ 1. — La circulation métallique avant l'invention de la monnaie.

1. Lorsque des relations d'échanges un peu suivies commencèrent à s'établir entre les différents peuples dont la famille humaine avait couvert les territoires du monde ancien, les qualités propres des métaux précieux, leur densité et leur solidité les firent, au bout de peu de temps, adopter comme l'instrument commun des transactions, comme le moyen d'échanges le plus commode et le plus sûr. Cet emploi des métaux est un des caractères essentiels de la grande civilisation.

Mais on s'en servit pendant bien des siècles purement et simplement comme de toute autre marchandise, c'est-à-dire en les pesant à chaque fois et en les conservant soit en lingots plus ou moins réguliers, soit sous la forme de bijoux ou d'ustensiles. De grands et florissants empires, comme ceux de l'Égypte, de la Chaldée et de l'Assyrie, ont traversé des milliers d'années d'existence dans la richesse et la prospérité, avec des relations commerciales aussi étendues qu'ont jamais pu l'être celles d'aucun peuple de l'antiquité, en se servant constamment des métaux précieux dans les affaires de négoce, mais en ignorant absolument l'usage de la monnaie. Les habitants de ces empires employaient à leurs échanges des lingots de métal de formes variables, sans marque qui en assurât au nom d'une autorité publique l'exactitude de poids et la pureté de titre, et l'on pesait ces lingots à chaque transaction. En effet, une certaine quantité de métal représentait une valeur fixe, et cette quantité de métal était réglée d'après l'échelle pondérale en usage chez les différents peuples. Par exemple, dans l'Asie Sémitique, le sicle n'était pas encore une monnaie, mais un poids, et l'estimation des choses se faisait par une quantité d'or ou d'argent brut d'un certain nombre de sicles pondéraux.

Forcément, dès qu'il y avait eu progrès dans la civilisation, et à mesure que les échanges commerciaux avaient pris un plus grand développement, on avait cessé de laisser le métal sous la forme première où l'on s'en était servi d'abord, dans un état de barbarie encore grande, sous la forme de morceaux irréguliers comme figure et comme poids. La nécessité des choses, le besoin d'une plus grande commodité dans les transactions, avaient amené à donner des poids exacts et fixes aux lingots employés dans les échanges. C'était déjà quelque chose d'assez gênant que d'être obligé de recourir à la balance lors de chaque transaction, quelque minime qu'elle fût, pour s'assurer de l'exactitude du poids de ces lingots. S'il avait fallu à chaque fois les couper, les rogner, y ajouter ou en retrancher une petite quantité pour en parfaire un poids exact, une aussi grossière imperfection de l'instrument matériel de la mécanique de l'échange eût constitué l'obstacle le plus fâcheux à la réalisation des opérations commerciales. Le développement en eût été entravé et arrêté par là de la manière la plus sensible. Aussi, bien que l'on n'eût pas encore eu l'idée, qui nous paraît pourtant si simple, de faire appliquer aux morceaux de métal par la puissance publique une empreinte inspirant assez de confiance pour les faire accepter de tous à leur valeur nominale, partout où il y avait civilisation réelle et développement des échanges, les lingots métalliques destinés à la circulation étaient déjà fabriqués d'après les données d'une échelle pondérale exacte.

De plus, en leur donnant des poids précis et réguliers, l'utilité pratique avait conduit à préférer les ramener à des tailles assez faibles pour représenter des valeurs minimes. C'était, en effet, le seul moyen de les faire servir efficacement dans les transactions journalières. Il était facile de faire de grosses sommes, se comptant par talents ou par mines, soit en accumulant en nombre des lingots d'un poids faible, soit en employant dans les payements les barres d'or et d'argent, telles qu'elles arrivaient des districts miniers pour être mises en œuvre par les orfèvres. Ce qui était indispensable pour la vie de chaque jour et pour les transactions ordinaires, c'était d'avoir tout prêts de petits lingots des poids divisionnaires inférieurs, pouvant servir aux achats les plus simples, aux petits payements. On connut donc, bien longtemps avant qu'il y eût proprement de monnaie, des formes particulières, des tailles pondérales exactes et assez faibles, données spécialement à l'or, à l'argent et même au cuivre, pour servir dans les échanges. Les petits lingots de poids fixe, préparés comme nous venons de le dire, constituaient dans toutes les civilisations orientales de la haute antiquité, antérieurement à l'invention de la monnaie véritable et complète, une forme de numéraire créée en vue de l'objet spécial de la circulation commerciale et de la réalisation des échanges.

L'innovation féconde, la véritable invention de génie qui transforma en monnaie ce numéraire encore si imparfait, fut la création de l'empreinte officielle apposée aux morceaux de métal de poids régulier, mis entre les mains du public comme signes des valeurs et instruments des échanges. On fut ainsi, comme le dit Aristote (1), « délivré de l'embarras de continuels mesurages; » la garantie que l'État donnait par cette empreinte au poids et au titre des espèces métalliques y introduisit la part de caractère fiduciaire, qui est de l'essence même de toute monnaie, même de la meilleure, de celle dont la valeur intrinsèque coïncide le plus exactement avec la valeur nominale. Car c'est la foi qu'inspire le gouvernement qui intervient en marquant la monnaie de son empreinte ou type, c'est cette foi qui fait recevoir les espèces sans contrôle et au pair de leur valeur d'émission. En même temps, le service ainsi rendu aux transactions permit à l'autorité publique d'attribuer à la monnaie le cours légal, qui ne pouvait pas appartenir aux lingots non garantis

(1) « On convint de donner et de recevoir, dans les échanges, une matière qui, utile par elle-même, fût aisément maniable dans les usages habituels de la vie ; ce fut du fer, par exemple, de l'argent ou telle autre substance analogue, dont on détermina d'abord la dimension et le poids, et qu'enfin, pour se délivrer des embarras des continuels mesurages, on marqua d'une empreinte particulière, signe de sa valeur. Avec la monnaie, née des premiers échanges indispensables, naquit aussi la vente, autre forme d'acquisition, excessivement simple dans l'origine, mais perfectionnée bientôt par l'expérience, qui révéla, dans la circulation des objets, les sources et les moyens de profits considérables » : Aristot. *Politic.* I, 6, 14-16 ; t. I, p. 53, traduct. de M. Barthélemy Saint-Hilaire.

de l'époque antérieure; autrement dit, il lui donna le droit légitime d'interdire sous la sanction de pénalités, partout où s'étendait son pouvoir, de refuser sa monnaie, le droit d'obliger à la recevoir, droit qui n'est vraiment légitime qu'à la condition que la monnaie soit bonne et loyale, et qui n'est même effectif qu'à cette condition. Car aucune disposition de loi, quelque sévère qu'elle soit, ne peut aller à l'encontre de la force irrésistible des choses, en empêchant la rapide dépréciation d'un numéraire de mauvais aloi, dont la valeur nominale s'écarte trop de sa valeur effective.

Voilà en quoi consista l'invention de la monnaie proprement dite et le progrès qu'elle réalisa sur l'état de choses précédent. Cette invention fut tardive, car elle ne se réalisa que vers le commencement du VIIe siècle avant l'ère chrétienne, et l'honneur, comme toute l'antiquité classique l'a reconnu, n'en peut être disputé qu'entre les Grecs ou les Lydiens, c'est-à-dire entre deux peuples voisins l'un de l'autre, presque frères par le sang et appartenant au monde gréco-pélasgique. Avant eux, on n'en rencontre la trace nulle part, et dans tout le monde antique, depuis les Colonnes d'Hercule jusqu'au delà du Gange, l'usage de la monnaie a été répandu par l'influence de l'hellénisme, à des dates et par des voies que l'on peut déterminer historiquement.

Ce que nous affirmons ici n'est pas une hypothèse, mais un fait positif. Les plus anciens monuments numismatiques, ceux qui représentent certainement les débuts mêmes de la fabrication monétaire sont grecs et lydiens, et aucun d'entre eux ne peut être tenu pour remontant au delà de la fin du VIIIe siècle. En même temps, le déchiffrement des hiéroglyphes égyptiens et de l'écriture cunéiforme des riverains de l'Euphrate et du Tigre, les deux plus grandes conquêtes de notre siècle dans le domaine des sciences historiques et philologiques, révèlent dès à présent une masse de faits assez considérable, pour permettre de rétablir au moins les grands traits essentiels du tableau de la circulation métallique dans les civilisations orientales de la haute antiquité. C'est ce que je vais essayer de faire d'une façon sommaire et le plus brièvement possible.

2. Je commencerai par l'Égypte, dont la civilisation est peut-être l'aînée de toutes les autres, et du moins se trouve être la seule, dans l'état actuel des connaissances, où l'on puisse se reporter avec certitude à une certaine distance dans le cours des âges (1). Nous connaissons jusque dans ses détails l'Égypte du temps des Pyramides, celle qui vivait 4000 ans avant J.-C. En Chaldée et en Assyrie, au delà de 1100 ans avant notre ère, tout est encore ténèbres et confusion; il est impossible de déterminer d'une manière solide, même par approximation, les intervalles qui séparent les uns des autres dans le temps les débris parvenus jusqu'à nous. Tel roi monumental remonte suivant les uns à 3000 ou 4000 environ avant J.-C.; pour les autres, il doit être descendu à 2000. On est jus-

(1) J'ai suivi sur cette matière les indications d'un important travail de M. E. Von Bergmann, *Die Anfänge des Geldes in Ægypten*, publié dans la *Numismatische Zeitschrift* de Vienne, 1872, p. 161-180, et celles d'un mémoire tout récent de M. Chabas, *Recherches sur les poids, mesures et monnaies des anciens Egyptiens*, Paris, 1876. Mais surtout je dois ici beaucoup aux amicales communications de M. Maspéro, dont je suis heureux de me proclamer l'obligé.

qu'à présent, dans l'appréciation de ces époques primitives, en plein domaine de l'hypothèse. Aussi n'est-ce qu'à partir du XIIe siècle, à partir du moment où la série monumentale devient pour nous suivie et sans lacunes, que je me servirai ici des renseignements fournis par les textes cunéiformes. Pour l'état plus ancien des choses en Asie, c'est aux documents hiéroglyphiques de l'Égypte que je demanderai des renseignements. Mais auparavant il faut d'abord les faire parler sur l'Égypte elle-même.

Un papyrus du temps de la XIXe dynastie (1) parle d'une gratification de 100 *outens* de cuivre distribuée à la garnison de la ville forte de Pa-Ramsès, dans la basse Égypte, pour donner aux hommes les moyens de faire la fête, à l'occasion de la visite du roi Merenphtah (2).

L'*outen* ou *ten* (car il y a quelque incertitude sur la lecture du mot), divisé en 10 *kite*, était chez les Égyptiens l'unité pondérale supérieure. M. Chabas (3) a cru pouvoir l'évaluer à 91 grammes, d'après un poids original de la collection Harris ; mais les étalons nombreux que possède le Musée de Boulaq (4), et qui représentent soit l'outen simple, soit ses multiples, soit ses divisions par 1/2, 1/3, 1/6 et 1/10, semblent plutôt indiquer qu'il a varié, suivant les époques, entre 94 et 96 grammes.

Un certain nombre de documents d'un caractère privé, qui sont parvenus jusqu'à nous en original et remontent aux temps pharaoniques, nous montrent les payements,

(1) Papyrus Anastasi, n° III, pl. VI.

(2) Maspéro, *Du genre épistolaire chez les anciens Egyptiens*, p. 77.

(3) *Note sur un poids égyptien* dans la *Revue archéologique* de 1861 ; *Détermination métrique de deux mesures égyptiennes de capacité*, 1867.

(4) Mariette, *Monuments divers*, pl. 97-100.

les achats et les évaluations d'objets toujours exclusivement faits en outens de cuivre. Tantôt, comme dans les ostraca n°s 5633 et 5636 du Musée Britannique (1), nous y voyons estimer ainsi les objets mobiliers de successions; tantôt, comme dans le papyrus Mallet (2) et dans plusieurs ostraca, l'on indique la valeur d'objets remis à un homme de service; tantôt enfin, comme dans l'ostracon n° 5649 du Musée Britannique (3), il est question de payements faits à diverses personnes en outens de cuivre, puis on indique d'après le même étalon la valeur d'une série d'objets donnés en échange d'un bœuf, ce qui détermine du même coup le prix du bœuf lui-même.

Voici, d'après ces différents documents, quelques-uns des prix de diverses choses en poids de cuivre :

Un bœuf	119 outens (4) (11 kil. 186 gr. ou 11 kil. 484 gr.).
Un chevreau.........	2 outens (188 gr. ou 192 gr.).
Une paire d'oies......	1/4 outen (23 gr. 50 ou 24 gr.).
Un couteau..........	3 outens (282 gr. ou 288 gr.).
Un rasoir...........	10 outens (940 gr. ou 960 gr.).

(1) *Inscriptions in the hieratic and demotic character of the British Museum*, pl. XVI; Birch, *Zeitschr. f. Ægypt. Spr. und Alterth.* 1868, p. 37; Chabas, *Recherches sur les poids, etc.* p. 17 et s.

(2) *Recueil de travaux relatifs à l'Égypte et à l'Assyrie*, t. I, p. 57 et s.

(3) *Inscr. in the hierat. char.* pl. XV; voy. Chabas, *Mélanges égyptologiques*, 3e sér. p. 217.

(4) Ce prix n'est pas tout à fait sûr ; mais l'incertitude ne porte que sur quelques outens. En effet, on lit au revers de l'ostracon : « Total, 119 outens », et ce total a beaucoup de chance d'être celui des valeurs des objets donnés en échange du bœuf, puisque celles-ci montent à 106 outens, plus un article effacé. Pourtant ce pourrait être aussi le total des sommes payées dont l'énoncé vient après, puisque cet énoncé donne 109 outens, plus deux articles effacés.

Cinq pièces d'étoffe...	25 outens (2 kil. 350 gr. ou 2 kil. 400 gr.).
Cinq hins (1) de miel.	4 outens (376 gr. ou 384 gr.)
Onze hins (2) d'huile.	10 outens (940 gr. ou 960 gr.).
Une peau tannée......	2 outens (188 gr. ou 192 gr.).
Une canne avec incrustations............	4 outens (376 gr. ou 384 gr.).
Une canne simple en cyprès............	1 outen (94 gr. ou 96 gr.).
Une pioche...........	2 outens (188 gr. ou 192 gr.).
Une passoire de bronze.	5 outens (470 gr. ou 480 gr.).

Dans un endroit, un vase de bronze du poids de 20 outens est évalué 50 ; il était bien évidemment d'une grande richesse de travail, et dans son évaluation le prix de la main-d'œuvre l'emporte de beaucoup sur celui de la matière.

Une mesure de blé de qualité supérieure se trouve estimée à 7 outens (658 ou 672 gr. de cuivre) dans un papyrus (3); mais malheureusement la nature de la mesure est douteuse; il peut être question de celle que M. Chabas (4) appelle « grande mesure » et qui, d'après sa détermination, était de 73 lit. 60.

Enfin le salaire d'ouvriers à la solde des temples est porté à 5 outens de cuivre par mois (5); mais, comme dans les usages de l'Égypte ptolémaïque, cette minime

(1) Environ 2 litres 30.

(2) Environ 5 litres 06.

(3) Pleyte et Rossi, *Papyrus hiératiques de Turin*, pl. XXXIX, l. 5 et 9.

(4) *Recherches*, p. 9.

(5) Pleyte et Rossi, *Pap. de Turin*, pl. XCI, l. 2.

paye en numéraire était accompagnée de la fourniture de rations de grain en nature (1).

De ces faits il résulte clairement que l'antique Égypte, dans le mécanisme de ses échanges intérieurs, s'était de très-bonne heure élevée au-dessus du simple troc; qu'elle connaissait la vente et l'achat, ainsi que la mesure de la valeur des choses au moyen d'un étalon commun; puis que cet étalon commun des valeurs était le cuivre circulant au poids, sans forme monétaire, et mesuré avec la balance à chaque transaction. Car précisément dans les mentions d'achats, de payements et d'estimations en outens de cuivre que présentent les documents égyptiens, on ne trouve aucune trace de rien qui ressemble à la monnaie proprement dite, d'une monnaie revêtue d'une garantie publique, ayant un cours légal et dispensant de recourir à chaque instant à la balance. C'était un régime d'*aes rude* pareil à celui que nous retrouverons dans l'Italie primitive (livre VII, chap. II, § 1).

L'existence d'un pareil régime constituant toute l'économie de la circulation intérieure de l'Égypte pharaonique n'a rien qui doive nous surprendre. L'Égypte, à toutes les époques et depuis les temps les plus reculés, a toujours été par excellence le pays du cuivre; non qu'elle possède ce métal dans son propre sol, mais à cause de la proximité des mines si riches de la péninsule du Sinaï, ouvertes et exploitées pour le compte des Égyptiens dès l'époque de la IVe dynastie. Même au temps des Lagides, qui étaient pourtant maîtres des mines d'argent de l'île de Cypre, le cuivre formait la majeure part du numéraire circulant dans le pays, la drachme de cuivre la monnaie

(1) Chabas, *Recherches*, p. 40.

de compte universellement adoptée (voy. livre VI, chap. VI). A plus forte raison en était-il de même au temps des Pharaons. Comme l'a établi M. Lepsius dans son beau mémoire sur *Les Métaux chez les Egyptiens* (1), ils avaient alors en abondance le cuivre, l'or et même l'électrum; mais l'argent, qui venait exclusivement de l'Asie (2), était pour eux un métal rare, à tel point que sa valeur s'approchait beaucoup de celle de l'or (3); le rapport de l'un à l'autre métal était, en effet, seulement :: 3 : 5 ou :: 1 : 1 2/3 (4). Ce n'est donc pas l'argent qu'ils auraient pu choisir pour instrument habituel des échanges et des fixations de valeurs. L'or, malgré les nombreuses quantités qui en venaient à la fois du Nord et

(1) Dans les Mémoires de l'Académie de Berlin pour 1871.

(2) Lepsius, Mém. cit. p. 50 et 116.

(3) Lepsius, Mém. cit. p. 51.

(4) Mariette, *Papyrus de Boulaq*, t. II, pl. III, col. 1, l. 5 : « cinq d'argent, ce qui fait trois d'or » ; cf. Chabas, *Recherches*, p. 27 et 37.

On peut comparer ici la donnée de Strabon (XVI, p. 778), d'après lequel l'or n'aurait valu chez les Sabéens que 3 fois le cuivre et 2 fois l'argent. Il ressort d'un texte positif des Lois de Manou qu'à l'époque où fut rédigé ce livre (époque beaucoup moins ancienne qu'on ne l'a souvent cru) l'or ne valait qu'environ 2 1/2 fois son poids d'argent dans l'Inde (Eugène Burnouf, dans Dureau de la Malle, *Économie politique des Romains*, t. I, p. 54). Mais ce sont là des faits exceptionnels, particuliers à des pays où l'or abondait et où l'argent était rare. Les économistes qui, comme Dureau de la Malle, ont cru pouvoir en conclure que, dans les âges primitifs, l'écart des deux métaux était partout presque nul, sont tombés dans une erreur complète. Nous savons aujourd'hui d'une manière positive qu'il n'en a jamais été ainsi dans l'Asie antérieure, du Tigre à la Méditerranée. Là, au contraire, la valeur de l'or était 13 1/3 par rapport à celle de l'argent représentée par un; aussi haut que nous puissions remonter dans les annales de ces contrées, nous y trouvons l'écart des deux métaux plus grand qu'il ne fut en Grèce après Alexandre le Grand (voy. livre II, chap. Ier, § 1).

du Sud, de l'Asie et de l'Éthiopie, avait trop de valeur, dans un temps où le pouvoir effectif des métaux était (les prix cités tout à l'heure le montrent clairement) bien supérieur à ce qu'il est dans nos civilisations, pour servir d'instrument et d'étalon commode des prix dans les petites transactions de la vie journalière. On avait donc été tout naturellement conduit à adopter, malgré ce qu'il avait d'encombrant, le cuivre, le métal le plus abondant et celui avec lequel on pouvait représenter les plus minimes valeurs.

3. Ce sont aussi les monuments égyptiens qui seuls, jusqu'à présent, nous renseignent sur la forme qu'avaient les métaux non ouvrés dans le commerce égyptien et dans celui des contrées voisines aux temps reculés où la XVIIIe et la XIXe dynastie régnaient sur les bords du Nil. Les inscriptions historiques sont remplies à ce sujet des données les plus précieuses, confirmées par les bas-reliefs qui les accompagnent quelquefois et par les peintures de certaines tombes, comme celle de Rekh-ma-Ra à Thèbes (1); ces données se trouvent pour la plupart dans les énoncés des tributs payés aux Pharaons par les nations étrangères.

Le cuivre, le fer et le plomb étaient constamment en barres ou plus exactement en lingots d'un poids assez fort, carrés et aplatis, ayant, en un mot, la figure de briques. Quant à l'or, les Égyptiens le recevaient sous différentes

(1) Outre le mémoire cité de M. Lepsius, il faut consulter à ce sujet J. Brandis, *Das Münz- Mass- und Gewichtswesen in Vorderasien bis auf Alexander den Grossen*, p. 75-83 et 91-93.

formes. Celui d'Éthiopie arrivait en lingots ou en poudre. Dans cette contrée, on le comptait au *pek*, poids spécialement éthiopien dont nous pouvons restituer le taux d'après une inscription de Napata qui dit que « 40 outens font 5120 peks (1) ». Le pek était donc de 0 gr. 75 environ, ce qui nous amène à y reconnaître le type primitif du poids de 0 gr. 764, sur lequel sont taillés les anneaux d'or qui constituent encore aujourd'hui la circulation métallique dans le centre de l'Afrique (2). L'or et l'argent apportés de l'Asie étaient quelquefois, quand il s'agissait de poids considérables destinés à être mis en œuvre par l'industrie, sous forme de « briques »; c'est l'expression même des textes égyptiens, parallèle à celles de πλίνθοι χρυσαῖ καὶ ἀργυραῖ, *lateres argentei atque aurei* dans les langues classiques. Plus souvent, cet or et cet argent étaient en anneaux (3), d'un poids assez médiocre, c'est-à-dire sous la forme adoptée habituellement, en l'absence de monnaie proprement dite, pour les métaux précieux servant aux échanges chez les anciens Celtes de la Bretagne (4) et de l'Irlande (5), chez les Islandais jusqu'au

(1) *Rev. archéol.* nouv. sér. t. XII, p. 176; Lepsius, mém. cit. p. 41.

(2) *Num. chron.* t. VI, p. 15 et s.; t. VIII, p. 215.

(3) Pour les anneaux d'or, Lepsius, mém. cit. p. 33 et 115; pour les anneaux d'argent, p. 50 et 116. — Dans un exemple (Lepsius, *Denkm. aus Ægypt.* part. II, pl. LXXVII), au lieu d'anneaux d'or, nous voyons mettre des plaques rondes de ce métal, percées d'un trou au centre, dans le plateau de la balance, où on va les peser avant de les recevoir en payement.

(4) *Num. chron.* t. XIV, p. 64.

(5) *Num. chron.* t. XVII, p. 71 et s.

XIIIe siècle (1), sous la forme que l'on trouve encore actuellement usitée dans l'intérieur de l'Afrique (2) et dans plusieurs parties de l'Inde (3). Le nom hébraïque de l'unité pondérale supérieure, du talent, כִּכָּר, *kikkar*, signifiant originairement « un cercle », se rattache évidemment à l'habitude de donner cette forme aux métaux dans la circulation commerciale.

Les inscriptions hiéroglyphiques expriment en outens et fractions d'outens les quantités des métaux reçus en tribut de l'Asie. Mais il est facile de constater, comme J. Brandis l'a fait le premier, que ces énoncés ne sont pas autre chose qne des traductions en poids égyptiens de sommes beaucoup plus exactes et plus régulières dans l'échelle normale des systèmes pondéraux alors en usage dans les provinces asiatiques, entre l'Euphrate et le Nil (sur ces systèmes pondéraux, voy. livre VI, chap. II, § 1 et 2). Ainsi que le simple bon sens devait le faire supposer, les gens de la Syrie donnaient aux lingots métalliques des poids réguliers d'après leur propre système indigène de mesure et livraient aux Pharaons un certain nombre de ces lingots; mais les scribes égyptiens, pour enregistrer le tribut, convertissaient les poids asiatiques en poids égyptiens. On peut aussi constater, lorsque l'on divise plusieurs des sommes totales composées de lingots de cuivre, de fer ou de plomb par le nombre des lingots, que le quotient reste toujours le même pour chaque métal. Il y avait donc un type pondéral fixe adopté, dans la por-

(1) *Num. chron.* t. VIII, p. 208 et s.

(2) Outre les renvois indiqués plus haut, voy. encore *Num. chron.* t. XVI, p. 168.

(3) *Num. chron.* t. VIII, p. 217.

tion de l'Asie en rapports avec les Égyptiens, pour la fabrication des lingots de cuivre, de fer ou de plomb mis dans le commerce.

Au contraire, les anneaux d'or et d'argent avaient des poids fort inférieurs et très-divers. On les taillait de manière à représenter tous les degrés réguliers d'une échelle de divisions pondérales, conforme au système asiatique et descendant jusqu'à des poids tout à fait minimes. L'usage était dès lors d'employer deux poids différents, tous les deux d'origine babylonienne, pour mesurer l'or et l'argent, afin d'obtenir entre les valeurs des quantités de même nom dans les deux métaux une proportion exprimée en nombres entiers, tandis que le rapport de valeur entre deux pesées identiques d'or et d'argent eût comporté dans son expression l'emploi de fractions compliquées (voy. livre VI, chap. II, § 2); c'était la pratique que l'on avait adoptée pour simplifier les comptes (1). Les anneaux d'or et d'argent mentionnés dans les textes égyptiens avaient leurs poids réglés d'après l'unité adoptée pour chaque métal, et en offraient des multiples ou, plus souvent encore, des divisions, jusqu'aux plus petites que l'on pût fabriquer sous cette forme. Ainsi que nous le disions plus haut, cette subdivision des tailles jusqu'à d'extrêmement faibles était ce qui les rendait propres à leur rôle dans le mécanisme de l'échange. Au reste, ici le témoignage des monuments assyriens est confirmé par celui de la Bible, dont bon nombre de passages attestent l'emploi de petits lingots d'or ou d'argent de poids exacts, représentant des valeurs assez minimes, dans les acquisitions et les paye-

(1) Sur les preuves de l'existence de cette pratique en Syrie et en Mésopotamie au temps où régnait Thouthmès III, voy. Brandis, p. 91 et s.

ments (1) ; en un endroit même (2), il est question d'un de ces lingots, du poids d'un quart de sicle seulement, qu'un individu porte sur lui, comme plus tard on aurait fait d'une monnaie.

Thouthmès III, dans la grande inscription du sanctuaire de Karnak, rapporte qu'en l'an 23 de son règne il reçut des Khétas 301 outens d'argent (28 kil. 896 gr.) en 8 anneaux. Chacun pesait donc 37 outens 62 kite et 5 dixièmes ou 3612 gr. C'était juste 5 mines ou 250 sicles du poids adopté pour l'argent en Syrie, en Phénicie et en Palestine, le sicle y étant de 14 gr. 53. Du moins, il n'y a qu'une inexactitude de 10 gr. 50 (car 5 mines seraient rigoureusement 3632 gr. 50), ce qui n'est vraiment rien sur la somme totale, surtout en tenant compte de ce que notre détermination du poids de l'outen n'est qu'approximative et n'a pas encore une rigueur mathématique (3).

Le Musée de Leyde possède en originaux, provenant d'une même découverte, un certain nombre d'anneaux d'or de très-petite dimension qui n'ont pu servir que comme instruments d'échanges et non comme joyaux (4). Les poids en sont parfaitement réguliers et donnent six

(1) Voy. Movers, *Die Phœnizier*, t. III, 1re part. p. 33; Sœtbeer, *Das Gold*, dans la *Gegenwart*, n° 144, p. 535 ; Brandis, p. 78.

(2) I Sam. IX, 8.

(3) Nous avons compté dans ce calcul l'outen comme de 96 gr. ; mais nous avons vu plus haut qu'à certaines époques il paraissait avoir été un peu plus faible, de 94 gr. et quelque chose ; s'il fallait le compter ainsi au temps de Thouthmès III, les anneaux d'argent remis par les Khétas auraient été de 4 1/2 mines ou 225 sicles.

(4) Leemans, *Ægyptische Monumenten van het Nederl. Museum*, 2e part. pl. XLI, n° 296 ; Brandis, p. 82.

tailles différentes qui ne sont réglées ni sur le type égyptien de l'outen et du kite, ni sur le type éthiopien du pek, bien que ces anneaux aient été trouvés en Égypte. Ce sont des divisions normales et très-exactes du sicle chaldéo-babylonien, adopté pour la mesure de l'or dans toute l'Asie antérieure, à son taux le plus ancien de 8 gr. 18, divisions qui suivent l'échelle de 1/6, 2/15, 1/10, 1/12, 1/15, 1/20 ou, dans le système de fractions sexagésimales des Babyloniens, 10/60, 8/60, 6/60, 5/60, 4/60, 3/60 (1).

Ces faits établissent d'une manière bien positive, à mon avis, que les anneaux d'or et d'argent qui existaient en Égypte dans la circulation métallique étaient fabriqués en Asie, sur les données des poids asiatiques ; c'est seulement en dehors de la vallée du Nil qu'ils constituaient le type habituel et fondamental du numéraire servant aux échanges, tandis que la terre de Mitsraïm avait son *aes grave* national. La forme de celui-ci est révélée par le signe hiéroglyphique désignant l'outen, ou , une lame de métal repliée sur elle-même. Mais, bien que d'origine étrangère, les anneaux d'or et d'argent asiatiques constituaient, à côté du cuivre indigène, une part de quelque importance dans la masse totale du numéraire circulant en Égypte. On s'en servait pour les payements considérables où le cuivre eût été par trop encombrant et difficile à transporter ; mais c'était toujours

(1) Si on voulait rapporter le poids de ces anneaux, non plus au sicle babylonien lui-même, mais au sicle d'or des Hébreux, qui en était le double (voy. livre VI, chap. II, § 2), les divisions seraient 1/12, 1/15, 1/20, 1/24, 1/30 et 1/40. C'est ce qu'a admis Brandis, mais ce qui me paraît moins vraisemblable, car ces divisions ne seraient plus toutes alors des nombres exacts de soixantièmes.

alors comme représentant, d'après le cours du moment, des sommes comptées en outens de cuivre. C'est ainsi qu'un certain nombre de peintures d'hypogées (1) nous montrent les grands achats de blé soldés au moyen d'anneaux d'or, que l'on entasse pour les peser dans un des plateaux d'une balance. Il est évident que lorsque les anneaux étaient ainsi en nombre, les Égyptiens en comptaient le poids total à leur propre manière, c'est-à-dire en outens (2) et non en talents, en mines ou en sicles asiatiques; et à ce point de vue, ce n'est certainement pas une coïncidence fortuite qui fait que les sommes de 600 sicles d'argent pour un char et 150 pour un cheval, que Salomon payait aux producteurs égyptiens (3), constituent précisément des poids de 90 et de 22 1/2 outens. Une stèle de la XXIIe dynastie, étudiée par M. Brugsch (4), parle de 10 outens d'argent (940 ou 960 gr.) donnés pour prix de 100 *satas* de terre en culture, et de 5 (470 ou 480 gr.) donnés pour 50 *satas*. L'éminent égyptologue assimile le *sata* antique au feddan actuel. Si cette identification était exacte, 94 ou 96 grammes d'argent auraient été ce que l'on aurait fourni comme payement d'une superficie de terre de 59,290 mètres cubes; mais, quelque rare que fût l'argent en Égypte, cette donnée me paraît inadmissible, et M. Chabas (5) a eu raison de penser que le *sata* devait

(1) Lepsius, *Denkm. aus Ægypt.* part. III, pl. 29, *d*, et 39, *a*.

(2) Lepsius, *Mémoires de l'Académie de Berlin* pour 1871, p. 35, 39, 40 et s.

(3) I Reg. x, 29,

(4) *Zeitschr. Ægypt. Spr. und Alterth.* 1871, p. 85.

(5) *Recherches*, p. 44.

être une mesure agraire inférieure à ce qu'avait cru M. Brugsch.

Quand il s'agissait de petites sommes d'argent, payables avec un ou quelques anneaux seulement, les Égyptiens comptaient par sicles d'argent dont le change. C'est ainsi qu'un papyrus hiératique du Louvre (1) mentionne des recettes en sicles d'argent, auxquels s'ajoutent « pour le change 3/4 d'outen de cuivre par sicle ». Il s'agit évidemment ici du sicle de 14 gr. 53, celui qui était usité en Syrie pour l'argent; or, en estimant l'outen à 96 grammes, on trouve que 3/4 d'outen font un poids de cuivre égal à 5 de ces sicles. Le change énoncé serait donc de 3.1055 0/0 si l'argent avait valu cent soixante-une fois son poids de cuivre dans l'Égypte pharaonique, comme dans celle des Lagides (voy. livre II, chap. I, § 1, et livre VI, chap. VI, § 1); et il devait être encore moindre, car tout indique qu'un bien plus grand écart existait alors entre les deux métaux. En supposant que cet écart atteignait le chiffre :: 1 : 250, tel que nous le constatons aux plus anciennes époques dans la Sicile et dans l'Italie (voy. livre II, chap. I, § 1; livre VII, chap. I, § 1; chap. II, § 2 et 3), nous ne trouverions plus que 2 0/0 pour le change; mais il faut ici s'abstenir de toute hypothèse en l'absence de données assez précises pour y fournir un point de départ suffisant.

Un papyrus de Boulaq (2), du temps de la XVIIIe dynastie, qui a été traduit par M. Chabas (3), contient un fragment de comptabilité de la vente journalière, faite à

(1) Devéria, *Catalogue des papyrus du Louvre*, IX, n° 10.

(2) Mariette, *Papyrus de Boulaq*, t. II, pl. III et IV.

(3) *Recherches*, p. 26-35.

des marchands, des viandes provenant des sacrifices d'un temple, qui n'avaient pas pu être consommées par les prêtres et par le personnel du sanctuaire. Toutes les recettes y sont perçues en or. Il serait très-important d'arriver à une lecture certaine du nom du poids d'après lequel l'or y est mesuré et à une détermination de ce poids, évidemment fort peu élevé. Est-il égyptien ou asiatique? C'est ce que l'on ne saurait dire quant à présent d'une manière positive. Ce n'est pas, du moins, une des divisions connues et normales de l'outen. La lecture *giru* ne serait pas invraisemblable pour le nom, tel qu'il est tracé en caractères hiératiques. En ce cas, il faudrait y reconnaître la *gerah* des Hébreux, 20e partie du sicle dans les données des livres mosaïques (1). La *gerah* du sicle d'or de 8 gr. 18 serait 0 gr. 405, taille qui est précisément celle d'un des anneaux d'or du Musée de Leyde, trouvés en Egypte, taille qu'en outre trois des anneaux de la même série multiplient par 1 1/2 (2), un par 2 et un autre par 2 1/2. Il est à remarquer que dans le même papyrus le poids de la viande vendue est indiqué une fois et qu'il n'y est pas exprimé par outens, à l'égyptienne, mais par mines, à l'asiatique.

Ce qui est du moins certain, c'est que les anneaux d'or et d'argent, servant d'instruments aux échanges dans l'Asie antérieure et même entrant pour une part dans la circulation métallique de l'Egypte aux temps de la XVIIIe et de la XIXe dynastie, offraient une échelle de poids tout à

(1) Exod. XXX, 13; Levit. XXVII, 25; Num. III, 47; XVIII, 16; cf. Ezech. XLV, 12.

(2) Dans le papyrus, beaucoup de payements sont mentionnés comme faits avec 1 1/2 des poids d'or que nous proposons d'assimiler à la *gerah*.

fait régulière et descendant jusqu'à des tailles fort minimes. C'est que l'on facilitait le côté matériel des transactions, en fabriquant des anneaux de ce genre qui représentassent toutes les valeurs normales résultant de l'application des systèmes pondéraux généralement admis entre le Tigre et le Nil à la mesure des métaux servant d'étalon commun de la valeur des choses. Par là, cette forme de circulation se rapprochait déjà beaucoup de la monnaie.

La *Genèse* nous fait assister à toute la mise en pratique de son mécanisme. Quand Abraham achète aux Hethéens le terrain de sa sépulture de famille, il livre en les pesant à son vendeur 400 sicles d'argent « tels qu'ils ont cours entre les marchands » (1). Le même livre dépeint très-exactement la circulation internationale de l'argent, en lingots réguliers de poids, entre la Palestine et l'Egypte. C'est avec de l'argent que les frères de Joseph vont acheter du blé en Egypte au moment de la famine (2), et cet argent est sous une forme qui leur permet de l'emporter dans des bourses fermées, צרור (3). Comme les lingots en sont d'un poids régulier et conforme à certaines tailles d'un usage général et habituel, on les compte quelquefois à la pièce, aussi bien en Egypte qu'en Palestine. Ainsi font Abimelech, roi de Gerar, quand il offre un présent d'argent à Abraham (4), les marchands madianites, quand ils achètent Joseph à ses frères (5), et Joseph, devenu ministre du

(1) Genes. XXIII, 16.

(2) Genes. XLII, 27.

(3) Genes. XLII, 35.

(4) Genes. XX, 16.

(5) Genes. XXXVII, 28.

pharaon, quand il fait un cadeau à Benjamin, en l'envoyant rechercher son père (1).

Tout cela est bien près de l'usage de la monnaie; mais ce n'en est pas encore réellement et complétement. Il y manquait ce que les jurisconsultes romains appelaient dans la monnaie la loi et la forme. Ni le poids ni le titre n'étaient garantis par des autorités publiques. Le côté fiduciaire qui est de l'essence de toute monnaie, même de la meilleure, de celle dont la valeur réelle est le plus exactement en concordance avec la valeur nominale, et qui fait qu'on la reçoit sans vérification dans les transactions journalières, à cause de son caractère légal et de la confiance qu'inspire l'empreinte gouvernementale qu'elle a reçue, ce côté fiduciaire y faisait absolument défaut.

Dans cette circulation, tout en constituant déjà la commune mesure de la valeur, les métaux étaient encore à l'état de pure et simple marchandise. Pour la réalisation plus commode des échanges, on préparait cette marchandise en quantités exactes, depuis les plus faibles jusqu'aux plus fortes, de manière à avoir toujours sous la main un morceau d'or ou d'argent du poids voulu, sans être obligé de le couper dans un plus gros lingot. Mais comme les anneaux n'avaient pas d'empreinte et de garantie de l'autorité publique, ils n'avaient pas non plus de cours légal. Il fallait à chaque fois vérifier à la balance l'exactitude de leur poids et essayer leur titre à la pierre de touche. Et le marchand demeurait libre, même dans le pays où ils avaient été fabriqués, de les refuser ou d'en discuter le cours.

Encore aujourd'hui, la Chine nous présente un état de

(1) Genes. XLV, 22.

choses tout à fait analogue, qu'il est intéressant d'y comparer.

Le cuivre en sapèques y est la seule monnaie marquée d'une empreinte officielle, ayant cours légal. Elle ne représente que des valeurs infiniment petites. Mais, à côté de l'emploi de cette monnaie, il y a une grande circulation d'or et d'argent, d'argent surtout, en lingots, à l'état de marchandise. C'est avec ces lingots que s'opèrent la plupart des transactions commerciales, dès qu'elles ont quelque importance, et non par le moyen de la monnaie de cuivre, beaucoup trop encombrante et difficile à transporter. Pour la commodité du commerce, auquel ils servent d'instrument habituel d'échange, on donne à ces lingots des poids exacts et suivant une échelle régulière, de 1/2 à 10 taëls en or, de 1/2 à 100 taëls en argent. Mais leur circulation et leur acceptation n'ont aucun caractère légal et obligatoire. L'autorité publique n'a point à y intervenir et ne leur donne aucune garantie. Ces lingots ne portent aucune empreinte, si ce n'est en certains cas un poinçonnement individuel, simple marque d'origine et de fabrique, qui quelquefois inspire assez de confiance pour dispenser de la vérification du titre du métal, lorsque c'est celle d'un négociant assez honorablement connu. La facilité avec laquelle on accepte le lingot à tel ou tel poinçon tient donc entièrement au crédit personnel de celui qui l'a marqué.

4. Si nous recourons maintenant aux documents cunéiformes pour y chercher des renseignements sur les conditions de la circulation métallique, servant aux échanges dans l'Assyrie et la Babylonie, du XIIe au VIIe siècle avant

l'ère chrétienne, et principalement à partir du IXe siècle, où les textes commencent à se multiplier dans une proportion considérable, nous y constatons la continuation de l'état de choses que, pour une époque plus ancienne, les monuments égyptiens de la XVIIIe et de la XIXe dynastie nous ont fait voir en Egypte et dans l'Asie antérieure.

Les trois métaux qui seront plus tard les métaux monétaires, or, argent et cuivre, servent d'étalon commun de la valeur des choses ; ils circulent en lingots non monnayés, donnés et acceptés au poids, avec vérification à la balance, comme toute autre marchandise. Et cette manière de procéder marque son empreinte dans le langage, car un même verbe, *saqal* (שקל), signifie à la fois « peser » et « payer ». « Pour un payement en argent, dit un texte « grammatical (1), on emploie le verbe *saqal*, peser, et « pour un payement en grains le verbe *madad*, mesurer. » La masse principale de la circulation se compose d'argent ; ce métal est le véritable régulateur de la valeur des choses (2).

Le système pondéral chaldéo-assyrien avait pour unité inférieure un sicle de 8 gr. 415, dont 60 faisaient une mine, 60 mines formant à leur tour un talent (voy. livre VI, chap. II, § 1). C'est d'après ce système qu'invariablement on mesurait l'or, et d'après l'étalon du sicle de 8 gr. 415, de ses multiples ou de ses divisions que l'on taillait les lingots de ce métal destinés à servir aux échanges. On mesurait fréquemment l'argent au même

(1) *Cuneif. inscr. of West. As.* t. II, pl. 13, l. 44 et 45, *d*.

(2) Dans tous les contrats de vente, lorsque l'on fixe le chiffre de l'amende très-forte destinée à punir toute tentative d'éviction de l'acquéreur, une partie de cette amende doit être payée en un poids d'argent, et une autre partie en un poids d'or.

poids que l'or, surtout quand il s'agissait de grandes quantités, comptées par mines ou par talents. Mais plus souvent, pour les petites sommes, on mesurait l'argent sur un poids différent de celui de l'or (1), avec un sicle particulier, de 11 gr. 22, de manière à avoir entre le sicle d'or et le sicle d'argent un rapport exprimable en nombres entiers, facilitant ainsi les calculs, tandis que le rapport de valeur, à poids égal, entre l'or et l'argent, était :: 1 : 13 1/3 (voy. livre VI, chap. II, § 2). Ce sicle de 11 gr. 22 était, du reste, 1/45 par rapport à la mine pondérale ordinaire, appliquée dans beaucoup de cas, ainsi que nous venons de le dire, à la mesure de l'argent aussi bien qu'à celle de l'or; tandis que le sicle pondéral du commerce, identique au sicle de l'or, en était 1/60 (2). En outre, une part des lingots d'argent existant dans la circulation de l'Assyrie et de Babylone, ceux qui venaient des contrées de l'ouest, étaient taillés sur le pied du sicle d'argent syrien de 14 gr. 53, dont 15 équivalaient à 2 sicles d'or chaldéo-babyloniens ; 50 de ces sicles formaient la mine syrienne (livre VI, chap. II, § 2), que les documents assyriens appellent « mine de Karkémisch ».

Il ne semble pas que les petits lingots d'or et d'argent, fabriqués pour les échanges en Assyrie et en Babylonie, eus-

(1) Sur les preuves formelles de l'existence de ce système de double poids en Assyrie dès le temps de Sargon, voy. Brandis, p. 90.

(2) Ceci serait de nature à conduire à une solution très-simple de difficultés qui autrement demeureraient inextricables dans la diversité des énoncés de sommes qu'offrent les contrats privés en écriture cunéiforme. On aurait toujours mesuré l'argent par sicles de 11 gr. 22, mais on aurait compté de deux manières ces sicles en nombre, tantôt par 45, c'est-à-dire par mines pondérales ordinaires, les mêmes que l'on employait pour l'or, tantôt par 60, c'est-à-dire en employant une mine spéciale à l'argent, supérieure de 1/3 à la mine pondérale.

sent la forme d'anneaux que nous avons vue adoptée dans les pays de la Syrie aux temps de la prépondérance militaire égyptienne. En effet, nous ne voyons jamais employer pour les désigner une expression qui éveille les notions de cercle ou d'anneau. Le signe idéographique qui désigne le sicle dans l'écriture cunéiforme, [cuneiform sign], a comme sens originaire celui de « masse, globe » ; ceci donne l'idée de quelque chose d'analogue aux lingots de forme ovoïde légèrement aplatie que nous rencontrons à l'origine du monnayage de la Lydie (voy. le § 2 de ce chapitre, et livre VI, chap. III, § 1).

5. Il faut pourtant constater, au point de vue du mécanisme des échanges et de la circulation commerciale, dans la civilisation que nous révèlent les documents assyriens du IXe au VIIe siècle, un progrès considérable sur l'état de choses antérieur. Mais il ne consiste pas dans l'emploi d'une véritable monnaie ; il repose dans le développement des moyens de représentation fiduciaire de valeurs métalliques basée sur le crédit des négociants, dans un emploi des ressources que fournissent à cet égard les contrats de prêt et de change, en un mot dans un système déjà fort avancé de papier de commerce, s'il est permis de se servir ici de cette expression. C'est la seule que fournisse notre langue et l'analogie des usages modernes ; mais en même temps elle est tout à fait impropre quand il s'agit des obligations ou des chèques du commerce assyrien, dont un bon nombre ont traversé les siècles pour parvenir jusqu'à nous. En effet, ce n'est pas sur une espèce de papier quelconque que sont tracés ces documents. Conformément aux habitudes particulières de la civilisation

euphratique en ce qui concernait l'écriture et son excipient, ils ont été écrits sur de petites galettes quadrilatères d'argile, dont la forme et les dimensions rappellent assez nos pains de savon de toilette. Le texte y a été inscrit sur la terre molle, puis le gâteau d'argile a été mis au four de manière à devenir inaltérable et indestructible (1).

Les documents auxquels je fais allusion se ramènent à cinq types principaux pour chacun desquels je produirai un exemple :

A. — Obligation simple :

« Quatre mines d'argent au poids de Karkémisch
« (créance) de Nergalsurussur
« sur Nabuzikiriddin, fils de Nabuiramnapisti,
« de Dur-Sarkin,
« à 5 sicles d'argent d'intérêt mensuel (2).
« Le 26 aïr, éponymie de Gabbar (667 avant J.-C.). »

Suivent les noms des témoins (3).

Telle est la forme que l'on donnait en Assyrie au *chiro-*

(1) Les textes de quelques-uns de ces documents ont été publiés en fac-simile dans les *Cuneif. inscr. of West. As.* t. III, p. 46 et 47 ; mais il en existe un bien plus grand nombre d'encore inédits dans les collections publiques et privées, principalement au Musée Britannique. M. Oppert a consacré un travail fort remarquable à cette classe spéciale de textes *Les inscriptions commerciales assyriennes,* dans la *Revue orientale et américaine.*

(2) C'est un intérêt annuel de 25 0/0, et tel était le taux normal du loyer de l'argent en Assyrie. La plupart du temps, dans les obligations du genre de celle-ci, où il n'est pas fixé d'échéance de payement, on dit « l'intérêt sera du quart » ; on doit en conclure que lorsque l'échéance n'est pas indiquée, le prêt est fait pour un an.

(3) *Cuneif. inscr. of West. As.* t. III, pl. 47, n° 9.

graphum, rédigé par-devant témoins, qui constituait le titre du créancier sur le débiteur et dont la remise à ce dernier constatait sa libération. Comme dans tous les contrats chaldéo-assyriens, le *dominus negotii*, qui est ici le prêteur, le vendeur dans les actes de vente, le propriétaire dans les contrats de louage, est nommé le premier. C'est une obligation de ce genre que Tobie envoie son fils toucher chez Gabel (1).

B. — Obligation ou mandat du créancier sur le débiteur à courte échéance, avec clause pénale en cas de non-payement :

« Deux talents de cuivre,
« (créance) de Mannu-ki-Arbaïl
« sur Samasakheisallim.
« Celui-ci payera au mois d'ab (2).
« En cas de non-payement
« du tiers
« (la dette) s'accroîtra.
« Le 11 sivan, éponymie de Banbâ (676 avant J.-C.). »

Suivent les noms des témoins (3).

L'échéance ici est à 79 jours.

C. — Obligation garantie par une créance sur un tiers, sur qui l'on aura recours en cas de non-payement :

« Sept sicles d'argent
« (créance) de Mardukabalussur, fils de Mitia,
« sur Mardukabalussur, fils de Segua,

(1) Tob. IV, 21 et 22; cf. IX, 3 et 6.

(2) Cette forme indique une échéance au dernier jour du mois

(3) *Cuneif. insc. of West. As.* t. III, pl. 47, n° 5.

« qui (a créance) sur Rimut-Nabu, fils de Mitia, fils d'Ilanitabni.
« Mardukabalussur (II) payera au mois de douz
« sept sicles d'argent,
« plus trois journées de travail pour les intérêts (1).
« En cas de non-payement par lui,
« la créance sera à faire valoir
« sur Nabuakhidin (2) et Rimut-Nabu,
« qui devront acquitter solidairement.
« Orchoé, le 22 adar,
« l'an 2 de Cyrus, roi de Babylone. »

Suivent les noms des témoins (3).

Le prêt est fait dans cet exemple pour 128 jours.

D. — Obligation portant délégation à un tiers du droit de toucher la créance :

« Trois mines d'argent
« (créance) de Ibbanabal, fils de Pallai, fils de Zupe-Bel,
« sur Samasakhiddin, fils de Mitia.
« Il payera une mine d'argent au mois de tasrit,
« deux mines d'argent au mois de kisiliv.
« Il payera les intérêts, montant à 40 sicles d'argent,
« au mois de sivan.
« Mitiya, fils de Beltabnirar, touchera
« les trois mines.
« Orchoé, le 22 adar,

(1) Ceci semblerait fixer à 7/36 de sicle, ou un peu plus d'un sixième, le prix de la journée de travail.

(2) Ce personnage semble intervenir ici comme donnant sa garantie.

(3) Inédit, Musée Britannique; cité par M. Oppert.

« de l'année de l'avénement de Nabonide,
« roi de Babylone. »

Suivent les noms des témoins (1).

Le payement des intérêts doit avoir lieu par avance soixante-huit jours après la date de l'obligation, le premier remboursement, d'une mine, au bout de deux cent dix-huit jours, et le second, de deux mines, au bout de trois cent huit.

Jusqu'ici je n'ai rien cité qui sorte des variétés naturelles de la simple obligation, de celles qui ont été admises chez tous les peuples, rien qui suffise à justifier ce que j'ai dit plus haut des progrès consommés par les Assyriens et les Babyloniens en matière de crédit et de change. Il n'en sera plus de même avec le cinquième type, dont il me reste à citer des exemples; ici nous allons constater de manière la plus positive la pratique du *cambium trajectitium.*

E. — Mandat de payement tiré d'un lieu sur un autre :

« Quatre mines quinze sicles d'argent
« (créance) de Ardu-Nana, fils de Yakin,
« sur Mardukabalussur, fils de Mardukbalatirib,
« dans la ville d'Orchoé.
« Mardukbalatirib payera
« au mois de tebet
« quatre mines quinze sicles d'argent
« à Belabaliddin, fils de Sinnaïd.
« Our, le 14 arakhsamna,
« l'an 2 de Nabonide,
« roi de Babylone. »

(1) Inédit, Musée Britannique; cité par M. Oppert.

Suivent les noms des témoins (1).

Le mandat est à 76 jours de date. Il constitue incontestablement une lettre de change encore imparfaite dans sa forme, mais en remplissant toutes les conditions essentielles. Car, ainsi que le dit Pothier (2), « la lettre de change se fait par un acte sous signature privée en forme de lettre, adressée par le tireur à celui sur qui elle est tirée, par laquelle le tireur lui mande de payer une telle somme à un tel. » Ici seulement la forme est plutôt celle d'un mandat que d'une lettre, et il n'y a pas de formalité d'acceptation. En ceci, notre document chaldéen se rapprocherait du chèque encore plus que de la lettre de change, s'il n'était pas payable à terme, au lieu de l'être à vue. M. Caillemer a déjà établi, d'après un plaidoyer d'Isocrate, que le commerce attique avait connu et mis en pratique une sorte de lettre de change ou de chèque (3). Elle devait être fort analogue à celle dont nous constatons l'existence dans la civilisation chaldéo-assyrienne. Pourtant ce que dit Isocrate ne laisse entrevoir dans le contrat de change athénien aucune trace de l'intervention des témoins, qui interviennent ici à la création de l'acte, sans doute pour attester l'identité du tireur. Cette précaution particulière était nécessaire en Assyrie et à Babylone, avec un mode d'écriture qui ne permettait pas l'existence d'autographes d'un caractère individuel et reconnaissable ; peu de gens, d'ailleurs, savaient écrire, et la plupart du temps le tireur

(1) Inédit, Musée de Sainte-Irène à Constantinople.

(2) *Traité du contrat de change*, § 30 ; éd. Bugnet, t. IV, p. 483.

(3) *Etudes sur les antiquités juridiques d'Athènes. II Lettres de change et contrats d'assurance*, 1865.

devait avoir besoin de recourir à un scribe pour faire libeller son mandat.

Le genre d'acte dont je viens de citer un exemple portait dans la langue juridique assyrienne le nom de *sipartu*, proprement « missive », de la racine שפר, *sapar*, « envoyer », qui implique essentiellement la notion de remise d'un lieu sur un autre. Dans un recueil de très-antiques formules juridiques dans les deux langues accadienne et assyrienne, nous lisons : « Sa *sipartu* — non payée, — qui reste à envoyer, — contre argent il l'a échangée (1). » Nous apprenons ainsi que ces mandats d'un lieu sur un autre étaient négociables, par la formule même consacrée pour l'acte qui constatait cette négociation ; elle devait, en effet, nécessairement s'opérer par un instrument spécial, puisqu'une impossibilité matérielle empêchait qu'on eût l'idée de la faire par un endossement, rien ne pouvant plus s'ajouter au mandat sur argile après la cuisson de la terre. On remarquera, du reste, que la négociation du mandat contre argent par le tireur complète ici le contrat de change, même en le renfermant dans les termes rigoureux de la définition de Pothier (2) : « un contrat par lequel je vous donne ou je m'oblige à vous donner une certaine somme en un certain lieu, pour et en échange d'une somme d'argent que vous vous obligez de me faire compter dans un autre lieu. »

C'est sans doute pour faciliter la négociation de l'effet à un tiers, que, dans quelques-uns de ceux qui sont parvenus jusqu'à nous, on ne nomme pas de personne chargée de toucher dans la ville habitée par le débiteur. En ce cas,

(1) *Cuneif. inscr. of West. As.* t. II, pl. 13, l. 35-38, *a-b*.

(2) *Traité du contrat de change*, § 2 ; éd. Bugnet, t. IV, p. 473.

bien évidemment tout porteur avait le droit de réclamer le payement contre remise du mandat. En voici un exemple. Je l'emprunte à une tablette inédite faisant partie d'une collection particulière, dont je dois un moulage à l'amitié de M. Heuzey.

« Vingt-cinq sicles d'argent,
« (créance) de Belakheirib, fils de Nabuasir,
« sur Mukinya, fils de Nabuakheiddin,
« dans la ville de Borsippa.
« Celui-ci payera au mois de tasrit (1).
« Cutha, le 11 ab,
« l'an 10 de Nabuchodorossor,
« roi de Babylone. »

Suivent les noms des témoins.

Il est facile de juger d'après ces exemples ce qu'avait encore d'imparfait la forme de lettre de change usitée chez les Assyriens et les Babyloniens. Ainsi, nous n'entrevoyons aucune garantie contre la présentation indue d'un effet de ce genre, perdu ou volé, par quelqu'un qui n'aurait pas eu réellement droit de le toucher. L'absence d'acceptation et d'endossement était également un grave inconvénient; mais nous avons vu qu'on y remédiait en partie par le moyen d'un acte spécial constatant la négociation de l'effet et donnant, par suite, au preneur de la lettre de change, un moyen de recours contre le tireur en cas de non-payement, acte qui devait être annulé de plein droit par le payement. Il est probable que le tiers porteur était obligé à en remettre l'instrument, en même temps que le mandat lui-même, à celui sur qui il était tiré.

(1) Le mandat est à 79 jours de date.

Quoi qu'il en soit, il y a quelque chose de singulier au premier abord et de tout à fait inattendu dans cette constatation de l'existence d'une forme de la lettre de change avant l'invention de la monnaie, quand les métaux servant d'instruments aux échanges et de commune mesure de la valeur des choses circulaient encore à l'état de simple marchandise (1). Pourtant, si l'on réfléchit aux conditions particulières dans lesquelles s'opérait le commerce des Assyriens et des Babyloniens, on se rend compte de ce phénomène d'abord étrange, on comprend les causes qui ont dû conduire ces peuples, de meilleure heure que les autres, à inventer le contrat de change. Le commerce de l'Assyrie et de Babylone était forcément, par suite de la situation géographique de ces contrées, un commerce de terre, qui se faisait par voie de caravanes et dans presque toutes les directions avait à traverser des déserts infestés de nomades pillards. Dans ces conditions, une des premières préoccupations des négociants a dû être la recherche des moyens d'éviter les transports lointains d'argent. Tout en faisait une loi, le caractère encombrant du numéraire métallique, le nombre de bêtes de somme qui devenaient nécessaires

(1) Le fait paraît encore plus singulier si l'on mesure le recul qu'à ce point de vue les usages des Romains présentent, en regard de ceux de l'antique civilisation du bassin de l'Euphrate et du Tigre. En effet, si un passage des lettres de Cicéron (*Epist. ad Attic.* XII, 24, 1 ; cf. XV, 15, 5 ; *Epist. ad fam.* II, 17, 4) paraît impliquer la connaissance du contrat de change dans la Rome républicaine, le Digeste établit que l'usage en était du moins bien peu répandu aux temps impériaux. La loi 24 du titre *De nautico foenore* montre les prêteurs à la grosse aventure envoyant leurs esclaves au port d'arrivée pour recevoir, sur le prix de la vente des marchandises, le remboursement des sommes prêtées à l'armateur. Mais c'était aussi sur les usages du commerce athénien que semblable pratique constituait un recul considérable.

pour en porter de grandes quantités, aussi bien que l'insécurité des routes. Aussi, dès qu'il y a eu un créancier et un débiteur aux deux extrémités d'une ligne de caravanes, l'idée première du contrat de change a dû germer dans l'esprit du créancier. Ceci est tellement vrai, que c'est le renouvellement des mêmes conditions qui l'a fait reparaître après un long oubli, aux débuts du moyen âge, alors que les Juifs et les négociants italiens, en présence des difficultés du transport du numéraire et des risques sans nombre auxquels il était exposé, ont réinventé la lettre de change, mais sous une forme plus parfaite, celle qui s'est transmise jusqu'à nous.

6. Le tableau si vivant qu'Ezéchiel, dans ses prophéties contre Tyr, nous trace du commerce des Phéniciens, fait voir qu'il avait deux formes et comme deux faces.

D'un côté, les opulentes cités chananéennes entretenaient avec tous les pays civilisés de l'Asie antérieure un vaste négoce terrestre, par voie de caravanes. Ce commerce devait avoir bien évidemment les mêmes habitudes, les mêmes pratiques, les mêmes façons de procéder que celui que nous venons d'étudier chez les Assyriens, précisément au temps des prophètes d'Israël. Il est certain qu'il employait de même, comme instruments d'échange, les métaux, encore sous forme de lingots. Et lorsqu'on voit les Assyriens pratiquant le contrat de change, il n'est pas possible de supposer qu'il ait été inconnu à de plus grands commerçants qu'eux; le peuple que le désir de simplifier ses écritures commerciales avait conduit à l'invention de l'alphabet devait avoir, lui aussi, sa forme de lettre de change ou de chèque, dispensant des transports d'argent.

D'un autre côté, les Phéniciens entretenaient par mer un commerce bien plus vaste encore. C'était leur grande originalité et la principale source de leur richesse. Le rôle de marins était celui auquel la nature et la situation de leur pays les destinaient presque forcément. Placée à l'extrémité du continent asiatique, sur les rivages de la grande mer qui la mettait en communication directe avec l'Afrique et l'Europe, la Phénicie se trouvait appelée par une disposition providentielle à servir d'entrepôt entre l'Orient et l'Occident. Aussi ce fut d'abord uniquement par ses flottes que, pendant de longs siècles, l'Asie, l'Europe et l'Afrique communiquèrent entre elles.

La nature et les procédés du commerce primitif que les Phéniciens entretinrent par la voie de mer peuvent se reconstituer d'une manière certaine. Les peuples avec lesquels ils allaient trafiquer étaient encore tout à fait sauvages, sans aucune industrie, dans l'état où les premiers navigateurs européens trouvèrent les indigènes de l'Océanie. D'un autre côté, les Chananéens maritimes étaient industriels presque autant que commerçants; ils avaient perfectionné au plus haut degré les procédés de certains arts. Les produits de leur métallurgie sont vantés dans les textes égyptiens dès l'époque de la XVIIIe dynastie. Leurs tissus étaient célèbres dans tout le monde antique. Certaines teintures, comme celle de la pourpre, constituaient dans leurs mains un monopole sans partage. Leurs verreries, dont nous possédons d'assez nombreux échantillons, égalaient celles que Venise a fait sortir de ses ateliers au moyen âge. Ils n'étaient donc pas seulement les courtiers des grandes nations civilisées et industrielles entre lesquelles ils se trouvaient placés, les Égyptiens et les Assyriens. Ils fabriquaient beaucoup par eux-mêmes, et ils avaient leurs propres produits à écouler par les débouchés que créait sans cesse leur activité de marins.

Dans ces conditions, leur commerce se faisait tout entier par échange direct. C'était le troc pur et simple, tel qu'il se pratique encore sur la côte d'Afrique. Les Phéniciens allaient, d'abord dans la Grèce, puis dans l'Espagne, dans la Gaule, dans l'Italie, dans la Libye, toutes encore barbares; plus tard, dans les Iles-Britanniques, et pendant un temps dans l'Inde. Là, ils recevaient des habitants les métaux, les bois, les diverses matières premières naturelles que chacun de ces pays pouvait leur fournir. En retour, ils donnaient des produits manufacturés, instruments de métal, tissus, poteries, verres, dont leur contact avait répandu la connaissance et fait sentir le besoin aux populations, déjà déshabituées par eux des procédés et des coutumes trop rudimentaires de l'âge de la pierre, mais encore incapables de fabriquer par elles-mêmes.

C'est ainsi que s'explique ce phénomène que les Phéniciens, ces grands négociants au rôle desquels les Vénitiens, les Hollandais et les Anglais eux-mêmes dans les temps modernes ne peuvent être qu'imparfaitement comparés, après avoir été amenés par les besoins de leur tenue de livres et de comptes courants à simplifier l'écriture, qu'ils avaient reçue des Égyptiens, et à inventer l'alphabet, ne parvinrent pas à l'invention corrélative, celle de la monnaie. Pendant bien des siècles, ils n'en ressentirent pas la nécessité, qui ne devait se produire que dans un commerce de civilisés à civilisés et non de civilisés à sauvages, et ils laissèrent à d'autres la gloire de cette autre grande invention, qui ne devait pas avoir de moins immenses et de moins féconds résultats.

§ 2. — Les inventeurs de la monnaie.

1. Le lexicographe Pollux, dont les informations sont en général d'une remarquable sûreté, qui a puisé aux meilleures sources et qui, d'une foule d'auteurs aujourd'hui perdus, a su tirer tant de renseignements en faisant un choix souvent fort judicieux dans ses autorités, le lexicographe Pollux, en présence des données contradictoires qu'il lisait chez les historiens anciens, dit qu'il est bien difficile « de résoudre la question de savoir si Phidon l'Argien a été le premier à frapper monnaie ou si ce sont les Lydiens (1). » Nous éprouvons encore aujourd'hui le même embarras.

En effet, il existe dans l'antiquité deux traditions divergentes sur l'invention de la monnaie, toutes deux ayant pour elles des autorités du plus grand poids.

Pour les uns, les premières monnaies furent celles que Phidon, roi d'Argos, fit frapper, au type de la tortue, dans l'île d'Égine, dont il était le maître. C'est la donnée qu'adoptait Éphore, suivi par Strabon (2), que reproduisent d'après d'autres sources Élien (3), la Chronique de Paros (4) et un bon nombre d'écrivains plus ré-

(1) Τὸν ἐπὶ τῷ νομίσματι λόγον ἐπιζητεῖν, εἴτε Φείδων πρῶτος ὁ Ἀργεῖος ἔγραψε νόμισμα, εἴτε Λυδοί: Poll. IX, 83.

(2) VIII, p. 376.

(3) *Var. hist.* XII, 10.

(4) Epoch. 31.

cents (1) ; c'est celle qui avait le plus généralement cours en Grèce. La réalité historique du monnayage d'argent de Phidon à Égine et du fait qu'il avait été le premier dans la Grèce européenne, était attestée jusqu'à une époque tardive par la conservation d'une offrande faite à l'Héræum par le célèbre roi d'Argos. C'était une certaine quantité de lingots d'argent de forme allongée et sans empreinte, appelés ὀβελίσκοι, tels qu'ils servaient avant lui aux échanges parmi les Grecs ; il les avait dédiés en souvenir de son invention (2).

Mais, d'un autre côté, Hérodote (3) dit : « Les premiers « parmi les hommes, à notre connaissance, les Lydiens « ont frappé des monnaies d'or et d'argent. » Xénophane de Colophon affirmait le même fait (4), et les pièces d'or de Gygès, Γυγάδας χρυσὸς, étaient connues comme une monnaie antique des auteurs qu'extrayait Pollux (5), au même titre que les statères de Crésus, Κροίσειοι στατῆρες.

On est en droit aujourd'hui d'affirmer que ces deux traditions ont une base réelle et se rapportent à deux faits distincts : la fabrication de la première monnaie d'or par les rois de Lydie (pour être exact, Hérodote aurait dû se borner à dire χρυσοῦ νόμισμα) et celle de la première mon-

(1) Poll. *Onomast.* IX, 83 ; Eustath. *ad Iliad.* p. 604 ; Schol. *ad* Pind. *Olymp.* XIII, 27.

La donnée de l'article εὐβοϊκὸν νόμισμα, dans le Grand Etymologique, est misérable à force d'erreurs et de confusions ; on y fait le poids euboïque identique à l'éginétique ; on y transforme l'Eubée en un village de l'Argolide et la monnaie de Phidon en une monnaie d'or.

(2) Etym. Magn. *v.* ὀβελίσκος.

(3) I, 94.

(4) Poll. IX, 83.

(5) III, 87.

naie d'argent à Égine par les ordres de Phidon. Ce dernier fait se rattache à l'établissement du premier système complet et régulier de poids et mesures que l'on ait vu dans le Péloponnèse, institution capitale dont l'honneur est unanimement attribué à Phidon par tous les historiens antiques, même par Hérodote (1). Mais, de ces deux fabrications monétaires, à laquelle appartient la priorité? Où, par suite, l'invention de la monnaie a-t-elle été réellement consommée? La plupart des érudits modernes ont admis les prétentions des Éginètes (2), mais plus récemment celles des Lydiens ont trouvé des avocats convaincus dans MM. Georges Rawlinson (3) et Barclay Head (4). Il est nécessaire de nous arrêter quelques moments à l'examen de cette importante question.

(1) Herodot. VI, 127 ; Poll. IX, 179 ; Plin. *H. N.* VII, 56 ; Isid. *Orig.* XVI, 24.

Le Scholiaste de Pindare (*ad Olymp.* XIII, 27) dit que « Phidon l'Argien inventa les mesures des Corinthiens ». Quelques érudits en ont conclu à une domination temporaire de ce prince sur Corinthe, où il aurait introduit les mêmes mesures qu'à Argos et à Egine. Mais, au moins pour les monnaies, les Corinthiens employaient un tout autre système que celui de Phidon ; ils suivaient le poids euboïque au lieu du poids éginétique (voy. livre VI, chap. III, § 3). Il doit donc y avoir ici une confusion de personnes. Le même Scholiaste qualifie ailleurs (*ad Olymp.* XIII, 20) de Corinthien le Phidon organisateur des poids et mesures ; or, Aristote (*Rep.* II, 3, 7) parle d'un Phidon de Corinthe, législateur dans cette ville et distinct de son homonyme d'Argos.

(2) Voy. Ottfr. Müller, *Æginetica*, p. 57.

(3) *On the invention of coining and the earliest specimens of coined money*, à la fin du tome Ier de sa traduction anglaise d'Hérodote.

(4) *Numismatic chronicle*, nouv. sér. t. XV, p. 251 et s.

2. Ce qui la rend tout d'abord particulièrement obscure, c'est que nous manquons d'un des éléments chronologiques essentiels à sa solution. D'après toutes les vraisemblances historiques et d'après les données recueillies par Pollux au sujet des pièces d'or de Gygès, la constitution du monnayage royal de la Lydie a dû coïncider assez exactement avec l'avénement de la dynastie des Mermnades au trône de ce pays, dans la première partie du VIIe siècle avant l'ère chrétienne, et la date de ce dernier événement est désormais assez bien établie par la comparaison des données des inscriptions cunéiformes assyriennes avec celles des récits grecs (1). Mais il n'en est pas de même de l'époque de Phidon d'Argos. Ici nous sommes en présence de difficultés presque inextricables pour arriver à une détermination de date.

La Chronique de Paros (2) et la Chronographie de George le Syncelle font de Phidon le contemporain d'Iphitus et de Lycurgue. Le premier de ces documents le met en 895 avant Jésus-Christ, et même, en corrigeant son calcul d'après la date d'Ératosthène pour la prise de Troie, on trouverait toujours 869 pour l'époque indiquée. C'est manifestement reculer le roi d'Argos dans un passé trop lointain. Éphore (3) et Pausanias (4) le rapprochent de nous de plus d'un siècle, en le plaçant à la VIIIe olympiade (748 av. J.-C.) ; et ceci correspond assez bien avec le résultat que donnerait la comparaison de deux récits de

(1) Voy. la remarquable dissertation de M. H. Gelzer, *Das Zeitalter des Gyges*, publiée en 1874.

(2) Epoch. 31.

(3) *Ap.* Strab. VIII, p. 358.

(4) VI, 22, 2.

Plutarque (1) et du Scholiaste d'Apollonius de Rhodes (2), qui semblent imposer l'obligation de considérer Phidon comme un peu antérieur à la fondation de Syracuse par les colons corinthiens, en 734 avant Jésus-Christ. Partant de ces données, Bœckh (3), Ottfried Müller (4), Clinton (5) et Grote (6) ont considéré le prince argien comme appartenant au milieu du VIIIe siècle, ce qui le ferait notablement antérieur à l'avénement de Gygès en Lydie. Mais Weissenborn (7), par des arguments très-forts empruntés principalement aux lignes générales de l'histoire de la Grèce, a cherché à prouver qu'il fallait encore faire descendre Phidon de près d'un siècle, jusqu'aux environs de 660 avant Jésus-Christ (8) ; et c'est ce système qu'adopte M. E. Curtius (9). S'il est exact, Phidon se trouverait postérieur à Gygès. On voit ainsi que ce n'est pas la chronologie historique qui peut, dans son état actuel d'incertitude, nous fournir un élément sûr pour fixer la priorité d'Égine ou de la Lydie en matière de monnayage.

(1) *Amat. narrat.* 2.

(2) IV, 1212.

(3) *Ad. Corp. inscr. graec.* n° 2374.

(4) *Æginet.* p. 63.

(5) *Fasti hellenici*, t. I, p. 248 et s.

(6) *History of Greece*, 2e édit. t. II, p. 423 et s.

(7) *Beiträge zur Griechischen Alterthumskunde*, p. 18.

(8) Ceci s'accorderait avec les indications d'un passage d'Hérodote (VI, 127), où d'autres ont vu une confusion entre Phidon, l'organisateur des poids et mesures, et un second roi d'Argos homonyme, de date postérieure (O. Müller, *Dorier*, t. II, p. 113 et s.).

(9) *Griechische Geschichte*, t. I, p. 206-209.

3. L'argument tiré de la priorité de l'Asie sur la Grèce dans la plupart des inventions, argument décisif en d'autres cas, ne saurait être invoqué ici avec la même autorité en faveur de la Lydie. En effet, nous venons de le voir, l'Asie ancienne ne connaissait pas la monnaie revêtue d'une empreinte officielle, la monnaie seule complète et digne de ce nom. Il s'agit d'une invention étrangère à ses traditions. Dès lors, si l'on peut invoquer dans un sens le rôle initiateur par lequel la civilisation lydienne exerça tant d'action sur les débuts de la culture hellénique, on est en droit d'objecter, en matière de monnaie, que l'influence toute-puissante des exemples asiatiques sur la Lydie serait plutôt contraire à ses prétentions.

En même temps, il semble qu'il y ait à tirer un argument de quelque poids en faveur de la priorité d'Égine, de l'originalité complète de son système monétaire. En dépit des efforts de Brandis et de M. Barclay Head pour l'y rattacher, le statère d'argent de 12 gr. 60, qui sert de base au monnayage d'Égine, ne peut pas être ramené à une dérivation du système de poids babylonien (voy. livre VI, chap. II, § 3), source de tous ceux de l'Asie Mineure et de la Phénicie, et par suite de tous les autres étalons monétaires de la Grèce (livre VI, chap. II, § 2). C'est un étalon complétement national et *sui juris*, et c'est aussi le systène éginétique qui a introduit dans l'échelle des divisions monétaires des Grecs celles de la drachme et de l'obole, inconnues à l'Asie, où le statère ou sicle se divisait autrement. Ce système pondéral et monétaire d'Égine, et ceci contribue encore à le caractériser comme le système indigène par excellence des Hellènes, est celui qui prévaut d'abord dans toute la Grèce européenne, celui d'après lequel on mesure le poids des métaux précieux à Athènes jusqu'à la réforme de Solon (voy. livre VI, chap. III, § 3). Les colonies chalcidiennes de l'Italie, les plus anciennes colonies grecques de cette région, avaient emporté avec elles de la mère-patrie, au moment de leur fondation, le système du poids éginétique, d'après lequel elles ont ensuite fabriqué leurs monnaies.

Il paraît assez probable que si Égine avait imité des monnaies antérieurement frappées en Asie Mineure, elle aurait rattaché ses poids à l'un des courants sortis de la source babylonienne, comme le sont tous les systèmes monétaires qui ont plus tard supplanté l'éginétique dans les différentes parties de la Grèce. Ainsi l'originalité de l'étalon monétaire d'Égine paraît en faveur de la tradition qui le fait remonter à Phidon et qui représente ce prince comme antérieur à l'avénement des Mermnades en Lydie.

Nous avons des indications positives sur l'existence d'un système de mesures de longueur, absolument indigène et indépendant de la source asiatique, dans le Péloponnèse, à une époque fort ancienne. C'est celui qui procède par pied, pas (ὄρεγμα) et corde (σχοῖνος), dont l'usage fut emporté en Italie par les Parthéniens de Sparte, fondateurs de Tarente en 708 avant Jésus-Christ, et qui est encore employé dans les Tables d'Héraclée (1). Brandis (2) a supposé que l'œuvre de Phidon avait consisté à y substituer le système, d'origine babylonienne, de la coudée, du plèthre et du stade; mais il est plus vraisemblable d'admettre qu'elle fut une réforme et une régularisation de l'ancien système indigène, auquel devaient se rattacher

(1) *Corp. inscr. graec.* t. III, p. 711.

(2) P. 25.

des poids également originaux, que nous retrouverions dans le statère et la drachme d'Égine (1).

Cependant il faut reconnaître que l'indépendance de l'étalon monétaire d'Égine par rapport à la source asiatique ne constitue réellement qu'une certaine présomption en faveur de la priorité du monnayage de cette île sur celui de la Lydie, non une preuve absolue. Car Phidon a pu, tout en copiant une invention des monarques lydiens, ne pas tailler ses monnaies sur le modèle des leurs et les régler d'après la mesure pondérale dont on se servait avant lui dans le Péloponnèse pour les métaux précieux servant aux échanges sous forme de lingots.

4. Nous ne trouvons donc aucune raison décisive pour trancher la question des inventeurs de la monnaie entre les Lydiens et les Éginètes, sans recourir aux monuments numismatiques eux-mêmes. L'étude de ceux-ci nous confirme tout d'abord la haute valeur des deux traditions entre lesquelles on hésite. Il est incontestable qu'aucune des séries monétaires de l'antiquité ne présente de spécimens aussi anciens que ceux qui forment la tête de la suite des pièces d'argent d'Égine et de celle des pièces d'électrum des rois de Lydie. Que l'on prenne d'un côté les statères d'argent au type de la tortue de mer, dont le poids s'élève un peu au-dessus de 12 gr. 60 et dont le flan, au lieu d'être plus ou moins circulaire, a encore la forme allongée des ὀβελίσκοι de l'âge antérieur (2) (voy. livre VI,

(1) Le multiple primitif en était probablement le *pelanor*, que nous retrouverons à Sparte (livre II, chap. II, § 2).

(2) Voy. le spécimen gravé dans Mionnet, *Suppl.* t. III, pl. XVIII, nº 5.

chap. III, § 3), de l'autre les premières monnaies d'électrum lydiennes, en forme de lingot ovoïde un peu aplati sur les côtés, qui n'ont pas encore de type au droit, mais seulement une surface striée, et dont le revers offre, profondément marquée en creux, l'empreinte de trois poinçons régulièrement disposés, dans l'un desquels on distingue le renard du grand dieu de la Lydie, Bassareus (1) (voy. livre VI, chap. III, § 1), il n'y a pas moyen de douter qu'avec ces pièces on ne se trouve en présence des monuments vraiment primitifs de l'art du monnayage. Les uns et les autres appartiennent sans contestation à la première moitié du VIIe siècle avant l'ère chrétienne. Qu'ils soient d'Égine ou de Lydie, ils dépassent en antiquité les plus vieilles monnaies de toutes les autres contrées. Mais on éprouve encore une certaine hésitation quand il s'agit de décider, entre les deux groupes de pièces, quel est le plus ancien. Le flan, ou, pour parler plus exactement, le lingot de l'électrum lydien est fondu avec une forme bien plus régulière que celui des statères d'argent éginètes; les poinçons du revers des pièces de Gygès sont gravés plus finement et d'un art plus avancé, plus maître de lui-même, que celui du coin des pièces de Phidon. Les plus anciennes espèces d'Égine ont donc une apparence de grossièreté primitive qui pourrait, au premier abord, induire à croire qu'elles ont précédé celles de la Lydie. Mais il est difficile de s'arrêter à cet aspect plus grossier, à ces indices d'un art moins sûr, car il suffit pour l'expliquer de l'avance incontestable qu'à cette période historique l'Asie Mineure avait sur la Grèce proprement dite, en fait de civilisation et de culture des arts.

(1) *Num. chron.* n. s. t. XIV, pl. VII, n° 1, et VIII, n° 1 ; F. Lenormant, *Monnaies royales de la Lydie*, pl. n°s 1 et 2.

Ce qui est plus grave, ce qui doit primer les considérations de grossièreté plus ou moins grande dans l'exécution artistique, c'est que les pièces qui ouvrent la série royale de Lydie sont, bien moins complétement que celles qui commencent la série d'Égine, des monnaies remplissant toutes les conditions qui constituaient dans l'antiquité la forme extérieure du numéraire. Elles représentent la transition même entre l'ancienne forme de la circulation métallique de l'Asie par des lingots de poids exact, mais sans empreinte officielle, et la monnaie proprement dite. Ce sont encore des lingots, des pastilles d'or, φθοῖδες χρυσοῦ, comme celles que plus tard on conservait à côté du numéraire monnayé dans les caisses du trésor public d'Athènes (1), mais des lingots poinçonnés par l'autorité publique de manière à leur donner cours légal, en garantissant leur poids et leur titre. Au point de vue économique, c'est donc déjà de la monnaie; ils en ont les caractères essentiels. Mais, au point de vue de la forme et des procédés de fabrication, l'invention du coin-matrice donnant un type en relief (voy. livre II, chap. III, § 1) constituera un progrès capital, qui reste encore à accomplir et qui ouvrira une nouvelle période dans l'histoire du monnayage. Toute monnaie qui offrira la réalisation de ce progrès devra, quelle que soit la rudesse de son travail, être considérée comme postérieure, puisqu'elle appartiendra à un nouveau stage de l'art du monnayeur. Or, tel est le cas des plus anciens statères d'argent d'Égine. Bien que plus irréguliers de forme, ils sont plus formellement des monnaies, puisqu'au poinçon en creux du revers ils opposent le type en relief produit par le coin-

(1) *Corp. inscr. graec.* n° 219; Bœckh, *Staatshaushalt. d. Athen.* 2e édit. t. II, p. 76.

matrice, encore inconnu au temps de la fabrication de l'électrum de Gygès.

A en juger donc par les monuments numismatiques tels que nous les possédons actuellement (et sous réserve des changements que de nouvelles trouvailles pourraient apporter à ces conclusions), c'est Hérodote qui semble avoir raison quand il rapporte aux Lydiens la gloire de l'invention de la monnaie. Là, comme en tant d'autres choses, parmi les Grecs le père de l'histoire a été le mieux informé. Quant à Phidon d'Argos, dans l'établissement de son atelier à Égine, le mérite qui paraît devoir lui être reconnu, c'est d'avoir le premier en Grèce apprécié la valeur de l'invention que les Mermnades venaient de consommer en Lydie, et d'avoir ainsi doté la Hellade de sa première monnaie nationale. C'est aussi d'avoir été le premier à monnayer l'argent, tandis que l'Asie Mineure n'avait encore frappé de pièces que dans cet alliage naturel d'or qu'on appelait l'électrum (voy. livre II, chap. I, § 3). Par là il contribua beaucoup à populariser et à répandre l'usage de la monnaie, puisqu'en lui permettant de représenter de plus minimes valeurs il l'associa davantage aux habitudes de la vie, en même temps qu'il créait la forme de numéraire qui demeura toujours pour les Grecs l'étalon de la valeur des choses (voy. livre II, chap. I, § 2), le numéraire d'argent.

Du reste, il y a sans doute un sérieux intérêt à rechercher lesquels, des Lydiens ou des Éginètes, ont été les véritables inventeurs de la monnaie. Mais dans l'une ou l'autre hypothèse, et même en admettant, comme nous le faisons, que ce sont les habitants de la Lydie qui ont eu ici la priorité sur ceux de la Grèce, le fait essentiel, ressortant des monuments comme des textes, reste le même en ce qui touche à la question de savoir la part que les grandes races de l'humanité ont eue à la création des institutions fondamentales de la civilisation. Ce n'est qu'entre deux peuples presque frères, deux peuples de la race hellénopélasgique, qu'il peut exister une dispute sérieuse pour l'honneur d'avoir inventé la monnaie. Cette invention si grande et si féconde, qu'elle ait eu Sardes ou Égine pour berceau, après avoir été inconnue à l'Égypte et aux civilisations plus anciennes de l'Asie sémitique ou aryenne, a pris naissance dans la culture qui s'est formée autour de la Mer Égée ; elle en a été une des créations les plus originales, une des contributions les plus précieuses que cette culture, qui devait atteindre quelques siècles plus tard son point culminant d'éclat dans la Grèce, a fournies à la civilisation générale de l'espèce humaine.

§ 3. — Propagation de l'usage de la monnaie.

1. De ses deux foyers primitifs de la Lydie et d'Égine, l'usage de la monnaie, une fois inventé, rayonna rapidement dans toutes les parties du monde hellénique : de la Lydie dans les villes grecques qui jalonnaient la côte occidentale de l'Asie Mineure (livre VI, chap. III, § 1), et de là, en franchissant la mer, sur le littoral de la Thrace et de la Macédoine (livre VI, chap. III, § 2); d'Égine dans toutes les parties de la Grèce continentale (livre VI, chap. III, § 3). Dès le milieu du VIe siècle, il n'y avait pas un pays où les Grecs fussent établis, dans lequel ils ne possédassent leur monnaie.

C'est des rois lydiens, qu'ils venaient de détrôner,

que les Perses Achéménides prirent le modèle de leurs dariques (livre VI, chap. III, § 1). Au reste, l'usage de la monnaie ne se propagea que fort imparfaitement dans les provinces intérieures de l'empire (livre VI, chap. IV, § 2). Tant que régnèrent les Achéménides, la monnaie fut surtout répandue, parmi les contrées soumises à leur sceptre, dans celles qui entretenaient avec les Grecs des rapports journaliers. Dans les provinces plus reculées au milieu des terres, l'emploi du numéraire monnayé s'était très-incomplétement naturalisé, et la masse principale des métaux servant aux échanges circulait toujours au poids, à l'état brut, comme du temps des empires plus anciens de Ninive et de Babylone. Ainsi, tandis que le Lydien Pythès, tyran de Célènes, possédait, au rapport d'Hérodote (1), 3,993,000 dariques d'or (équivalant à 13,310 talents d'argent de poids persique ou 9,982 1/2 de poids lydo-phénicien) et seulement 2,000 talents (sans doute de poids lydo-phénicien) d'argent en lingots, dans le trésor royal de Suse, Alexandre trouva une valeur de 40,000 talents d'argent en métaux bruts et seulement une valeur de 9,000 talents d'argent en monnaie d'or (2). C'est en grande partie pour les services gouvernementaux, particulièrement pour la destination spéciale de la solde militaire, qu'ont été frappées les monnaies royales des Achéménides, l'or pour l'armée de terre et l'argent pour la flotte, car des textes et d'autres indications positives nous apprennent que chacun des deux métaux était affecté d'une manière spéciale au service de l'armée et de la ma-

(1) VII, 28.

(2) Diod. Sic. XVII, 66 ; cf. Brandis, p. 249, note 9.

rine (1), composées presque entièrement de mercenaires ou de simples vassaux, dont il fallait s'assurer la fidélité par de gros gages.

Chez les Phéniciens, d'après les monuments parvenus jusqu'à nous, les émissions monétaires les plus anciennes semblent commencer vers le temps des guerres médiques (livre VI, chap. IV, § 2), lorsque les relations maritimes avec les contrées grecques, quelque temps ralenties, reprirent un caractère plus fréquent.

En Égypte, le premier qui battit monnaie, et cela pour l'usage des commerçants grecs et phéniciens de Memphis et de Naucratis, non pour celui des indigènes, puisqu'i s'agissait d'espèces d'argent et que le peuple égyptien, jusque sous les Lagides (livre VI, chap. VI, § 1), conserva l'antique habitude nationale du cuivre compté en outens pondéraux, le premier qui battit monnaie fut le satrape Aryandès, que Darius punit de mort dans des circonstances encore assez obscures, mais ayant trait à son monnayage (voy. livre III, chap. I, § 1).

2. En Italie, ce fut aussi l'influence des Grecs et de leurs nombreux établissements qui fit connaître et adopter par les peuples indigènes l'emploi du signe monétaire dans leurs opérations de négoce. Les premiers essais de monnayage des Etrusques paraissent dus à l'imitation de pièces de l'Asie Mineure et aux relations avec la colonie grecque

(1) F. Lenormant, *Monnaies royales de la Lydie*, p. 33. — Les textes relatifs à la paye en or des troupes de terre sont : Xenoph. *Anabas.* I, 3, 21 ; V, 6, 23 ; VII, 6, 1. — Pour la fabrication de pièces d'argent en vue de l'objet spécial du payement de la flotte, voy. livre VI, chap. IV, § 2.

de Pise; mais la constitution définitive d'une monnaie d'or et d'argent, accompagnée d'un *aes grave signatum* coulé, n'eut lieu dans l'Etrurie que sur le modèle de ce qui se faisait chez les Grecs de Sicile et dans le siècle qui suivit la collision des deux flottes étrusque et syracusaire sous Hiéron Ier (livre VII, chap. II, § 2). L'*as libralis* romain est une imitation de l'*aes grave* étrusque, avec une certaine influence de l'art monétaire des Grecs de Cumes et de la Sicile (livre VII, chap. II, § 3).

Les colonies grecques portèrent jusqu'au fond du Pont-Euxin l'usage de la monnaie; mais il ne paraît pas s'être jamais beaucoup généralisé parmi les peuples barbares de ces contrées (livre VI, chap. VIII, § 1). Dans tout le bassin du Danube, le monnayage des nations indigènes se compose d'imitations grossières des monnaies grecques qu'y apportait le commerce, principalement de pièces de Philippe de Macédoine ou d'Alexandre le Grand et de tétradrachmes de l'île de Thasos (livre VI, chap. VIII, § 2). En Gaule également, la fabrication monétaire commence par des copies de pièces grecques introduites par la voie de Massalie ou de celles que fabriquaient les colonies helléniques de Rhoda et d'Emporiæ, dans le nord de l'Espagne; l'imitation des deniers romains s'y joint ensuite (livre VI, chap. VIII, § 4).

Quant aux Carthaginois, c'est seulement le contact prolongé avec les Grecs de Sicile qui les décida à fabriquer des monnaies et à en adopter l'usage, étranger aux traditions antiques de la Phénicie, leur mère-patrie. Leurs premières pièces furent frappées en Sicile, d'après les systèmes monétaires siciliens, pour circuler exclusivement dans l'île et y subvenir aux nécessités militaires (livre VII, chap. I, § 1). Même après la création de ce monnayage siculo-punique, il se passa un certain temps encore avant que Carthage en vînt à émettre sur le continent africain une monnaie, taillée d'après le système pondéral qu'elle devait à ses fondateurs phéniciens (livre VI, chap. VII, § 1).

A l'orient et au sud de l'Asie, dans la Bactriane et dans l'Inde (livre VI, chap. v, § 3), ce furent les conquêtes d'Alexandre qui portèrent, avec la civilisation grecque, l'usage de la monnaie ; nulle trace d'un semblable procédé d'échange ne se révèle dans ces pays avant l'arrivée des Grecs, et les monnaies nationales se rattachent par des signes incontestables aux modèles que les artistes hellènes avaient laissés, aussi bien qu'aux systèmes monétaires de la Grèce. La monarchie des Séleucides (livre VI, chap. v, § 2) et son influence propagèrent l'art monétaire dans la Characène, dans une portion de l'Arabie (livre VI, ch. v, § 4) et dans tout l'empire des Parthes (livre VI, ch. v, § 4). Les Sassanides, qui succédèrent à ces derniers, entèrent à leur tour leur monnaie sur celle des Parthes (livre VII, chap. v, § 1). Les Hébreux, du temps des Asmonéens, subirent l'impulsion commune, tout en accommodant les types à leurs préceptes religieux (livre VI, chap. v, § 5).

Enfin l'influence romaine étendit l'usage de la monnaie à des pays où les Grecs ne l'avaient pas propagé (livre VII, chap. IV, § v, et chap. v, § 1) et prépara ainsi le monnayage des peuples modernes (livre VII, ch. VI, § 3 et 4).

Telle est, en peu de mots et à grands traits, l'histoire sommaire de la propagation de la monnaie chez les peuples anciens, histoire dont le développement formera la seconde partie de cet ouvrage. On voit que tout s'y rattache à une origine commune, au berceau que nous avons été amenés à chercher dans un des pays habités par la race hellénopélasgique et entourant la Mer Égée, en Lydie ou dans l'île d'Egine. La monnaie, comme l'alphabet, est une de ces inventions qui ont été faites une seule fois, sur un point déterminé de la surface terrestre, par un peuple plus ingénieux que les autres, qui ont rayonné d'un centre unique dans toutes les directions et dont la diffusion peut se suivre pas à pas d'une manière certaine et complète. Du moins, la Chine seule fait exception à l'universalité du fait que nous formulons. Dans son lointain isolement, elle s'est créé à elle-même sa forme particulière de monnaie, sans paraître rien devoir à l'exemple d'autres peuples ; et, de bonne heure, elle l'a propagée dans les pays qui subissaient docilement son influence, comme le Japon et la Corée (voy. le chapitre unique du livre VIII). Mais la Chine est un monde à part et historiquement comme une autre humanité, qui a créé et développé sa civilisation d'une manière indépendante, en inventant de son propre fond tout ce qui était nécessaire à sa vie. Elle est étrangère au cycle de l'antiquité dont nous sommes les héritiers.

LIVRE II

LA MATIÈRE DANS LES MONNAIES ANTIQUES

CHAPITRE PREMIER

LES TROIS MÉTAUX MONÉTAIRES CHEZ LES ANCIENS

§ 1. — Rapports de valeurs de l'or, de l'argent et du cuivre.

1. Dans l'antiquité, comme de nos jours, les trois métaux adoptés partout, d'un commun accord, comme instrument principal des échanges et signe représentatif de la valeur des denrées, étaient l'or, l'argent et le cuivre. Aussi les magistrats monétaires étaient-ils, à Rome, désignés par le titre de *tresviri auro, argento, aere* (1) *flando feriundo* (voy. livre III, chap. III, § 2), titre indiqué constamment sur les monnaies et dans les inscriptions par l'abréviation IIIVIR· A· A· A· F· F· (2). De là aussi le type des *trois Monnaies* (voy. livre I, chap. II, § 5), personnifiées par trois femmes, tenant chacune la corne d'abondance d'une main et une balance de l'autre, chacune ayant à ses pieds une masse de métal, type qui se reproduit sous presque tous les empereurs romains, à partir du règne de

(1) *Tresviros vites censeo, audio capitales esse; mallem auro, aere, argento essent :* Cic. *Epist. fam.* VII, 18. — *Aes, argentum aurumve publice signanto :* Cic. *de Leg.* III, 3, 7.

(2) Eckhel, *D N*, t. V, p. 61; Mommsen, *M R*, t. II, p. 45.

Commode (1). L'argent, plus répandu que l'or et formant la masse principale de la circulation dans le monde antique, moins encombrant en même temps que le cuivre et pouvant représenter une plus grande valeur sous un volume et un poids beaucoup moins considérable, était chez les Grecs, comme chez la plupart des peuples modernes jusqu'aux dernières années, le véritable étalon monétaire (voy., un peu plus loin, le § 2 de ce chapitre).

2. Dans toute l'Asie antérieure, depuis le temps des XVIIIe et XIXe dynasties égyptiennes jusqu'à celui du dernier empire chaldéen de Babylone (voy. livre I, chap. III, § 1; livre VI, chap. II, § 2), le rapport habituel, et pour ainsi dire normal, de valeur commerciale entre l'or et l'argent non monnayés qui servaient aux échanges, était :: 1 : 13 1/3. C'est la proportion qui servit de base au premier monnayage de l'Asie Mineure (2) (livre VI, ch. III, § 2) et à celui que Darius fils d'Hystaspe organisa pour la monarchie perse. Hérodote montre encore de son temps l'or valant légalement 13 1/3 fois le même poids d'argent dans l'empire des Achéménides (3), et, tant que dura la puissance des rois de Perse, le rapport fut maintenu sans variation partout où s'étendait leur autorité (livre VI, chap. IV, § 2).

(1) Voy. Rasche, *Lex. r. num.* t. III, p. 794.

(2) Brandis, *Das Münz- Mass- und Gewichtswesen in Vorderasien bis auf Alexander den Grossen*, p. 69 et suiv.

(3) Herodot. III, 95; voy. Vasquez Queipo, *Systèmes métriques et monétaires*, t. I, p. 299 et suiv.; Mommsen, *Grenzboten*, 1863, n° 10, p. 397; *M R*, t. I, p. 14; Brandis, p. 67.

Dans la Grèce, dès la première partie du IVe siècle, l'écart de valeur des deux métaux était notablement moindre. Platon (1) indique en termes formels la proportion de 1 à 12 entre l'or et l'argent comme celle qui était admise à Athènes de son temps. Nous constatons encore un léger abaissement de la valeur de l'or dans un passage de Lysias (2), qui, additionnant 21 2/3 talents d'argent et 5,000 statères d'or, y trouve une somme totale de 40 talents d'argent; comme les statères d'or dont il parle sont manifestement des dariques (voy. sur la darique, livre VI, chap. III, § 1, et chap. IV, § 2), en les comptant à 22 drachmes athéniennes chacune (3), il indique un rapport de 1 à 11 1/2 entre les deux métaux, et c'est le même rapport que l'on retrouve dans une inscription attique (4) où il est dit que l'orateur Lycurgue, pendant son administration financière (338-336 av. J.-C.), acheta pour la République de l'or au cours de 22 drachmes 5 1/2 oboles

(1) *Hipparch.* p. 231; voy. Vasquez Queipo, t. I, p. 171.

(2) XIX, 39, p. 155; voy. Brandis, p. 85.

(3) Il est vrai que Nicolas de Damas (*ap.* C. Müller, *Fragm. hist. gr.* t. III, p. 406) semble avoir emprunté à Ctésias la donnée qu'une darique valait 20 drachmes d'argent *attiques* au lieu de 22; mais il est probable qu'ici le mot *attiques* est une addition malheureuse à l'ancien texte du médecin d'Artaxerce Mnémon, qui avait indiqué très-exactement la darique comme valant 20 drachmes d'argent de la monnaie perse ou 20 sicles médiques, très-supérieurs de poids à la drachme attique. Cette explication me paraît préférable à celle de Brandis (p. 86), qui suppose un tarif dans lequel on aurait momentanément fixé à 20 drachmes le cours auquel la darique serait admise à Athènes. Les modernes ont commis la même erreur que Nicolas de Damas au sujet d'un passage de Xénophon (*Anabas.* I, 7, 18) qui se rapporte à la valeur de la darique en monnaie d'argent *perse* et non *attique.*

(4) Ἐφημ. ἀρχαιολ. n° 3452; voy. Hultsch, *Griechische und Ræmische Metrologie*, p. 176.

le statère de poids attique. Le système de monnayage de Philippe II de Macédoine est tout entier fondé sur une relation de 1 à 12 1/2 (1), puisqu'il offre un statère d'or de 8 gr. 63 valant 15 drachmes d'argent, de 7 gr. 24, ou 7 1/2 statères du même métal, de 14 gr. 48.

Après les conquêtes d'Alexandre, la masse de métaux précieux, et particulièrement d'or, que fit affluer en Grèce le butin de l'Asie, amena une nouvelle baisse de la valeur de l'or. Dans le demi-siècle qui suivit immédiatement les victoires du monarque macédonien, la relation de ce métal à l'argent était à Athènes :: 1 : 10. Ainsi Ménandre, dans sa comédie du *Dépôt*, faisait dire à un père qui se plaignait des prodigalités de son fils : « Malheureux, tu m'as dépensé la valeur d'un talent d'or que je tenais en réserve. » Et plus loin : « Ce joli garçon n'a pas mangé moins de dix talents d'argent (2). » C'est le même rapport qu'indiquent des données empruntées par des écrivains de basse époque à Polémarque (3), à Dion Cassius (4) ou à des sources qu'ils n'indiquent pas (5). C'est aussi celui que nous trouvons fixé par les Romains pour l'acquittement de la contribution de guerre des vaincus, dans leur traité avec les Etoliens (6), 189 ans avant Jésus-Christ. Il y a donc de sérieuses raisons de penser que la proportion dixième entre l'or et l'argent se maintint sans changement en Grèce d'Alexandre

(1) Brandis, p. 251.

(2) Pollux, IX, 76.

(3) Hesych. *v.* χρυσοῦς.

(4) Zonar. *Annal.* X, p. 540.

(5) Hesych. *v.* δραχμὴ χρυσίου; Suid. *v.* δραχμή. — Voy. du reste tous les textes rassemblés dans Gronovius, *De sestert.* II, p. 233 et suiv.

(6) Polyb. XXII, 15, 8; Tit. Liv. XXXVIII, 11.

à la conquête romaine, bien que l'exemple du traité entre les Romains et les Etoliens ne soit pas absolument décisif. Dans un traité de ce genre, en effet, les vaiqueurs ont pu imposer aux vaincus un tarif exceptionnel pour la valeur de l'or, tarif tout à leur propre avantage et différent du cours commercial réel du même métal (1). En général, dans les données de seconde main que fournissent les grammairiens et les lexicographes sur la relation de valeur de l'or et de l'argent, il faut se défier d'une confusion qu'ils ont souvent établie entre la proportion réciproque de la pièce d'or et de la pièce d'argent dans un même pays et celle du pouvoir véritable des deux métaux. Dans un grand nombre de contrées, avant Alexandre, et en particulier dans le monnayage royal des Achéménides, on a cherché à établir un rapport simple et exact entre le numéraire d'or et le numéraire d'argent, taillant les deux métaux de manière que le statère ou didrachme d'or valût 20 drachmes d'argent, l'hémistatère ou drachme d'or 10 (2) (voy. plus loin, le § 2 de ce chapitre); mais, précisément pour y parvenir, on a donné un poids différent à la drachme d'or et à celle d'argent, pour racheter la différence entre le rapport monétaire :: 1 : 10 et le rapport de valeur effective (3). La darique ou statère d'or des Perses valait ainsi vingt de leurs drachmes d'argent ou sicles médiques;

(1) Voy. Hultsch, p. 176.

(2) En pesant bien les expressions dont se sert Hésychius au mot χρυσοῦς, on peut penser que Polémarque ne disait rien de plus que l'expression de ce rapport monétaire entre les pièces des deux métaux.

(3) C'est ce que Ch. Lenormant a entrevu le premier (*Rev. num.* 1855, p. 18 et suiv.), bien que la plupart des exemples sur lesquels il se fondait soient aujourd'hui à réviser.

c'est ce que dit Xénophon (1) et rien de plus, et la différence de poids entre l'unité d'or et l'unité d'argent dans ce système tenait à ce que le rapport de valeur des deux métaux était :: 1 : 13 1/3 au lieu de :: 1 : 10 (voy. livre VI, chap. II, § 2, et chap. III, § 1). Mais Harpocration (2) et Suidas (3) se sont complétement mépris quand, lisant dans d'anciens auteurs cette valeur de 20 drachmes pour la darique, ils l'ont transformée en celle de 20 drachmes *attiques* au lieu de 20 drachmes *perses*. Comme la darique est à peu de chose près équivalente en poids d'or au statère attique, il semblait résulter des dires d'Harpocration et de Suidas un rapport de valeur :: 1 : 10. Aussi la confusion commise par ces écrivains de seconde main a enfanté l'erreur de ceux des modernes (4) qui ont cru pouvoir affirmer que la proportion dixième entre l'or et l'argent était constante dans l'ancienne Asie et la plus habituelle de toutes dans la Grèce, erreur aujourd'hui dissipée par les travaux de Vasquez Queipo et de Brandis.

Aussi bien, si le rapport :: 1 : 10 entre l'or et l'argent fut admis en Grèce après Alexandre, au moins pendant un certain temps, il n'en fut pas de même en Orient. L'écart des deux métaux y resta plus grand, comme si l'Asie, où l'or avait été le métal le plus abondant dans la circulation

(1) *Anabas.* I, 7, 18. Le vrai sens de ce passage a été établi pour la première fois par M. Vasquez Queipo, t. I, p. 300.

(2) *V.* δαρεικός.

(3) *V.* δαρεικός; cf. Schol. *ad* Aristoph. *Eccles.* p. 598.

(4) Letronne, *Considérations sur l'évaluation des monnaies*, p. 104 et suiv.; Dureau de La Malle, *Économie politique des Romains*, t. I, p. 47 et suiv.; Bœckh, *Staatshaushalt. d. Athen.*, 2e édit., t. I, p. 42; Hulstch, p. 174 et suiv.

et le véritable étalon sous les Achéménides (1), en avait été presque épuisée par la conquête grecque. Le monnayage des Lagides d'Egypte, la seule parmi les monarchies issues de l'empire d'Alexandre qui ait pendant quelque temps frappé de l'or en abondance, taillait l'or sur le même pied que l'argent, en admettant entre les deux la relation de valeur :: 1 : 12 1/2 (voy. livre VI, chap. VI, § 1); c'est là un fait absolument certain (2) et que l'on peut constater dès l'avénement de Ptolémée Soter. Le rapport était le même chez les Séleucides de Syrie (voy. livre VI, chap. V, § 2), dont le monnayage d'or a eu, du reste, infiniment moins de développement que celui des Lagides. On remarquera, de plus, que c'est là l'ancien rapport macédonien du monnayage de Philippe II, celui qu'Alexandre le Grand avait dû lui-même admettre au commencement de son règne, quand il établit la règle de tailler l'or sur la même unité que l'argent (voy. plus loin, le § 2 de ce chapitre, et livre VI, chap. V, § 1).

En revanche, le rapport :: 1 : 10, ou plus exactement de 1 à 10 1/10 environ, était celui qui régnait avant Alexandre à Panticapée, sur le Bosphore Cimmérien. Là se trouvait, en effet, le grand marché de l'or apporté des mines de l'Oural, et l'écart de valeur des deux métaux devait nécessairement y être moindre qu'ailleurs. Le fait que nous avançons résulte de ce que dit Démosthène (3) que le cyzicène d'électrum, ou d'or fortement allié d'argent, circulait au Bosphore Cimmérien pour une valeur de

(1) Voy. Brandis, p. 248 et suiv.

(2) Letronne, *Récompense promise, annonce contenue dans un papyrus grec*, p. 11 et 13; Mommsen, *MR*, t. I, p. 54; Brandis, p. 251 et 254.

(3) *Pro Phorm.* p. 914, ed. Reiske.

28 drachmes attiques d'argent, tandis que nous savons positivement d'un autre côté que le cours de la même pièce sur le marché d'Athènes était de 32 drachmes (1) (voy. livre VI, chap. IV, § 3, et chap. IX, au mot *Cyzicènes*). Ceci révèle en effet, au Bosphore, une valeur de l'or inférieure d'un huitième à ce qu'elle était à Athènes dans le même moment, où le rapport de ce métal à l'argent s'y cotait :: 1 : 11 1/2. Les monnaies frappées vers la même époque à Panticapée confirment cette donnée. Elles nous offrent un statère d'or du poids de 9 gr. 07 et un tétradrachme d'argent de 15 gr. 13; la taille différente des deux métaux indique clairement la recherche d'un rapport exact entre les pièces de l'un et de l'autre. Or, la proportion de valeur que nous avons indiquée permet mieux que toute autre de retrouver ce rapport exact et par nombres entiers, sans fractions; avec elle, le statère d'or valait six des pièces d'argent de 15 gr. 13, ou 24 drachmes.

3. La relation de valeur du cuivre à l'argent dans le monde grec est bien plus difficile à déterminer que celle

(1) C'est ce qui résulte du dire du comique Cratès (*ap.* Poll. IX, 62) qu'un hémihecton d'or vaut 8 oboles d'argent : ἡμίεκτόν ἐστι χρυσοῦ, μανθάνεις, ὀκτὼ ὀβολοί. M. Hultsch (p. 164) a reconnu le premier qu'il s'agissait de la monnaie d'électrum de Cyzique ou de Phocée, qui constituait presque l'unique numéraire d'or circulant dans le monde grec au temps du poëte. Celui-ci, en employant le mot ἡμίεκτον, a voulu manifestement désigner la pièce qui se rapprochait le plus par son poids de l'hémihecton attique, celle qui était en réalité un myshémihecton ou 24e par rapport au statère cyzicénien ou phocaïque, presque double du poids du statère athénien. Autrement il faudrait admettre pour le cyzicène à Athènes un cours de 16 drachmes d'argent, tandis qu'il en valait 28 à Panticapée, ce qui est tout à fait absurde.

qui existait entre les deux métaux supérieurs. Elle paraît avoir beaucoup varié suivant les pays et les époques ; mais nous ne possédons à cet égard qu'un nombre infiniment minime de renseignements. Ce que l'on distingue seulement avec certitude, c'est qu'ici, plus que lorsqu'il s'agit de l'or et de l'argent, il faut se défier du danger de confondre le rapport monétaire entre les unités des deux métaux, avec le rapport réel de leur valeur respective. C'est l'erreur où est tombé Letronne (1), quand il a cru que le plus habituellement, chez les Grecs, le cuivre valait 1/60 du même poids d'argent. La réalité est qu'après Alexandre la drachme d'argent était le plus habituellement divisée en 60 chalques ou unités de cuivre (2); mais le poids normal et régulier du chalque n'était pas celui de la drachme d'argent, et par suite le rapport de valeur :: 1 : 60 entre les deux métaux n'en résulte aucunement.

A Athènes, dans les premiers temps où l'on monnaya le cuivre, vers le milieu du ve siècle avant J.-C. (3), on adopta pour ce métal un rapport monétaire :: 1 : 48 avec l'argent, lequel demeura toujours le même ; autrement dit, on décida que la drachme vaudrait 48 chalques (4). Mais la comparaison du poids des plus anciens chalques attiques parvenus jusqu'à nous avec les drachmes contemporaines (voy. livre VI, chap. IV, § 6) montre que la relation de valeur des deux métaux était alors :: 1 : 72 1/5 (5);

(1) *Récompense promise*, p. 11.

(2) Plin. *Hist. nat.* XXI, 34.

(3) Bœckh, *Staatshaushalt.* t. I, p. 770.

(4) Pollux, IX, 65; voy. Hultsch, p. 65.

(5) Brandis, p. 292.

c'est le plus faible écart qu'il soit possible de constater chez les Grecs dans la valeur réelle du cuivre et de l'argent; mais cette circonstance s'explique tout naturellement par l'abondance de l'argent que les mines du Laurium versaient sur le marché d'Athènes. Dans le monnayage d'Alexandre le Grand, l'écart est notablement plus fort (voy. livre VI, chap. V, § 1). La drachme d'argent y vaut 60 chalques, mais elle est de 4 gr. 32 et le chalque d'environ 7 grammes (1), ce qui révèle un rapport effectif où l'argent était au cuivre :: 1 : 96 environ. Dans l'Egypte des Lagides, le rapport monétaire est encore :: 1 : 60 (2), mais l'écart de valeur réelle des deux métaux est presque triple (voy. livre VI, chap. VI, § 1). La drachme d'argent valait bien 60 drachmes de cuivre (3); mais comme la première ne pèse que 3 gr. 57, tandis que la seconde, de 9 gr. 60 environ, n'est autre que l'ancien *kite* ou dixième de l'*outen* des temps pharaoniques (4) (voy. livre I, chap. III, § 1, 2), la relation de valeur des deux métaux sur la

(1) Brandis, p. 301.

(2) Ce rapport monétaire lui-même ne paraît s'être maintenu que pendant les règnes des trois premiers Ptolémées, alors que l'on frappait une quantité considérable d'argent. Plus tard, l'augmentation de rareté de l'argent amena un écart bien plus grand entre la valeur de la drachme de cuivre et de la drachme d'argent; leur cours réciproque fut soumis à de très-grandes fluctuations de change. De là, dans les papyrus grecs, la distinction des sommes dues en *cuivre dont le change*, χαλκὸς οὗ ἀλλαγή, et en *cuivre isonome*, χαλκὸς ἰσονόμος, deux expressions dont le sens a été parfaitement bien déterminé par M. Lumbroso (*Recherches sur l'économie politique de l'Égypte*, p. 43 et suiv).

(3) Letronne, *Récompense promise*, p. 11 et 13; Bœckh, *Metrol. Untersuch.* p. 142; Mommsen, *M R*, t. I, p. 55 et suiv.; Hultsch, p. 285; Brandis, p. 289.

(4) Voy. R. S. Poole, article *Weights* dans le *Dictionary of the Bible* de Smith; et dans Madden, *History of jewish coinage*, p. 277 et suiv.

base de laquelle ce monnayage a été organisé n'est pas :: 1 : 60, mais :: 1 : 161 environ. Ici l'écart entre le cuivre et l'argent est très-considérable; mais c'est le résultat des circonstances économiques particulières à l'Egypte, où l'argent fut toujours relativement le métal le plus rare (1) et où la circulation intérieure continuait sous les Lagides, comme antérieurement, à se faire presque uniquement en cuivre. De même qu'à Athènes, nous nous trouvons en présence d'un rapport exceptionnel, mais en sens inverse. S'il fallait déterminer approximativement une moyenne générale pour la relation de valeur la plus habituelle entre les deux métaux dans le monde grec, ce serait aux chiffres entre :: 1 : 120 et :: 1 : 100 que nous nous arrêterions. Ce sont ceux qui sont le plus vraisemblables à la fois comme rapport commercial et comme rapport monétaire, dans les pays qui, pendant la seconde moitié du ve siècle et le cours du IVe, taillaient leur cuivre sur le pied de leur drachme d'argent (voy. livre VI, chap. IV, § 6).

Nous arrivons à constater d'une manière presque certaine le rapport approximatif, en chiffres ronds, :: 1 : 105 dans la numismatique d'Olbia ou Olbiopolis sur l'Hypanis, à l'époque qui vient d'être indiquée. La circulation monétaire des pays situés au fond du Pont-Euxin, sur la côte de Scythie et sur le Bosphore Cimmérien, était dans des conditions assez particulières, qui restèrent les mêmes jusqu'à la fin des temps romains (voy. livre III, chap. I, § 8; livre VI, chap. VIII, § 1; livre VII, chap. IV, § 5). L'or, comme nous venons de le dire, y était d'une abondance extraordinaire, et par suite à un cours plus bas que dans les autres

(1) Voy. Lumbroso, ouvr. cit. p. 41.

pays grecs; on n'y monnayait guère, par suite, que l'or et le cuivre. Les cités de ces pays n'ont frappé que très-peu de monnaie d'argent, et cela, paraît-il, seulement du milieu du IVe au milieu du IIIe siècle av. J.-C. Mais comme les gens de la Grèce tiraient de ces pays, par un commerce très-actif, les blés nécessaires à leur consommation pour compenser l'insuffisance de leurs récoltes, il y entrait, en échange des blés, beaucoup d'argent monnayé de Grèce. Il en résultait que si l'argent, importé sous forme d'espèces étrangères, avait un cours relativement élevé par rapport à l'or, principal élément du numéraire circulant dans la contrée, il n'y avait pas un écart anormal de valeur entre cet argent et le cuivre formant la monnaie divisionnaire indigène.

Olbia, fondation des Milésiens et siége d'un négoce des plus florissants, frappa de bonne heure des monnaies d'électrum et d'or, comme le faisaient les cités grecques d'Asie Mineure à l'époque de sa fondation (livre VI, chap. III, § 1). A côté de ces pièces qu'elle fabriquait elle-même, pour représenter des valeurs moindres, elle admettait dans sa circulation intérieure certaines sortes de monnaies d'argent apportées de la Grèce, auxquelles elle donnait la préférence sur les autres à cause de leur bonne qualité de métal et du cours de faveur qu'elles trouvaient partout dans le commerce international. C'étaient au VIe siècle les statères d'argent euboïques, ainsi nommés d'après leur lieu d'origine dans les villes d'Eubée comme Chalcis et Érétrie (1) (livre VI, chap. III, § 3), statères que

(1) J'adopte entièrement l'attribution nouvelle et si ingénieuse, proposée par M. E. Curtius (*Hermes*, t. X, p. 225), pour les monnaies d'argent d'ancien style où l'on voyait antérieurement les premiers monuments du monnayage d'Athènes (Cousinéry, *Voyage en Macédoine*, t. II, p. 121-129 ; Beulé, *Les monnaies d'Athènes*, p. 15-32).

l'on ne retrouve pas seulement encore aujourd'hui dans son voisinage, mais dont les dépôts jalonnent l'antique route du commerce de l'ambre, se dirigeant d'Olbia vers les rivages de la Baltique (1) ; au ve siècle et dans la première partie du IVe, c'étaient les tétradrachmes d'Athènes. Mais le commerce ne porte guère à l'étranger les petites monnaies divisionnaires. Les gens d'Olbia, qui avaient des tétradrachmes grecs d'argent suffisamment pour n'avoir pas besoin d'en faire eux-mêmes, éprouvèrent, dans le cours du ve siècle, le besoin de se créer une monnaie inférieure. C'est en cuivre qu'ils la fabriquèrent, en cuivre circulant pour sa valeur métallique intrinsèque. Et comme ils voulurent représenter avec cette monnaie des valeurs supérieures à celles à l'expression desquelles les Grecs employaient la monnaie de cuivre, ils en firent un véritable *aes grave*, tout à fait analogue à celui des peuples italiques (voy. livre VII, chap. II, § 2-4). Il est probable qu'ils ne faisaient par là que donner la forme monétaire à une circulation de cuivre en lingots, usitée antérieurement chez eux pour représenter les valeurs minimes, à côté de la monnaie d'or indigène et de la monnaie d'argent importée de Grèce (2).

(1) Levezow, *Ueber mehrere im Grossherzogthum Posen gefundene uraltgriechische Münzen*, dans les Mémoires de l'Académie de Berlin pour 1833.

(2) Il faut peut-être considérer comme un premier essai de donner une forme à cette circulation de lingots de cuivre, essai tenté avant qu'on se fût décidé à adopter celle de la monnaie lenticulaire fondue à la mode italique, dans une singulière classe de monuments propres à Olbia. Ce sont de petits lingots de bronze, dont les poids se rapprochent de celui des pièces de l'*aes grave* de la même ville. Ils ont la forme d'un poisson de l'espèce du sterlet ; un des côtés est modelé en relief, montrant l'œil et la nageoire brachiale ; l'autre est plat et porte en relief un nom de magistrat plus ou moins abrégé, en relief. On en a de trois magis-

Les plus anciennes pièces de l'*aes grave* grec d'Olbia ont pour types le masque de Gorgone et la roue, copiés des anciens statères d'argent euboïques, puis on y voit apparaître le type de la mouette saisissant le poisson sterlet, type imité des drachmes de Sinope et qui, dans la période historique suivante, devint le plus habituel sur les monnaies de la ville. On en a trois tailles, d'environ 228 grammes, 76 grammes, 57 grammes et 38 grammes (1). La plus forte porte quelquefois le chiffre ΚΔ, indiquant qu'elle se compose de 24 unités, dont les autres comprennent 8, 6 et 4. Il est manifeste, comme l'a déjà reconnu M. de Kœhne, que ceci se rapporte au système athénien de la division de la drachme en 48 chalques, d'où ces grosses pièces de cuivre sont destinées à remplacer les petites pièces d'argent divisionnaires des autres villes grecques, triobole, obole, tritémorion et hémiobole (1/2, 1/6, 1/8 et 1/12 de la drachme), et à représenter les mêmes valeurs. De plus, on ne saurait douter que la drachme d'argent, à laquelle ces pièces de cuivre se rapportent, ne fût la drachme attique, puisque la monnaie athénienne était alors le numéraire d'argent le plus répandu dans le pays, comme antérieurement la monnaie euboïque, de poids presque

trats, dont l'un, Arichos, est celui dont le nom se lit aussi sur les plus anciennes pièces d'*aes grave*. Voy. Kœhler, *Tarichos ou le Commerce de la Mer Noire*, dans les Mémoires de l'Académie de Saint-Pétersbourg (la thèse du mémoire de Kœhler sur la nature et la destination de ces monuments est absolument insoutenable; elle repose sur une fausse lecture du nom de magistrat ΑΡΙΧΟ, transformé en ΤΑΡΙΧΟ) ; Blaramberg, *Choix de médailles antiques d'Olbiopolis*, pl. I, nos 7 et 8; De Kœhne, *Musée du prince Basile Kotchoubey*, t. I, p. 41.

(1) A. Ouvaroff, *Izslyédovaniya o drevnstyache yozhnoi Rossii i bérégove Tchernago moryé*, p. 109; De Kœhne, *Musée du prince Kotchoubey*, t. I, p. 33-38.

exactement pareil, et que c'est sur le pied attique qu'Olbia se mit à tailler ses espèces d'argent quand elle en fabriqua elle-même un peu après, vers le temps d'Alexandre le Grand. Ceci étant, et la plus grosse pièce équivalant à un triobole attique, nous constatons que 228 grammes environ de cuivre avaient la même valeur que 2 gr. 16 d'argent, ce que l'on peut traduire en chiffres ronds en disant que 105 de cuivre correspondaient à 1 d'argent (1). Je me suis arrêté quelques moments à exposer ce fait dans ses détails, d'abord parce qu'on l'a jusqu'ici laissé de côté dans la question, puis parce qu'il m'a paru utile de montrer ici par un exemple d'après quelle méthode la métrologie numismatique procède pour élucider ces délicates questions des rapports de valeur entre les différents métaux dans l'antiquité.

Au reste, — et ceci est une circonstance qui contribue à obscurcir encore la question des relations de valeur entre le cuivre et l'argent, — la monnaie de cuivre n'a jamais été employée chez les Grecs que comme une monnaie d'appoint, dont l'usage ne s'introduisit que tardivement chez eux. Il en résulte qu'ils n'attachaient pour ainsi dire aucune importance à la coupe et au poids des pièces de ce

(1) Si maintenant nous prenons pour point de départ l'indication, donnée par Démosthène, du cours de 28 drachmes attiques d'argent pour le statère de Cyzique, en or fortement allié d'argent ou électrum, au Bosphore Cimmérien, indication qui se rapporte à une époque un peu postérieure, mais ne doit pas beaucoup s'éloigner du cours normal de la même monnaie au temps où fut émis l'*aes grave* d'Olbia, nous trouverons que pour correspondre à un cyzicène il fallait 56 des plus grosses pièces de cet *aes grave*, 168, 224 et 336 des autres. Nous venons de dire tout à l'heure que le cours de 28 drachmes pour le cyzicène indiquait l'échange de 1 d'or contre 10 1/10 d'argent; il aurait fallu, dans la même donnée, fournir 1155 de cuivre contre 1 d'or.

métal. De là l'irrégularité du poids des monnaies de cuivre, et cela relativement de fort bonne heure ; par exemple, les chalques d'Alexandre le Grand, dont le poids normal et théorique paraît avoir été de 7 gr. environ, varient de 7 gr. 40 à 5 gr. 60, dans les exemplaires bien conservés. De là aussi, comme chez la plupart des peuples modernes, l'habitude de faire des espèces de cuivre une monnaie dont la valeur réelle, légalement déterminée, ne correspondait pas à sa valeur nominale. Nulle part après Alexandre, si ce n'est en Egypte (livre VI, chap. VI, § 1) et à Carthage (livre VI, chap. VII, § 1), c'est-à-dire dans deux pays où la circulation métallique se présentait avec des conditions toutes spéciales, autres que dans le monde proprement grec, les monnaies de cuivre n'ont un poids de métal équivalant au cours qui leur était donné par la loi ; c'est un numéraire conventionnel, et non plus représentatif, dont l'étude n'apprend rien sur la valeur commerciale du cuivre par rapport à l'argent.

En Sicile, jusqu'au temps de Denys l'Ancien à Syracuse, le cuivre circulait comme l'argent pour sa valeur réelle ; le rapport des deux métaux était alors :: 1 : 250 (1) (voy. livre VII, chap. I, § 1), le même que dans toute l'Italie à la même époque et encore un certain temps après (livre VII, chap. I, § 2, et chap. II, § 2). Les proportions :: 1 : 50 et :: 1 : 25 entre les unités d'argent et de cuivre, qu'établirent après cela les deux réductions successives de la litra du premier métal sous les Denys (livre VII, chap. I, § 1), furent purement monétaires ; elles résultèrent d'une diminution arbitraire de l'unité de compte, qui constitua

(1) Aristot. *ap.* Polluc. IV, 174, et IX, 37 ; Mommsen, *MR*, t. I, p. 106.

une véritable banqueroute gouvernementale. On aurait donc tort si l'on cherchait, comme quelques savants (1), à y trouver l'expression du rapport réel de la valeur effective et commerciale des deux métaux.

4. Chez les Romains, dès que l'introduction du monnayage de l'argent, cinq ans avant la première guerre punique (2), eut fait abandonner l'habitude, incommode pour les usages de la vie et pour le commerce, de se servir exclusivement de cuivre circulant pour la valeur de son poids réel, l'argent devint, comme en Grèce, le véritable étalon monétaire (voy. plus loin le § 2 de ce chapitre, et le chap. III du livre VII). En même temps, vers le ve siècle de Rome, il se trouvait dans la circulation une quantité d'or en lingots ou en monnaies étrangères, assez considérable pour que l'on pût établir sur l'affranchissement des esclaves un impôt de 5 0/0 qui se payait en or, *aurum vicescinarium* (3). Le produit de ce droit formait dans le trésor une réserve pour les besoins les plus urgents, réserve qui montait pendant la première guerre punique à 4000 livres pesant (4). Il est difficile de déterminer avec précision quel fut d'abord à Rome le rapport de valeur de l'or et de l'argent.

Il résulte cependant de l'examen des monnaies de l'Etrurie (livre VII, chap. II, § 2) que dans cette contrée,

(1) Brandis, p. 278.

(2) Plin. *Hist. nat.* XXXIII, 3, 44; Tit. Liv. *Epit.* XV; voy. Mommsen, *M R*, t. II, p. 27 et suiv.

(3) Tit. Liv. VII, 16, 7; XXVII, 10, 11.

(4) Tit. Liv. XXVII, 10, 11; voy. Mommsen, *M R*, t. II, p. 109.

au IVe siècle avant l'ère chrétienne, l'or était à l'argent :: 1 : 15 (1). C'est également le rapport qui existait à la même époque en Sicile (2) (livre VII, chap. I, § 1). Sur une des monnaies d'or frappées à Capoue pour le compte des Romains vers le milieu du Ve siècle de Rome (voyez livre VII, chap. III, § 1), on voit des chiffres qui doivent nécessairement indiquer la valeur pour laquelle cette pièce était admise à circuler dans la Ville éternelle et dans son territoire (3), ou bien sa relation avec les pièces d'argent contemporaines, frappées également en Campanie pour les Romains. La pièce pèse 4 scrupules de la livre romaine, et le chiffre est XXX. L'interprétation la plus naturelle serait celle qu'a adoptée M. Mommsen, qu'il s'agit d'une valeur de 30 as; pourtant le rapport :: 1 : 1800 qui en résulterait entre l'or et le cuivre jette dans des difficultés jusqu'ici insolubles. M. Mommsen a supposé qu'il fallait le décomposer en :: 1 : 10 pour la relation de l'or à l'argent, et :: 1 : 180 pour celle de l'argent au cuivre; mais à ce moment le rapport de l'argent au cuivre dans le territoire romain était certainement :: 1 : 250, et il est impossible d'admettre que le Sénat ait tarifé à un cours si désavantageux, à peine vraisemblable s'il s'agissait de monnaies étrangères, une monnaie qui se fabriquait sans doute en province, mais au nom et pour le compte de la République; en agissant ainsi, c'est à ses

(1) W. Deecke, *Etruskische Forschungen*, II, p. 71; et dans sa nouvelle édition d'Ottfr. Müller, *Die Etrusker*, t. I, p. 393.

(2) Mommsen, *M R*, t. I, p. 131; Barclay Head, *History of the coinage of Syracuse*, p. 17.

(3) Mommsen, *M R*, t. I, p. 266.

propres intérêts qu'il eût fait tort (1). Et quand bien même il l'eût fait, il n'aurait pas inscrit sur les pièces l'indication de ce tarif défavorable, car c'était les déprécier dans la province même où elles étaient émises. D'un autre côté, si l'on admet que l'argent est au cuivre comme environ 1 est à 250, le rapport :: 1 : 1800 entre l'or et le cuivre suppose :: 1 : 7 1/2 entre l'or et l'argent (2); c'est un écart beaucoup trop minime; la valeur de l'or ne pouvait pas être en Campanie et à Rome moitié de ce qu'elle était dans tous les pays environnants, au nord comme au sud, en Étrurie comme en Sicile. La même objection s'oppose à ce que l'on interprète le chiffre XXX par 30 livres pondérales de cuivre valant 36 as dits libraux (3) (voy. livre VII, chap. II, § 3), car, en maintenant :: 1 : 250

(1) Il me semble que les monnaies d'argent romano-campaniennes contemporaines de la pièce d'or au chiffre XXX portent en elles-mêmes la preuve qu'elles ont été émises d'après la donnée d'un rapport :: 1 : 250 entre l'argent et le cuivre (voy. livre VII, chap. III, § 1). Elles sont du poids de 9, 6 et 3 scrupules de la livre romaine, ce qui, avec la proportion 250e entre les deux métaux, leur fait valoir exactement 9, 6 et 3 as libraux. Avec la proportion qu'il admet, :: 1 : 180, M. Mommsen est obligé de leur attribuer les valeurs irrégulières de 6 3/4 as, 4 1/2 et 2 1/4, valeurs bien peu vraisemblables.

(2) C'est ce que j'ai admis autrefois : *Essai sur l'organisation politique et économique de la monnaie dans l'antiquité*, p. 122.

(3) Cette explication n'est pas aussi impossible que semble le croire M. Mommsen (*M R*, t. I, p. 254 et 266). Sans doute on ne rencontre jamais chez les écrivains d'énoncé de sommes de cuivre au poids après le commencement de la fabrication de l'as libral (voy. Madvig, *Emendationes Livianae*, p. 166); mais M. Mommsen est obligé de reconnaître lui-même qu' « après l'introduction de l'as monnayé, l'usage de payer avec du cuivre *au poids* se perpétua, comme le prouvent les lingots de cinq livres qui sont, selon toute apparence, contemporains des as monnayés. »

pour le rapport de l'argent au cuivre, il en résulterait :: 1 : 9 pour celui de l'or à l'argent. La base la plus probable dont il faille ici partir est celle d'une relation :: 1 : 15 entre l'or et l'argent, la même qu'en Étrurie et en Sicile (1). Mais dans ce cas le chiffre XXX de la pièce d'or de 4 scrupules ne pourrait se rapporter qu'à une unité de compte de 2 scrupules d'argent, valant 2 as libraux tels qu'on les fabriquait alors à Rome. Cette hypothèse donne pour les calculs le résultat le plus acceptable; mais dans l'état actuel il y manque encore la justification la plus nécessaire, un texte qui mentionnerait l'unité de compte ainsi supposée ou bien une pièce monétaire originale qui la montrerait réalisée dans les espèces mises en circulation. En effet, dans les pièces d'argent correspondantes et contemporaines, il n'en est précisément pas qui soient taillées sur le pied de 2 scrupules; elles pèsent 3, 6 et 9 de ces divisions de la livre. Autrement, la taille de 2 scru-

(1) L'existence du rapport :: 1 : 15 entre l'or et l'argent dans la Campanie, à la période antérieure, me paraît attestée par deux pièces d'or, que l'on doit rapporter aux Étrusques de cette contrée. En effet, les types et la fabrique en sont essentiellement campaniens, tandis que les légendes (qui contiennent seulement des noms d'hommes) sont en lettres étrusques, mélangées sur l'une de formes osques. La première de ces monnaies, au type imité de Naples et à l'inscription ΙΠΑΠΙΞΙΞΞ *vel. z. papi* (Friedländer, *Beiträge*, I, p. 173 et suiv.; *Catalogue of gr. coins in the Brit. Mus. Italy*, p. 11, n° 1; Deecke, *Etr. Forsch.* II, pl. I, n° 1), porte comme marque de valeur XX; la seconde, au type imité de Larinum et à l'inscription VZJΞΞ *velsu* (Friedländer, *Beitr.* I, p. 167 et suiv.; Corssen, *Etr. Spr.* pl. XXI, nos 3 *a* et *b*; *Zeitschr. f. Numism.* t. III, p. 13; Deecke, *Etr. Forsch.* II, pl. I, n° 6 *a*), est marquée Λ. Or, la première pèse 4 gr. 67, et la seconde 1 gr. 15; par conséquent, dans les données de la proportion quinzième, elles équivalent, conformément aux chiffres qui y sont inscrits, à 20 et à 5 drachmes d'argent de 3 gr. 50, c'est-à-dire du taux même qui était, à l'époque indiquée par le style de ces monnaies, celui de la moitié du *nummus* gréco-campanien (voy. livre VII, chap. I, § 3).

pules d'argent a eu une existence monétaire certaine à une époque antérieure. Les Etrusques, dans le ve siècle avant J.-C., en avaient fait l'unité inférieure de leurs monnaies (voy. livre VII, chap. II, § 2), et par suite ils auraient pu parfaitement l'introduire en Campanie à côté de la drachme d'origine gréco-asiatique (dont le double était qualifié de νοῦμμος) qui y régnait. La question que soulève la pièce d'or romano-campanienne du poids de 4 scrupules avec le chiffre XXX demeure donc en réalité sans solution positive et enveloppée des plus épaisses ténèbres (1).

A partir du milieu du VIe siècle de Rome, on peut suivre avec certitude les variations du rapport de valeur de l'or et de l'argent. En 537 de Rome (217 avant J.-C.), les généraux romains frappèrent des monnaies d'or dans le midi de l'Italie, en vertu de la loi Flaminia (voy. livre III, chap. I, § 7, et livre VII, chap. III, § 3); c'étaient des pièces du poids de 3, 2 et 1 scrupule, marquées comme valant 60, 40 et 20 sesterces d'argent (2); elles étaient donc taillées sur le pied d'un rapport :: 1 : 17,143 entre les deux métaux. Mais c'étaient là des monnaies de nécessité, émises au moment le plus critique de la guerre contre Hannibal, avec un cours nominal extraordinaire, fort supérieur à leur valeur métallique réelle. Aussi l'émission n'en continua pas après la crise qui y avait donné naissance. Il résulte d'un passage de Tite-Live (3) qu'à la fin du VIe siècle de Rome le cours normal et officiel de l'or

(1) Il faut remarquer, du reste, que des doutes sérieux ont été soulevés contre l'authenticité de cette pièce : Baron d'Ailly, *Recherches sur la monnaie romaine*, t. I, p. 197.

(2) Mommsen, *M R*, t. II, p. 113.

(3) XXXVIII, 55.

en lingots ou en monnaies étrangères, le taux auquel le trésor de la République le comptait aux généraux à qui il en envoyait pour le service de leurs armées, était par rapport à la valeur de l'argent :: 1 : 11,91 (1). A la même époque, le gouvernement romain imposait aux Étoliens, dans le payement de leur contribution de guerre, de lui donner l'or pour une valeur seulement décuple de celle de l'argent; mais en cela, comme nous l'avons vu tout à l'heure, ou bien il se conformait au cours alors admis en Grèce, ou bien il profitait de sa victoire pour obliger les vaincus à lui fournir de l'or à un prix sur lequel il réalisait immédiatement un notable bénéfice.

Au commencement du VIIe siècle, la découverte des mines d'or du Norique jeta dans la circulation une masse de métal qui en fit subitement baisser le cours d'un tiers sur tous les marchés de l'Italie (2). Mais l'équilibre se rétablit au bout de quelques années, car le rapport :: 1 : 11,91 était de nouveau le rapport officiel de l'or à l'argent au temps de la dictature de Sylla (3) (voy. livre VII, chap. III, § 5). Il se maintint ainsi sous Jules César (4) (voy. livre VII, chap. IV, § 1) pour les espèces monnayées, car la grande quantité d'or en lingots rapportée par César de la guerre des Gaules fit un moment tomber d'une telle façon le prix de l'or comme métal brut dans le commerce à Rome, qu'il ne valait plus que 3,000 sesterces d'argent par livre, c'est-à-dire que sa valeur comme marchandise était à celle de l'argent :: 1 : 8,93 (5).

(1) Mommsen, *M R*, t. II, p. 111.

(2) Strab. IV, p. 208, d'après Polybe.

(3) Mommsen, *M R*, t. II, p. 118.

(4) Mommsen, au même endroit.

(5) Sueton. *Caes.* 54; Mommsen, *M R*, t. II, p. 113.

Auguste fixa la proportion monétaire de l'or à l'argent au taux :: 1 : 11,91 (1), lequel devint :: 1 : 10,31 sous Néron et :: 1 : 9,375 sous Trajan (2) (voy. livre VII, chap. IV, § 1). A partir du règne de Septime Sévère, l'altération extraordinaire qu'éprouva le titre des monnaies d'argent, tandis que celui de l'or restait le même (voy. livre VII, chap. IV, § 2), détruisit cette proportion, fit disparaître en grande partie la masse d'or en circulation dans l'empire romain et dut amener un écart très-considérable entre les deux métaux. Nous manquons de documents pour apprécier jusqu'où alla cet écart vers les règnes de Valérien et de Gallien, sous lesquels eut lieu la plus grande altération des monnaies d'argent; mais sous Dioclétien et Constantin, époque où l'on recommença à frapper de l'argent assez pur, il était :: 1 : 13 8/9 (3) (voy. livre VII, chap. IV, § 3, et chap. VI, § 1). Il ne s'arrêta pas à ce point, car sous Julien l'or s'échangeait contre 14 2/5 fois son poids en argent (4). Un rescrit de Théodose le Jeune, de l'an 422, prouve que, sous cet empereur, la relation de valeur de l'or à l'argent était :: 1 : 18 (5). Nous remarquerons cependant que ce dernier écart, qui était énorme, ne fut que temporaire, car un siècle après, sous Justinien, la proportion des deux métaux redevint un peu au-dessous de quinzième (6) (livre VII, chap. VI, § 2).

(1) Mommsen, *M R*, t. III, p. 42.
(2) Mommsen, *M R*, t. III, p. 43.
(3) Mommsen, *M R*, t. III, p. 154.
(4) Ammian. Marc. XX, 4, 18.
(5) Cod. Theodos. VIII, 4, 27.
(6) Letronne, *Évaluation des monnaies*, p. 111; Mommsen, *M R*, t. III, p. 155.

5. Le rapport du cuivre à l'argent éprouva sous la République romaine des variations très-considérables. Lorsque le monnayage de l'argent fut introduit à Rome, le denier, qui valait alors 10 as (1), pesait 1/72 de la livre (2) (voy. livre VII, chap. III, § 3). Or, à cette époque, l'as avait été déjà réduit à ne plus avoir comme poids que le tiers de la livre de cuivre (3) (voy. livre VII, chap. II, § 5). Le rapport de l'argent au cuivre était donc de 1 à 240, écart déjà plus faible que celui qui avait existé au temps de la fixation de l'*as libralis*, deux siècles auparavant, :: 1 : 250 (4) (voy. livre VII, chap. II, § 3), pareil au rapport primitif des deux métaux à Syracuse (livre VII, chap. I, § 1), à Tarente (livre VII, chap. I, § 2) et dans le monnayage de l'Étrurie au IVe siècle avant J.-C. (livre VII, chap. II, § 2). Antérieurement, au Ve siècle, l'argent paraît avoir valu, chez les Étrusques, 288 fois son poids d'argent (5). L'existence de la proportion 240e, quand fut établi le poids des premiers deniers romains, prouve combien encore, au IIIe siècle avant notre ère, l'argent était rare et le cuivre abondant à Rome et dans toute l'Italie centrale et méridionale. Les valeurs des deux métaux allèrent d'ailleurs, à dater de ce moment, en se rapprochant assez rapidement. Vers la fin de la pre-

(1) Plin. *H N*, XXXIII, 3, 44; Fest. *Excerpt.* p. 98 et 347; Apul. *ap.* Prisc. *Instit.* VI, 12, 66; Volus. Maec., 46.

(2) Borghesi, *Osservazioni numismatiche*, décade 17, dans ses *Œuvres complètes*, t. II, p. 288; Mommsen, *M R*, t. II, p. 26; Hultsch, p. 202; F. Lenormant, *Organisation de la monnaie dans l'antiquité*, p. 123.

(3) Mommsen, *M R*, t. II, p. 14 et suiv., 37; F. Lenormant, p. 117.

(4) Mommsen, *M R*, t. I, p. 236 et suiv.

(5) Deecke, *Etr. Forsch.* II, p. 81; et dans son édit. des *Etrusker* d'Ottfr. Müller, t. I, p. 388.

mière guerre punique, le poids de l'as ayant été abaissé au sixième de la livre (1), comme le poids du denier d'argent avait été en même temps réduit à 1/84 de la livre (2) (livre VII, chap. III, § 3), — taux auquel il demeura depuis lors définitivement fixé, — nous devons en conclure que l'écart des deux métaux n'était plus que de 1 à 140. En 217 avant J.-C., dans un moment de grande détresse pour la ville de Romulus, lorsque Hannibal était le plus menaçant, on décida par la loi Flaminia la réduction du taux de toutes les monnaies (3). Le poids de l'as fut établi à une once, c'est-à-dire au douzième de la livre, et en même temps on réglait que le denier, dont le poids demeurait le même, vaudrait désormais 16 as au lieu de 10 (livre VII, chap. III, § 3). Ces dispositions de la loi Flaminia prouvent, au moment où elle fut rendue, une proportion de 1 à 112 entre les valeurs de l'argent et du cuivre.

Sous le régime de cette loi, la monnaie de cuivre était encore une monnaie *effective* ou *représentative*, comme elle l'avait été à Rome depuis le commencement de la fabrication monétaire; la valeur nominale de l'as continuait à être à peu de chose près conforme à sa valeur métallique. Il n'en fut plus de même quand la loi Papiria, rendue vers 89 avant notre ère, eut encore réduit l'as de moitié (4) (voy.

(1) Varr. *De re rust.* I, 10, 2; Verr. Flacc. *ap.* Fest. p. 98; Plin. *H N*, XXXIII, 3, 44; voy. Mommsen, *M R*, t. II, p. 14 et suiv.

(2) Plin. XXXIII, 3, 132; Cels. V, 17, 1; Mommsen, *M R*, t. II, p. 23 et suiv.

(3) Plin. XXXIII, 3, 45; Fest. p. 347; voy. Mommsen, *M R*, t. II, p. 13, 67 et 153.

(4) Letronne, *Évaluation des monnaies*, p. 18; Mommsen, *M R*, t. II, p. 73, 407 et 420.

livre VII, chap. III, § 5). La monnaie de cuivre ne fut plus depuis lors à Rome que *conventionnelle*, comme elle l'était depuis longtemps en Grèce. La loi établissait que contre 1 d'argent il suffisait de donner sous la forme monnayée un poids de 56 en cuivre; mais c'était là tout au plus la moitié de ce qu'il eût fallu en donner, d'après la proportion réelle de la valeur réciproque des deux métaux dans le commerce. La valeur nominale du numéraire de cuivre était déjà le double de sa valeur effective.

La réforme monétaire d'Auguste (livre VII, chap. IV, § 1), établissant, à côté du denier d'argent de 84 à la livre et de l'aureus de 40 à livre, des sesterces et des dupondii de laiton pesant 1 once et 1/2 once, puis des as de cuivre rouge, sans alliage (1), pesant 1/3 d'once (2), donne les rapports suivants entre les différents métaux sous la forme monnayée (3), rapports qui pour les deux derniers ne sont pas l'expression de leur valeur commerciale réelle :

Or.	Argent.	Laiton.	Cuivre.
1	11,91	333,33	666,66
	1	28	56
		1	2

Sous Néron, le poids respectif des différentes monnaies (livre VII, chap. IV, § 1) établit l'échelle :

(1) Plin. *H N*, XXXIV, 2, 4; Digest. XLVIII, 13, 1, d'après la *lex Julia de peculatu*.

(2) Borghesi, dans la *Numismatica biblica* de Cavedoni, p. 111-136; Mommsen, *M R*, t. III, p. 34 et suiv.; F. Lenormant, p. 147 et suiv.

(3) Mommsen, *M R*, t. III, p. 42.

Or.	Argent.	Laiton.	Cuivre.
1	10,31	366,66	733,33
	1	35,55	71,11
		1	2

Enfin sous Trajan (livre VII, chap. IV, § 1) nous pouvons la dresser ainsi (1) :

Or.	Argent.	Laiton.	Cuivre.
1	9,375	375	750
	1	40	80
		1	2

On voit qu'à travers toutes ces modifications la valeur monétaire du laiton reste toujours double de celle du cuivre. Cet alliage artificiel, appelé *orichalcum*, avait en effet une valeur commerciale considérable (2), à tel point que les faussaires trouvaient un bénéfice tentant dans la fabrication de dupondii de laiton fourrés (voy. livre II, chap. II, § 3, et livre VII, chap. IV, § 1), avec une âme de fer ou de plomb (3).

A partir du règne de Septime Sévère, dans toute la grande crise des monnaies pendant le IIIe siècle (livre VII,

(1) Mommsen, *M R*, t. III, p. 43.

(2) Beckmann, *Geschichte der Erfindungen*, t. III, p. 379; Mommsen, *M R*, t. III, p. 47.

Selon Procope (*De aedif.* I, 2), le laiton n'est pas beaucoup inférieur à l'or pour la couleur, à l'argent pour la valeur. Dans l'édit de Dioclétien *De pretiis rerum venalium* (VII, 24 et 25), l'ouvrier gagne sur la livre de laiton un quart de paye de plus que sur la livre de cuivre.

(3) Neumann, *Pop. et reg. num. vet.* t. I, p. 200; Eckhel, *D N*, t. I, p. CXVI; La Saussaye, *Numism. de la Gaule Narbonnaise*, p. 156.

chap. IV, § 2), il est impossible de suivre avec la même certitude les fluctuations, qui durent être considérables et nombreuses, dans la valeur respective des métaux mis sous forme de monnaie, particulièrement dans le rapport du cuivre et de l'argent. Ce que l'on sait seulement de positif, c'est que la monnaie de cuivre resta jusqu'à un certain point étrangère aux crises de l'argent, parce que la fabrication s'en trouvait confiée à d'autres mains (livre III, chap. 1, § 8, et livre VII, chap. IV, § 1) ; ensuite que l'altération continue de l'argent finit par donner au laiton et au cuivre un prix qui leur faisait presque jouer le rôle d'une monnaie émise à sa valeur métallique. Cette valeur commerciale était alors pour le cuivre 1/120 de celle du même poids d'argent et probablement 1/60 pour le laiton (1). Le rapport monétaire du cuivre aux autres métaux avait été basé, comme nous venons de le voir, sur une valeur conventionnelle donnée à la monnaie d'appoint, et bien plus forte que la valeur commerciale du cuivre. Mais quand, au IIIe siècle, l'altération toujours croissante de la monnaie d'argent eut fait que celle que le gouvernement impérial émettait sous ce nom, d'abord en billon, puis en cuivre saucé, ne fut plus qu'un numéraire conventionnel, une sorte d'assignat décrié, les pièces de cuivre sénatoriales se trouvèrent avoir une valeur de métal intrinsèque supérieure à celle des pièces impériales de soi-disant argent, auxquelles on prétendait donner une valeur nominale plusieurs fois plus forte. Aussi ce fut alors, par un phénomène peut-être unique dans l'histoire, la monnaie de cuivre d'appoint que l'on enfouit dans les moments de danger, au lieu de celle que l'on donnait à la

(1) Mommsen, *M R*, t. III, p. 47.

circulation pour de l'argent, comme la seule monnaie ayant en elle-même une valeur réelle (1).

§ 2. — Variations dans le choix du métal étalon aux diverses époques.

1. On peut poser en principe que les anciens ne connurent pas la prétention irréalisable de ce que l'on a appelé de nos jours la *monnaie bimétallique* ou le *double étalon*. Chez eux, l'on constate au contraire toujours le choix d'un seul métal adopté comme étalon fondamental et régulateur de tout le système monétaire. Seulement le métal choisi a varié, comme il devait arriver nécessairement, suivant les circonstances particulières des contrées et des époques.

En Asie Mineure, aux débuts du monnayage (voy. livre VI, chap. III, § 1), et dans le système de la monnaie d'empire des Perses (livre VI, chap. IV, § 2), tant que dura la monarchie des Achéménides, ce fut l'or qui joua le rôle d'étalon; aussi les rois du sang de Darius, très-libéraux en ce qui était de laisser aux cités soumises à leur empire le droit d'un monnayage municipal d'argent (voy. livre III, chap. I, § 1, et livre VII, chap. IV, § 2), réservèrent absolument à leur couronne le privilége de la fabrication de la monnaie d'or. Ce dont ils tolérèrent seulement en Asie Mineure le développement dans certaines villes favorisées d'une façon particulière, comme à

(1) Mommsen, *M R*, t. III, p. 111-136, joignant au texte de l'auteur allemand les importantes notes de M. de Witte.

Cyzique et à Phocée, ce fut le monnayage de cet alliage d'or et d'argent que l'on nommait électrum et que l'on considérait monétairement comme un métal à part (voy., dans ce chapitre, § 3, 2).

Les Grecs d'Europe adoptèrent dès le début et gardèrent constamment (voy. livre VI, chap. III, § 3; chap. IV, § 1 et 3, et le chap. V en entier) l'étalon d'argent; c'était le métal qu'ils avaient le plus abondamment à leur disposition et celui que Phidon avait fait frapper le premier à Egine (voy. livre I, chap. III, § 2).

Cette adoption de l'étalon d'argent a donné naissance à une infinité de locutions dans la langue grecque. Nous avons signalé plus haut (livre II, chap. II, 2) l'emploi d'ἀργύριον, comme expression générale désignant toute espèce de monnaie. Le changeur est dans le langage hellénique « celui qui change l'argent », ἀργυραμοιϐός; le vérificateur des monnaies, « celui qui examine ou qui connaît l'argent », ἀργυροσκόπος ou ἀργυρογνώμων; le banquier, « celui qui vend l'argent », ἀργυροπώλης, ἀργυροπράτης et même ἀργυροκάπηλος; le collecteur des finances, « celui qui rassemble l'argent », ἀργυρολόγος ou ἀργυραποδέκτης; l'ouvrier monnayeur, « celui qui frappe l'argent », ἀργυροκόπος. De même on appelle ἀργυροκοπεῖον l'hôtel des monnaies, ἀργυροθήκη la caisse financière ou le trésor. Enfin certaines villes de l'Asie Mineure employaient les expressions d'ἀργυροταμίας et ἀργυροταμιεῖον au lieu des simples ταμίας et ταμιεῖον, plus généralement usités ailleurs.

Chez les Romains et chez tous les peuples de l'Italie centrale, jusqu'au consulat de A. Ogulnius et C. Fabius (485 de Rome, 269 avant J.-C.), l'étalon fut de cuivre (livre VII, chap. II, § 3 et 5); à dater de ce moment jusqu'à la fin de la République, on adopta l'étalon d'argent (livre VII, chap. III), et enfin, sous l'Empire, l'étalon d'or (livre VII, chap. IV et VI).

2. Excepté là où règne le système de l'*aes grave*, c'est-à-dire là où l'on a l'habitude d'employer des monnaies de cuivre circulant pour leur valeur métallique et pesant plus de 100 grammes, comme chez les Italiotes antérieurement au IIIe siècle av. J.-C., dans l'Egypte des Ptolémées et à Carthage, les fluctuations de la valeur réciproque du cuivre et de l'argent n'ont aucune réelle importance au point de vue monétaire. Les espèces de cuivre ont toujours trop le caractère de monnaie d'appoint; elles représentent de trop minimes sommes pour que l'on attache un intérêt bien sérieux à l'exactitude de leur poids et à leur valeur intrinsèque, là même où l'on cherche à la tenir rapprochée de leur valeur nominale. Que le cuivre baisse tout à coup de valeur comme métal sur les marchés, la monnaie que l'on en fabrique ne verra pas pour cela son cours sensiblement affecté; elle prendra un caractère encore plus conventionnel qu'auparavant, mais il n'en résultera pas de trouble dans l'économie de la circulation, car cette monnaie ne sert qu'aux appoints, et sa baisse n'amènerait d'ailleurs qu'une défalcation minime sur des valeurs déjà bien petites par elles-mêmes.

Il n'en est pas de même des changements dans le rapport de l'or à l'argent. Ceux-ci affectent de la manière la plus vitale toute l'économie financière, tout le mécanisme des échanges, et par suite ont l'action la plus considérable et la plus directe sur la fortune publique. Aussi, dès qu'il y a eu des monnaies, une des préoccupations principales qui se sont imposées en matière de finances à l'autorité publique des différents pays, a été la question de la nature des relations à établir, au point de vue de la valeur intrinsèque et de la valeur nominale, entre les pièces constituant le numéraire d'or et le numéraire d'argent, et du trouble qu'une baisse de quelque importance dans le cours de l'un ou de l'autre métal amenait dans cette relation. Dans la manière de régler la condition réciproque et la fabrication de la monnaie d'or et d'argent, le monde antique a connu et employé deux systèmes.

Le premier, qui remonte aux origines mêmes du monnayage en Asie et plus haut encore, aux habitudes de la circulation de lingots qui précéda la monnaie proprement dite dans les civilisations orientales (voy. livre I, chap. III, § 1, et livre VI, chap. II, § 1 et 2), consista à partir de la proportion existant entre la valeur des deux métaux pour tailler l'unité d'or et l'unité d'argent sur un pied différent, de telle façon que la première valût la seconde un nombre de fois exact, par exemple 20 ou 15 fois, tandis que l'écart de valeur réelle des métaux était de 1 à 13 1/3. C'est ainsi que l'on procéda dans la série monétaire primitive du royaume de Lydie et des cités grecques de la côte d'Asie Mineure avant la conquête perse, ainsi que dans la fixation du système des monnaies d'empire des Achéménides (voy. livre VI, chap. III, § 1). A l'époque suivante, les villes grecques soumises aux rois de Perse dans la même contrée, bien que ne fabriquant que de la monnaie d'argent, durent s'arranger pour tailler celle-ci de manière qu'elle fût dans un rapport exact avec la monnaie d'or du suzerain, qu'elles étaient obligées de recevoir au pair. Ce système était très-commode dans la pratique des petites transactions journalières, tant que la proportion entre les deux métaux d'après laquelle avait été établi le taux différent de l'unité de l'un et de l'autre restait sans changement, ou n'éprouvait qu'une variation telle qu'elle pût se racheter par une légère prime en faveur de l'un ou de l'autre. Mais il avait l'inconvénient de livrer la circulation monétaire à toutes les perturbations qui devaient résulter d'un changement considérable dans cette proportion, d'une forte baisse soit de l'or, soit de l'argent. Quant un fait de ce genre s'était produit, il fallait nécessairement en venir à une démonétisation et à une refonte de la monnaie d'un des deux métaux, pour en changer le poids et la remettre, d'après les bases du nouveau cours, en rapport exact de valeur avec celle de l'autre métal. Dans les siècles de la décadence de leur empire, les Achéménides eurent la prétention de maintenir légalement, contre toutes les règles économiques, à l'or une valeur 13 1/3 fois supérieure à celle de l'argent, bien que son cours eût baissé par le fait d'au moins 11 0/0. Le résultat en fut une exportation de l'argent sur une telle échelle qu'il disparut presque complétement des provinces intérieures de l'empire, où ne restait plus que l'or, fortement déprécié par le fait, quoique gardant la même valeur nominale (1).

Avec leur merveilleux instinct de commerce et leur expérience des opérations de banque, les Athéniens conçurent une toute autre solution du problème. Comme tous les Grecs d'Europe, ils avaient adopté l'étalon d'argent; c'était d'ailleurs le métal que les mines du Laurium versaient en quantité presque inépuisable sur leur marché, et dont l'exportation constituait une de leurs grandes richesses. Pourtant l'or abondait aussi sur le marché

(1) Brandis, p. 248.

d'Athènes, car ils pouvaient s'en procurer tant qu'ils voulaient en échange de leur argent; les inscriptions seraient là pour attester cette abondance de l'or dans la circulation de l'Attique, si nous n'en avions pas une preuve encore plus éclatante dans les cours si modérés, de 1 à 12 ou 11 1/2, que nous avons vu ceux de l'or par rapport à l'argent à Athènes vers la fin du ve siècle avant J.-C. et dans la plus grande partie du IVe. Dans les inscriptions, les historiens et les orateurs, il est facile de constater que si toutes les évaluations de compte s'exprimaient en drachmes d'argent, l'instrument d'échange des grandes affaires commerciales était l'or, pendant toute la période qui s'étend de Périclès à Alexandre. Mais les Athéniens préférèrent ne pas monnayer cet or au nom de leur république, et le laisser entre les mains du commerce sous la forme de lingots ou d'espèces étrangères, dont la banque fixait librement le cours. Ils avaient compris que le grand commerce se trouve toujours plus sûr et plus à l'abri des crises politiques lorsqu'il est indépendant des monnaies, et qu'il peut se procurer et administrer lui-même ses ressources métalliques en toute liberté, sans avoir besoin du secours de l'État. Il y eut pourtant une monnaie d'or athénienne, et l'on en possède des spécimens de diverses époques, qui rentrent tous dans la période dont je viens d'indiquer les limites (1). Mais la fabrication en fut toujours fort restreinte; surtout elle n'eut lieu que par intervalles, pour une circonstance spéciale, pour un besoin déterminé du trésor public. De plus, les Athéniens ne s'ingénièrent pas à tailler leurs monnaies d'or de manière à leur faire repré-

(1) Sur ce numéraire d'or attique et les échantillons qui en subsistent, voy. Beulé, *Les Monnaies d'Athènes*, p. 70 et suiv.; Hultsch, p. 163.

senter un nombre exact d'unités d'argent, d'après un rapport de valeur qui pouvait changer d'un jour à l'autre. Ils les taillèrent exactement sur le même pied, de manière que le statère, unité d'or, pesât comme deux drachmes d'argent, c'est-à-dire une fraction exacte (1/50e) (voy. livre VI, chap. IV, § 1) de la mine pondérale; ce n'était pas une pièce de telle valeur, mais de tel poids. La monnaie d'or ainsi taillée était mise par le gouvernement dans la circulation, quand il trouvait un intérêt et un avantage à la fabriquer, comme représentant une valeur qu'un tarif public devait déterminer au moment de l'émission, et qui était conforme au cours du métal en banque. Puis, quand les circonstances qui avaient amené l'émission étaient passées, quand le cours de l'or avait changé, il n'était pas besoin de démonétiser les pièces; elles restaient dans la circulation, toujours acceptées avec empressement pour leur valeur intrinsèque, à cause de leur excellente qualité. Le statère d'or d'Athènes était ainsi, sur le marché même de cette ville, un lingot dont le gouvernement garantissait le poids et le titre, ce qui lui assurait une préférence et une certaine prime, mais dont le cours par rapport à l'étalon d'argent suivait librement et sans entraves les fluctuations commerciales de la valeur du métal (1).

(1) C'est ce que Xénophon dit en termes formels dans son traité *Sur les revenus de l'Attique* (IV, 10), où, après avoir avancé que l'or pouvait être pour le trésor public aussi utile que l'argent, il ajoute : « Cependant je dois dire que, lorsque l'or abonde, son estimation devient moindre, et celle de l'argent plus grande. Nous disons cela afin de pouvoir insister avec plus de confiance sur l'utilité d'exploiter les mines d'argent, car on en trouvera toujours, et l'argent ne perd jamais sa valeur. Cela me semble avoir été l'opinion de l'État avant moi. » Pour les Athéniens, l'argent était donc le métal à valeur fixe et constante, l'or celui dont la valeur était variable.

Alexandre le Grand, imitateur fidèle du système des monnaies d'Athènes, donna aussi à son or le même poids qu'à son argent (voy. livre VI, chap. v, § 1), sans s'inquiéter de savoir s'il en résultait entre les pièces des deux métaux un rapport de valeur en nombres entiers ou fractionnaires. C'est ainsi qu'il donna à son système monétaire une élasticité telle que ses monnaies de l'un et de l'autre métal furent copiées pendant plus de cent ans après sa mort (1), sans subir, ni dans l'or ni dans l'argent, aucune altération sensible de poids, et cela sur une étendue de territoire immense, du fond du Pont-Euxin à la frontière d'Egypte, et de l'Achaïe aux bords de l'Euphrate. C'est-à-dire que l'on frappait des statères d'or et des tétradrachmes d'Alexandre, les uns et les autres toujours taillés sur le même pied, dans des pays où la proportion de valeur des deux métaux était certainement différente, et que cette fabrication se continua sans changement pendant toute la durée d'un siècle qui vit, comme nous l'avons montré tout à l'heure, de grandes fluctuations dans le cours réciproque de l'or et de l'argent. Ce qui rendit ce fait possible, c'est qu'Alexandre s'était conformé au principe nouveau introduit par les Athéniens, qu'il avait fait de son statère d'or une pièce du poids de deux drachmes et non d'une valeur invariablement déterminée en argent. Son système monétaire se prêtait de cette façon, sans trouble dans sa constitution essentielle, à toutes les variations dans le rapport des deux métaux.

L'exemple d'Alexandre fut suivi par la plupart des monarchies issues de son empire, monarchies dont le monnayage d'or fut, du reste, fort restreint (voy. livre VI,

(1) L. Müller, *Numismatique d'Alexandre*, p. 87 et s.

chap. v, § 2). Chez les Ptolémées seuls nous constatons un retour à l'ancienne méthode. Sous Soter, l'or est taillé exactement sur le même pied que l'argent, parce que les deux métaux sont alors dans le rapport :: 1 : 12 1/2 et qu'alors le statère, pesant juste deux drachmes, se trouve en valoir 25 d'argent. Mais après son règne, tandis que le poids de l'argent reste invariable, nous constatons une diminution du poids des pièces d'or assez notable et assez régulière pour qu'il soit nécessaire de l'attribuer à une mesure légale ayant pour but de maintenir au statère la valeur exacte de 25 drachmes d'argent dans les données d'une élévation du cours de l'or qui l'amenait presque à être :: 1 : 13 (voy. livre VI, chap. vi, § 1).

3. Pendant toute la durée de la République, les Romains, à l'exemple des Athéniens, ne fabriquèrent de monnaie d'or que dans des cas exceptionnels, bien que toutes les grandes affaires se réglassent au moyen de payements en or, sous forme de lingots ou d'espèces étrangères librement tarifées par le commerce (1). Au reste, à cette époque, ainsi que l'a très-justement remarqué M. Mommsen, les monnaies de la République « ne représentaient pas à beaucoup près toute la circulation du numéraire en Italie; elles n'étaient destinées qu'aux usages journaliers et au petit commerce, tandis que les grandes opérations commerciales se réglaient en lingots et au poids. » On peut même formuler en règle que jusqu'à César il n'y eut de monnaies d'or romaines que frappées dans les provinces, par les généraux en campagne, en vertu de leur *imperium*

(1) Mommsen, *M R*, t. II, p. 119.

et pour le service de leurs armées (voy. livre III, chap. I, § 7). Les premières de ces pièces, en particulier celles de l'année 537 de Rome (livre VII, chap. III, § 3), furent émises comme représentant dans l'étalon monétaire d'argent une valeur déterminée, inscrite en chiffres sur ces pièces ; la valeur ainsi indiquée avait même un caractère exceptionnel qui en faisait de véritables monnaies de nécessité, justifiées par les circonstances politiques du moment (voy. plus haut, dans ce chapitre, § 1, 4). Plus tard, au contraire, les aurei de Sylla et de Pompée (livre VII, chap. III, § 5), comme ceux de César (livre VII, chap. IV, § 1), d'après un principe analogue à celui du monnayage d'Athènes, ne furent plus des pièces d'un nombre fixe de deniers ou de sesterces d'argent, mais d'une fraction exacte, 1/30 ou 1/40 de la livre pondérale. Elles pouvaient donc subir des variations de cours sans porter un trouble général dans l'économie du système monétaire.

Quand Auguste adopta l'étalon d'or, il semble avoir cherché à créer quelque chose comme une monnaie bimétallique. Du moins il s'attacha à faire que le denier d'argent eût réellement une valeur intrinsèque conforme à sa valeur nominale par rapport à l'aureus, dans les données du cours respectif des deux métaux au moment de sa réforme monétaire. Sous ses premiers successeurs, on continua à faire de même, et, lorsque l'on fit des changements à la monnaie, on chercha à les opérer également sur les pièces d'or et sur les pièces d'argent. Ainsi l'on voit Néron diminuer en même temps le poids de l'aureus et celui du denier (livre VII, chap. IV, § 1). « A cette « époque, remarque M. Mommsen (1), l'or et l'argent

(1) Mommsen, *M R*, t. III, p. 44.

« s'exportaient également dans les pays étrangers, tandis « que le cuivre frappé par les Romains ne s'y trouve pas « du tout : ce qui prouverait que l'or et l'argent conti- « nuaient tous deux à conserver leur valeur métallique, « tandis que le cuivre n'était qu'une monnaie de conven- « tion affectée seulement à l'usage de l'Empire romain. « On trouve dans la Germanie beaucoup de deniers d'ar- « gent et peu d'or appartenant aux deux premiers siè- « cles (1); dans l'Inde, on rencontre les deux métaux, mais « plus d'or que d'argent. » Après Néron, la progression rapide de l'altération du poids des monnaies d'argent (voy. livre VII, chap. IV, § 1) donne de plus en plus aux espèces de ce métal le caractère de monnaie représentative et presque fiduciaire. « On a vu, continue M. Mommsen, « quelque chose de semblable se produire en Angleterre « au XVIIe siècle : le gouvernement avait commencé à « émettre de la monnaie d'or avec l'intention de garder « en même temps à l'or et à l'argent leur valeur métal- « lique entière ; l'expérience ayant démontré que ce projet « était inexécutable, les pièces d'argent devinrent peu à « peu des monnaies fiduciaires, de sorte que, tandis que « le lingot d'or, à poids égal, était au lingot d'argent « :: 1 : 15,75, la monnaie d'or était à la monnaie d'argent « :: 1 : 14,29 (2). De même Auguste, en faisant frapper « des pièces d'or, avait peut-être l'intention de ne donner « à ce métal qu'une importance égale à celle de l'argent ; « mais déjà sous Vespasien l'or était devenu le métal « principal, et l'argent n'était considéré que comme une « monnaie d'appoint. On comptait encore régulièrement

(1) *(Germani) argentum magis quam aurum sequuntur* : Tacit. *Germ.* 5.

(2) Hoffmann, *Lehre vom Gelde*, p. 103 et suiv.

« en deniers et en sesterces, comme on compte encore à « présent en Angleterre en livres et en shillings d'argent ; « mais cette valeur nominale n'était pas représentée par « une certaine quantité d'argent, mais par la quantité « d'or correspondante ; ainsi le denier signifiait moins un « denier d'argent que 1/25 d'aureus. Très-souvent, on « comptait déjà à cette époque tout simplement en pièces « d'or, surtout lorsqu'il s'agissait de la solde des trou- « pes (1). » Pline (2) s'étonne de ce que la République n'a fait payer les contributions de guerre qu'en argent. C'est grâce à ce caractère de monnaie d'appoint attribué aux espèces d'argent, que, du règne de Néron à celui de Septime Sévère, le gouvernement put en altérer graduellement le titre jusqu'à l'amener à ne plus contenir que 50 ou 40 0/0 de fin (voy. livre VII, chap. IV, § 1) sans produire de perturbation très-notable dans le mécanisme des échanges ni dans la fortune publique, parce que l'aureus, malgré deux réductions successives, gardait un poids exact et un titre métallique excellent.

C'est avec Caracalla que commence la grande crise monétaire du IIIe siècle (livre VII, chap. IV, § 2). Ce détestable empereur y donna naissance par deux mesures, que ses successeurs aggravèrent encore en les continuant, au lieu d'arrêter le mal. La première fut une brusque diminution du poids de l'aureus, avec la prétention de lui maintenir par des dispositions pénales rigoureuses la même valeur. La seconde consista à se mettre à fabriquer, dans des proportions qui excédaient de beaucoup celles que l'on peut admettre raisonnablement pour une monnaie d'ap-

(1) Sueton. *Domit.* 7.

(2) *H N*, XXXIII, 3, 51.

point, et qui en firent en peu d'années la majeure partie du numéraire circulant, une monnaie de billon émise comme argent, quoiqu'elle en arrivât bientôt à ne contenir que 6 0/0 de fin et finît même par n'être plus que du cuivre saucé. Le premier résultat de ces mesures fut d'abord en peu d'années une dépréciation inouïe du denier, resté jusque-là l'unité de compte. Aucune loi ne put lui maintenir sa valeur nominale, et sous Elagabale et Alexandre Sévère, pour établir quelque fixité dans les revenus publics, on dut décider que les payements aux caisses de l'Etat se feraient désormais exclusivement en or (1). Bientôt l'aureus lui-même ne présenta plus de fixité dans son poids. D'année en année et pour ainsi dire de mois en mois, le gouvernement le modifiait (voy. livre VII, chap. IV, § 2). L'incertitude en vint à ce point, qu'elle produisit ce que M. Mommsen (2) a très-bien appelé la *démonétisation virtuelle de l'or.* Pendant presque tout un siècle, fait inouï dans l'histoire et dont on a peine à comprendre la possibilité, on frappa sans règle fixe la monnaie d'or, qui était la base et l'étalon de tout le système métallique. Des altérations incessantes de ce genre finirent par rendre illusoire toute fixation du poids des pièces. Aussi, dans la pratique et malgré les ordonnances que les empereurs renouvelaient incessamment, la monnaie d'or cessa d'être considérée comme une véritable monnaie; les pièces ne furent plus regardées que comme des fragments de lingots estampillés à l'effigie impériale, et ne purent plus être acceptées dans le commerce que la balance à la main. Et pourtant c'était là le seul numéraire qui gardât une valeur,

(1) Lamprid. *Sev. Alex.* 39.

(2) *M R*, t. III, p. 63.

qui ne subît pas une dépréciation comparable à celle des assignats à la fin de notre grande Révolution ! Les ordres de payement sur le Trésor public à cette époque ne portaient plus l'indication d'une somme d'après une unité de compte fixe, comme le denier ou le sesterce, mais stipulaient combien de pièces de tel métal et de telle espèce (1) ou bien quel poids de tel métal sous une forme monétaire quelconque on devait remettre à celui qui en était gratifié.

Quand Constantin, continuant l'œuvre ébauchée par Dioclétien, remit l'ordre dans cet inextricable chaos monétaire (voy. livre VII, chap. VI, § 1), son premier soin fut de rendre à la monnaie d'or un poids fixe et exact. Il en fit l'étalon de son nouveau système et y subordonna le numéraire des deux autres métaux, constitué en monnaie d'appoint. Mais, pour ramener la confiance dans le public, il dut rendre aux pièces d'argent un titre excellent et une valeur intrinsèque conforme à leur valeur nominale. Seulement, cette concordance des deux valeurs ne dura pas longtemps. Peu d'années après Constantin, le cours de l'or ayant subi une assez forte élévation (voy. plus haut, dans ce chapitre, § 1, 4), les monnaies d'argent, qui, sans augmentation de poids, continuaient à représenter la même fraction de l'unité d'or, n'eurent plus une valeur de métal égale à leur valeur nominale. Mais ceci n'eut point d'inconvénient sérieux, parce qu'il ne s'agissait que d'une monnaie d'appoint fabriquée dans des proportions très-raisonnables.

(1) Vopisc. *Aurelian.* 9 et 12; *Prob.* 4 ; *Bonos.* 15; voy. Mommsen, *M R*, t. III, p. 143.

§ 3. — Alliages des métaux monétaires.

1. En général, dans tout le monde hellénique, la monnaie d'or et d'argent se montre à nous avec un titre remarquablement pur. Presque partout, l'or est souvent sans alliage; l'analyse ne révèle que 3 millièmes d'argent uni à l'or dans les statères de Philippe de Macédoine et d'Alexandre (1) (voy. livre VI, chap. v, § 1); c'est le plus grand degré de pureté auquel on pût atteindre avec les procédés d'affinage dont disposaient les anciens. Dans les dariques (livre VI, chap. iv, § 2), il y a un peu d'alliage introduit volontairement; mais il ne monte qu'à 3 centièmes (2). La monnaie d'argent grecque ne présente aussi, dans sa généralité, que des proportions d'alliage extrêmement minimes, bien inférieures à celles qu'ont admises les peuples modernes. Les tétradrachmes athéniens de la belle époque varient entre 0,986 et 0,983 de fin (3). Ceux de la seconde série (livre VI, chap. v, § 7) ne contiennent plus, en moyenne, que 0,966 d'argent et 0,032 de cuivre; mais ils compensent cet alliage par une addition de 0,002 d'or (4). Quel-

(1) Hussey, p. 109.

(2) Letronne, *Considérations sur les monnaies*, p. 108; Brandis, p. 244.

(3) Barthélemy, *Voyage d'Anacharsis*, 3e édit. t. VII, p. LIV; Hultsch, p. 171.

Pourtant quelques exemplaires exceptionnels n'ont donné de fin que 0,962 (Hussey, p. 45) et même 0,933 (Rauch, *Zeitschr. f. Numism.* t. 1, p. 36).

(4) Beulé, *Les monnaies d'Athènes*, p. 103.

ques-uns cependant, tout à fait dans les derniers temps du monnayage autonome de la cité de Minerve, sont d'un titre plus bas, 0,919 d'argent, 0,0784 de cuivre et 0,0026 d'or (1). Celui des statères d'argent d'Egine (livre VI, chap. III, § 3, et IV, § 1) est en moyenne de 0,960 de fin (2), c'est-à-dire inférieur de 2 centièmes environ au titre des tétradrachmes athéniens de la belle époque. L'analyse de plusieurs statères de Corinthe (livre VI, chap. IV, § 1) a donné des résultats qui varient entre 0,961 et 0,936 d'argent pur (3). Dans les monnaies d'argent d'Alexandre, on constate 0,9674 d'argent, 0,029 d'alliage et 0,0036 d'or (4).

Chez les Grecs d'Italie et de Sicile, les usages sous ce rapport étaient les mêmes, ainsi qu'il résulte d'une série d'analyses dues à M. de Rauch (5), et dont nous allons enregistrer les données essentielles ; on y remarquera que le titre des petites pièces divisionnaires, dans une même ville, est toujours inférieur à celui des tailles monétaires plus fortes, ce qui se pratique encore aujourd'hui dans beaucoup de pays de l'Europe. Voici d'abord le titre de quelques échantillons de la série des *incuses* de la Grande-Grèce (voy. dans ce livre, chap. III, § 1, 4; livre VII, chap. I, § 2), fabriquées au VIe siècle avant l'ère chrétienne :

Caulonia, didrachme.......... 0,960 de fin ;
Posidonia, didrachme......... 0,970 ;
Tarente, didrachme.......... 0,948.

(1) Hussey, p. 45.
(2) Hussey, p. 60 ; Rauch. *l. c.*
(3) Hussey, p. 53 ; Rauch. *l. c.*
(4) Hussey, p. 71 ; Hultsch, p. 182.
(5) *Zeitschr. f. Numism.* t. I, p. 36 et s.

Un tétradrachme de Messine, des premières années du ve siècle, a donné 0,948 de fin.

Les indications suivantes se rapportent à des monnaies de la plus belle époque de l'art :

Campaniens, didrachme.......	0,980 de fin;
Crotone, didrachme..........	0,960;
Hyrina, didrachme...........	0,940;
Héraclée de Lucanie, drachme..	0,930;
» » diobole...	0,920;
» » obole....	0,920;
Néapolis, didrachme.........	0,940;
Nola, didrachme.............	0,940;
Syracuse, tétradrachme.......	0,960;
Tarente, didrachme (1).......	0,930;
» obole...............	0,910;
» hémiobole...........	0,910;
Térina, didrachme...........	0,940;
Thurium, didrachme (2).......	0,940;
» obole..............	0,915;
Velia, drachme (3)...........	0,966.

Dans les derniers temps du monnayage de Tarente, le titre des pièces d'argent s'altère sensiblement, car un didrachme ou *nomos* de cette époque n'a donné à M. de Rauch que 0,880 de fin.

Pour les anciennes monnaies de l'Asie, ne trouvant au-

(1) Cette analyse n'appartient pas à la série de celles de M. de Rauch ; elle provient de quelques essais que j'ai fait faire à la Monnaie de Paris.

(2) Même observation.

(3) Une autre drachme de la même ville, d'époque un peu plus récente, n'a plus donné que 0,930 de fin.

cune indication dans les publications antérieures, j'ai dû faire exécuter moi-même quelques essais à la Monnaie de Paris. Une pièce d'argent de la série crésëenne (voy. livre VI, chap. III, § 1) a été reconnue comme contenant 0,980 de fin, une petite monnaie de Chios antérieure à Darius fils d'Hystaspe 0,975 et une de Téos 0,960, juste le titre des statères d'argent d'Egine sur le modèle desquels sont taillées les espèces de Téos. Deux pièces d'argent du monnayage d'empire des Achéménides ou sicles médiques (livre VI, chap. IV, § 2, et chap. IX, au mot *Sicles médiques*) ont montré un peu moins de métal pur, 0,940 l'une et 0,930 l'autre (1); une monnaie de Milet de la fin du Ve siècle av. J.-C. 0,950, une de Chalcédoine 0,960, enfin une de Rhodes antérieure à Alexandre 0,965 d'argent fin, mais 0,003 d'or. Tout ceci constitue toujours un titre fort élevé. Dans toute la série asiatique avant la conquête d'Alexandre, on ne rencontre d'altération sérieuse du métal des pièces d'argent que dans les espèces royales fabriquées spécialement par les Achéménides pour l'usage de leurs provinces araméennes et phéniciennes, et cela pendant la période de décadence de l'Empire perse (livre VI, chap. IV, § 2). Quelques rares villes ont aussi suivi l'exemple de cette altération des monnaies provinciales du Grand Roi; c'est ainsi que s'explique la monnaie d'Aspendus de Pamphylie, appartenant à la même période, que M. de Rauch a analysée et dont il a trouvé le titre à 0,709 de fin; il est bon d'ajouter que c'est une très-petite monnaie divisionnaire

(1) Les analyses, faites par M. de Rauch, de deux petites pièces frappées dans l'atelier de Tarse pour les satrapes des Achéménides ont fourni :

1° Tête barbue et casquée ; ℞ Baal-Tars assis....... 0,942 de fin ;
2° Baal-Tars assis; ℞ Lion dévorant un cerf......... 0,934.

et que les pièces correspondantes d'un poids supérieur devaient être à un meilleur titre.

Pour l'époque postérieure à Alexandre, nous retrouvons les analyses du savant berlinois. Un tétradrachme d'Antiochus Ier de Syrie contient 0,990 d'argent pur, et un de Ptolémée Soter 0,934. Le titre des monnaies d'argent des Séleucides et des Lagides se maintient longtemps excellent; mais dans l'agonie de ces deux monarchies il subit une altération profonde; un tétradrachme de Philippe, le dernier roi de Syrie de la race de Séleucus, ne contient plus que 0,678 d'argent; ceux de Ptolémée Aulète sont d'un billon où l'alliage tient la plus large part et arrivent même à n'être presque plus que de cuivre saucé (livre VI, chap. VI, § 2). Le titre d'une drachme d'Arsace Ier est à 0,946 de fin, et jusqu'à la fin de l'empire des Parthes le métal de leurs drachmes reste remarquablement pur, tandis que les tétradrachmes, frappés dans l'atelier de Séleucie et destinés exclusivement à la circulation des provinces euphratiques (livre VII, chap. V, § 1), suivent à partir des environs de l'ère chrétienne l'altération des tétradrachmes impériaux d'Antioche (voy. plus loin, la sect. 4 de ce §) et descendent même à un titre inférieur; sous les derniers Arsacides, le tétradrachme de Séleucie sur le Tigre, qui ne contenait plus que 0,625 de métal fin, ne pouvait valoir dans la circulation que 2 1/2 des drachmes frappées dans les autres provinces de l'empire, lesquelles restaient d'argent pur.

2. Cependant certaines séries de monnaies, très-nettement déterminées et appartenant à l'Asie Mineure, tranchent sur le reste du monnayage grec en ce qu'elles sont fabri-

quées, non plus en or pur, mais avec un métal extrêmement pâle, d'aspect particulier, lequel est un or allié dans des proportions énormes d'argent et même de cuivre. C'est ce que les numismatistes ont pris l'habitude d'appeler, avec juste raison, les monnaies d'électrum.

Le nom d'ἤλεκτρον ou d'or blanc, λευκὸς χρυσός (1), distingué de l'or proprement dit, s'appliquait chez les anciens à tout alliage d'argent et d'or où la proportion de l'argent s'élevait au-dessus de 20 0/0 (2). Il y avait l'électrum naturel et l'électrum artificiel (3). En effet, presque toujours, dans la nature, le minerai d'or se présente uni à une certaine proportion d'argent, laquelle, dans celui que donnent les lavages de quelques pays, s'élève bien au-dessus de la limite qui pour les anciens déterminait l'électrum, et modifie de la manière la plus sensible la couleur du métal en la blanchissant. Ainsi l'or de Vöröspatak, en Transylvanie, est naturellement mêlé d'une quantité d'argent qui atteint quelquefois 38,74 0/0 du poids total du minerai. Celui qu'on recueillait en grande abondance en Lydie aux temps antiques, soit dans les lavages des sables du Pactole, soit dans les excavations des filons quartzeux du Tmolus et du Sipyle, paraît avoir contenu une proportion encore plus forte d'argent. Les analyses que l'on a faites (4) d'hectés primitives de Milet, au type de la tête

(1) Herodot. I, 50.

(2) Plin. *H N*, XXXIII, 4, 23; cf. Pausan. V, 12, 6; Eustath. *ad* Dionys. *Periey*. 293; Hesych. Suid. et Phot. *v.* ἤλεκτρον; Serv. *ad* Virg. *Æneid.* VIII, 402; Isidor. *Orig.* XVI, 24.

(3) Plin. *l. c.*; voy. Ch. Lenormant, *Rev. num.* 1856, p. 88 et s.; Brandis, p. 164.

(4) Brandis, p. 216.

de lion et de l'astre (voy. livre VI, chap. III, § 1), semblent prouver que l'alliage y allait quelquefois jusqu'à 43,8 0/0 d'argent, ce qui obligeait d'y ajouter pour le monnayage une très-faible proportion de cuivre, afin de donner un peu de couleur et d'empêcher le métal d'être presque aussi blanc que l'argent (1). C'est là, du reste, un maximum qui n'était pas toujours atteint, car les analyses du duc de Luynes (2) paraissent montrer que l'électrum monétaire de l'Asie Mineure, soit naturel comme à l'origine, soit imité plus tard par des alliages artificiels, était d'une composition très-irrégulière, où les proportions des deux métaux variaient, mais où celle de l'argent était fortement supérieure à 20 0/0 (3). Ce minerai mélangé de la Lydie constituait l'électrum de Sardes, que l'on oppose à l'or pur recueilli dans l'Inde (4). Pour en tirer de l'or, il fallait l'affiner. Mis en œuvre tel que le donnait la nature, on le considérait, dès le temps de la composition des poésies homériques, comme un métal distinct de l'or et classé à un rang de noblesse intermédiaire entre l'or et l'argent (5). Il en était de même bien antérieurement, dans la civilisation préhistorique d'âge du bronze de la cité si an-

(1) L'analyse a donné exactement 0,536 d'or, 0,438 d'argent et 0,026 de cuivre.

(2) *Rev. num.* 1856, p. 89.

(3) Pline fait la remarque suivante à propos de l'électrum : *Si (argentum) quintam portionem excessit, incudibus non resistit.* Tous les numismatistes ont pu remarquer que les flans des statères d'électrum ont constamment éclaté sous le marteau et présentent des fissures irrégulières et profondes, qu'on ne voit presque jamais dans ceux des pièces de véritable or.

(4) Sophocl. *Antig.* 1037.

(5) *Odyss.* O, 460 ; Σ, 296.

cienne dont M. Schliemann a découvert les débris à Hissarlik en Troade, et qu'il croit, à tort suivant moi, être l'Ilion d'Homère. Le trésor du chef de cette ville renfermait de l'or, de l'électrum, de l'argent et du bronze, comme celui de Ménélas à Sparte d'après l'Odyssée (1), et de même encore les offrandes envoyées par Crésus à l'oracle de Delphes consistaient en or, or blanc ou électrum et argent (2). En parlant de ces offrandes, Hérodote nous indique que des tuiles, les unes d'or, les autres d'électrum, exactement des mêmes dimensions, pesaient les unes 2 1/2 talents, les autres 2 talents. Le poids spécifique de l'électrum de Sardes était donc à celui de l'or :: 2 : 2 1/2, ce qui conduirait à admettre une proportion moyenne de 30 0/0 d'argent dans cet électrum.

Dans la série des rois de Lydie (3) et dans le monnayage primitif des cités de l'Ionie (4), on voit que l'or pur et l'électrum ont été monnayés simultanément, comme des métaux distincts et ayant des valeurs monétaires qui ne se confondaient pas (voy. livre VI, chap. III, § 1). En effet, du moment qu'on avait admis l'emploi de l'électrum naturel comme d'un métal à part, on avait dû lui donner une valeur fixe et dans un rapport exact avec celle de l'or et de l'argent. Brandis (5) a établi que le rapport avec l'or était alors :: 4 : 3, autrement dit qu'un poids donné d'électrum avait une valeur de 25 0/0 moindre que celle du

(1) Δ, 73 et s.

(2) Herodot. I, 50.

(3) Brandis, p. 386 et s. ; F. Lenormant, *Monnaies royales de la Lydie*, Paris, 1876.

(4) Brandis, p. 388, 393, 395, 396 et 401.

(5) P. 169 et s.

même poids d'or pur. C'est ce fait dont la tradition, mal comprise au bout d'un grand nombre de siècles, a fait dire à Servius (1) et à Isidore de Séville (2) que l'électrum ne contenait régulièrement que 3/4 d'or, ce que toutes les analyses jusqu'à présent faites démentiraient, s'il s'agissait en réalité d'une proportion d'alliage. Ainsi, quand Crésus, dans sa réforme monétaire (livre VI, chap. III, § 2), fabriqua deux pièces d'or, l'une de 10 gr. 89, l'autre de 8 gr. 17, la première était l'équivalent exact du statère d'électrum de 14 gr. 52, qui restait dans la circulation à côté des nouvelles monnaies, la seconde en représentait les 3/4 (3); quand Milet émettait en même temps un statère d'électrum de 14 gr. 52 et un statère d'or de 16 gr. 40 (4), les valeurs courantes de ces deux pièces étaient entre elles :: 1 : 1 1/2.

Plus tard, après une assez longue interruption et principalement dans l'intervalle entre la paix de Callias et Philippe de Macédoine, plusieurs cités de l'Asie Mineure, principalement Cyzique et Phocée, reprirent, dans des circonstances que nous étudierons plus loin (livre VI, chap. IV, § 3; chap. IX, aux mots *Cyzicènes* et *Phocaïdes*), des émissions de statères et d'hectés en électrum, non plus naturel, mais artificiel. On qualifiait alors ces pièces d'« or de Cyzique » et d'« or de Phocée », χρυσίον Κυζικηνόν, χρυσίον Φωκαϊκόν, deux expressions qui se trouvent fréquemment dans les textes littéraires et épigraphiques de l'époque. Les cours constatés plus haut par nous (dans ce

(1) *Ad* Virg. *Æn.* VII, 402.

(2) *Orig.* XVI, 24.

(3) F. Lenormant, *Monnaies de Lydie*, p. 25 et s.

(4) Brandis, p. 394-396; F. Lenormant, *Monnaies de Lydie*, p. 27.

chapitre, § 1, 2) pour le statère de Cyzique du poids de 16 gr. 20, de 28 drachmes attiques d'argent sur le marché du Bosphore Cimmérien et de 32 sur le marché d'Athènes, sont de 25 0/0 inférieurs à la valeur du même poids de métal si c'était de l'or pur. On tenait donc compte, dans la fixation du cours de ces pièces, de la présence de l'alliage, et l'on cotait l'électrum artificiel à l'ancienne valeur de l'électrum naturel. Les cours indiqués étaient d'ailleurs de vrais cours de faveur, supérieurs à la valeur intrinsèque résultant pour les pièces de la quantité d'or qu'elles contenaient réellement, car dans les cyzicènes de la meilleure qualité la proportion d'alliage n'est jamais moindre de 40 0/0. Au reste, nous avons constaté tout à l'heure (§ 1, 5), à propos du laiton, un phénomène analogue, celui d'un alliage métallique qui était coté dans le commerce ancien pour une valeur supérieure à celle des deux éléments entrant dans sa composition.

Pourtant, lorsque l'abaissement du titre des pièces excédait certaines limites, comme à Phocée et à Lesbos, dont les hectés ne contiennent plus qu'environ 40 0/0 d'or (1), la monnaie d'électrum ainsi fabriquée ne passait plus sur les marchés étrangers avec l'ancienne valeur du métal factice, de 25 0/0 seulement inférieure à celle de l'or. Les pièces phocaïques sont signalées pour leur détestable qualité (2), et nous savons qu'elles éprouvaient une perte très-considérable hors des marchés de Phocée, de

(1) Voici les analyses de deux hectés de Phocée par le duc de Luynes :
1° Or, 0,4133 ; argent, 0,51 ; cuivre, 0,0767 ; traces de plomb.
2° Or, 0,41167 ; argent, 0,5394 ; cuivre, 0,04893.
Une hecté de Lesbos a donné à Brandis : or, 0,395 ; argent, 0,489 ; cuivre, 0,116. *Rev. num.* 1856, p. 89 ; Brandis, p. 259.

(2) Φωκαΐς, τὸ κάκιστον χρυσίον, dit Hésychius.

Lesbos (1) et d'un certain nombre de villes unies par un traité pour la fabrication commune de ces sixièmes de statères à si bas titre (voy. livre III, chap. I, § 2, 2; livre VI, chap. IV, § 3). Au reste, il résulte d'indices évidents que cette association de villes ioniennes, que l'on pourrait qualifier dans l'histoire monétaire du nom d'*Union des hectés d'électrum*, avait précisément pour but l'émission d'un véritable numéraire de convention destiné à circuler dans tout le territoire de l'union, avec une valeur nominale très-supérieure à sa valeur intrinsèque, sans s'inquiéter de la défaveur qui devait nécessairement frapper ce numéraire à l'étranger. Aussi une partie des villes de cette union, en particulier celles de Lesbos, complétant le système exclusif du numéraire de convention et l'appliquant à tous les métaux, frappaient, à côté de l'électrum à si bas titre et en guise d'argent, un billon (2) qui ne contenait pas non plus une proportion de plus de 40 0/0 de fin (3). Il se trouvait ainsi, à l'égard de l'électrum, dans le même rapport de valeur intrinsèque que le bon argent à l'égard de l'or pur (4).

(1) Callisthen. *ap.* Polluc. IX, 93 ; voy. F. Lenormant, *Rev. num.* 1868, p. 243.

(2) Improprement qualifié de *potin* par un grand nombre de numismatistes.

(3) Brandis, p. 144, 286 et 321.

(4) La fabrication de ce billon paraît avoir commencé à Methymna antérieurement à Darius fils d'Hystaspe (Brandis, p. 393). C'est probablement à cela que fait allusion Démosthène (*Adv. Timocrat.* p. 805), quand il dit que dès le temps de Solon certaines villes grecques se servaient, comme monnaie publique, d'un argent mêlé de cuivre et de plomb, ἀργυρίῳ πρὸς χαλκὸν καὶ μόλυβδον κεκραμένῳ.

Nous constatons encore plus tard, et dans une toute autre contrée, une fabrication de monnaie d'électrum, frappée en même temps que de la monnaie d'or pur, avec une valeur différente et conforme aux proportions de l'alliage. C'est dans le monnayage des Romains en Campanie, avant qu'on eût encore commencé à frapper la monnaie d'argent à Rome même (livre VII, chap. III, § 1). Ce monnayage comprend des pièces d'or de 6, 4 et 3 scrupules de la livre romaine et des pièces d'électrum à la proportion de 20 0/0 d'alliage, lesquelles pèsent 2 1/2 scrupules, mais circulaient certainement pour une valeur de 2 scrupules d'or (1).

Enfin la série de Carthage nous offre, à côté de pièces d'or, quelques pièces d'électrum, que nous étudierons plus loin (livre VI, chap. VII, § 1). L'usage en était probablement venu à cette cité de la Cyrénaïque, qui, au début de son monnayage, avait imité les statères d'électrum de l'Asie Mineure (livre VI, chap. III, § 4). Remarquons cependant qu'à Carthage la composition du métal en fait plutôt de l'or à bas titre que de l'électrum proprement dit (2). De plus, les monnaies en question avaient toutes, avant d'être mises dans la circulation, été soumises à un procédé de cémentation destiné à enlever l'argent de la surface et à leur donner l'aspect extérieur de pièces d'or pur (3). Il est donc probable que le gouvernement de Carthage n'avait pas officiellement et patemment un mon-

(1) Mommsen, *M R*, t. I, p. 264; F. Lenormant, *Organisation de la monnaie*, p. 121.

(2) Ces pièces contiennent environ 60 d'or, 37 1/2 d'argent et 2 1/2 de cuivre.

(3) L. Müller, *Numismatique de l'ancienne Afrique*, t. II, p. 131 et s.

nayage d'électrum, mais altérait, par une opération subreptice et frauduleuse, dans les moments de nécessité, le titre des espèces qu'il donnait comme d'or au public.

3. Klaproth, Gœbel et Phillips ont analysé des pièces de bronze d'Alexandre le Grand, des Ptolémées, d'Athènes, d'Olbia sur le Pont-Euxin et d'Hiéron, roi de Syracuse (1). Ils y ont trouvé des proportions variables, mais toujours fortes, d'étain allié au cuivre; dans les bronzes des Ptolémées, elles vont jusqu'à 16 0/0. M. von Bibra donne aussi 95 analyses de monnaies de bronze grecques (2), mais malheureusement sans les décrire et même souvent sans ajouter de quelle ville ou de quel roi elles sont. Ceci enlève presque toute utilité de renseignement pratique à son tableau. Nous y noterons seulement que 13 analyses sur 95 indiquent une proportion de plus d'un huitième d'étain, entre autres dans les bronzes d'Alexandre le Grand, 6 un huitième et les autres une quantité inférieure (3). Ce n'est qu'à Massalie que l'on rencontre le cuivre absolument pur (4). Jamais le plomb n'entre dans la composition du bronze monnayé des temps purement grecs; il ne commence à s'y montrer que sous l'autorité ou du moins sous l'influence prépondérante des Romains, dans des pièces de Philippe V de Macédoine, des Mamertins de Sicile, de Centuripæ et de Syracuse. Pourtant M. von Bibra a

(1) Mommsen, *MR*, t. III, p. 37.

(2) *Die Bronzen- und Kupfer-Legirungen der alten Vœlkern*, p. 82-87.

(3) Voy. J. P. Six, *Num. chron.* n. s. t. XV, p. 32 et s.

(4) *Revue numismatique belge*, 3e série, t. I, p. 319.

déjà trouvé 1,13 0/0 de plomb dans un bronze d'Agathocle de Syracuse.

En effet, l'idée de mêler au bronze monétaire du plomb, et cela dans une proportion plus forte que l'étain, paraît avoir été une invention propre aux Romains (1) ou du moins à des peuples italiques, et depuis la première fabrication de l'*aes signatum* jusqu'après la mort de César la monnaie romaine de ce métal offre toujours la même composition. L'alliage en contient 5 à 8 0/0 d'étain et 16 à 29 0/0 de plomb (2). Les Romains semblent avoir cherché par cette addition du plomb à rendre le métal des monnaies différent de celui des ustensiles, pour empêcher la tentation d'envoyer les monnaies au creuset, tentation qui devait·être fréquente alors que le cuivre monétaire circulait pour sa valeur métallique intrinsèque. Quant à l'argent de la République, il est toujours d'un titre excellent, qui varie de 0,993 à 0,995 de fin suivant Darcet (3), de 0,998 à 0,902 suivant Thompson et Fabbroni (4). L'altération des monnaies à cette époque, altération qui fut souvent considérable, ne consistait pas à augmenter l'alliage de l'argent, mais à mêler à toutes les émissions monétaires un certain nombre de pièces fourrées (voy. livre II, chap. II, § 3). Une loi de Sylla interdisait sous des peines sévères de porter atteinte au titre des monnaies

(1) Mommsen, *M R*, t. I, p. 204; t. III, p. 37.

(2) Phillips, *London Chem. Soc. journal*, t. IV, p. 265 et s.; Wœhler, *Ann. der Chemie*, t. LXXXI, p. 206 et s.; Gœbel, *Ueber den Einfluss der Chemie auf die Ermittelung der Vœlker*, p. 29; Mommsen, *M R*, t. III, p. 37.

(3) Letronne, *Considérations sur les monnaies*, p. 84.

(4) Schiarsi, *Monete di Cadriano*, p. 33; Mommsen, *M R*, t. II, p. 78.

d'argent (1). Il n'y a que dans de rares exceptions, à l'époque des dernières guerres civiles, par exemple dans les deniers légionnaires de Marc-Antoine, que l'on constate un abaissement sérieux de ce titre (2). Quant à l'or républicain, aux différents moments où l'on en a frappé, il est toujours parfaitement pur. Les lois de Sylla défendaient d'introduire un alliage dans l'or, même dans celui qui restait dans le commerce à l'état de lingots (3).

4. Dans la réforme monétaire d'Auguste (livre VII, chap. IV, § 1), l'or était au titre de 0,998 de fin (4), et la loi Julia sur le péculat faisait de son altération un crime d'État (5); l'argent n'admet également que 1 ou 2 0/0 au plus d'alliage (6); le laiton des sesterces et des dupondius se compose de 4/5 de cuivre et 1/5 de zinc, sans aucun mélange d'étain ni de plomb, en même temps que le cuivre des as est absolument pur (7); la loi Julia défendait même d'une manière absolue d'introduire aucun alliage dans ces dernières pièces (8). Il résulte du témoi-

(1) Digest. XLVIII, 10, 9.

(2) Ces deniers contiennent presque 20 0/0 de cuivre : Mommsen, *M R*, t. III, p. 28.

(3) Digest. XLVIII, 10, 9.

(4) Letronne, *Considérations sur les monnaies*, p. 84.

(5) Digest. XLVIII, 13, 1.

(6) Akerman, *Catalogue of roman coins*, t. I, p. XIV et s.; Mommsen, *M R*, t. III, p. 28.

(7) Phillips, *London Chem. Soc. journal*, t. IV, p. 265 et s.; Wœhler, *Ann. der Chemie*, t. LXXI, p. 206 et s.; Mommsen, *M R*, t. III, p. 37.

(8) Dig. XLVIII, 13, 1.

gnage de Pline (1) que certains minerais donnaient naturellement un laiton assez bon pour être employé tel quel dans les monnaies. « Le cuivre de Cordoue, dit-il, est, « après celui de Livium, le cuivre qui contient naturellement le plus de zinc, et il égale le laiton artificiel « pour la fabrication des sesterces et des dupondius, « tandis que les as doivent se contenter du cuivre de « Cypre. »

L'or impérial demeure jusqu'à Vespasien d'une excellente qualité comme métal, sans que son titre descende au-dessous de 0,991 de fin (2). Mais après Vespasien l'analyse ne fournit plus que 0,938 (3), et le titre s'abaisse encore notablement vers le temps de Septime Sévère (voy. livre VII, chap. IV, § 1). Pourtant il reste encore remarquablement bon, par comparaison avec celui des deux autres métaux, même au plus fort de la grande crise monétaire du IIIe siècle. Pendant ce temps, chez les rois du Bosphore Cimmérien, les seuls de leurs vassaux auxquels les empereurs eussent permis de faire de la monnaie d'or (voy. livre III, chap. I, § 4 et 8; livre VII, chap. IV, § 5), le métal, qui était bon dans le début, n'est déjà plus, en 200 de notre ère, qu'un électrum très-fortement mêlé d'argent. Bientôt après, le titre tombe tellement bas que, du temps d'Alexandre Sévère, ces préten-

(1) *HN*, XXXIV, 2, 4 : *Aes Cordubense a Liviano cadmeam maxume sorbet et orichalci bonitatem imitatur in sestertiis dupondiariisque, Cyprio suo assibus contentis*.

(2) Letronne, *Évaluation des monnaies*, p. 84 ; Mongez, *Mém. de l'Acad. des Inscr.* nouv. sér. t. IX, p. 203 ; Dureau de la Malle, *Économie politique des Romains*, t. I, p. 17 et 41.

(3) Dureau de la Malle, t. I, p. 17 ; F. Lenormant, p. 144.

dues pièces d'or n'ont même pas la valeur d'une pièce d'argent de bon aloi (1). En 265, on n'y trouve plus que 0,0133 d'or, contre 0,1594 d'argent et 0,8273 de cuivre; en 267, c'est une pièce simplement dorée, dont l'analyse donne 0,1728 d'argent, 0,8207 de cuivre et 0,0065 d'étain; à partir de 268, il n'y a même plus d'argent, mais seulement du cuivre doré.

Nous renverrons le lecteur au chap. IV du livre VII, § 2, pour ce qui est du titre des monnaies d'argent de l'empire et de son altération prodigieusement rapide. Nous donnerons en effet, dans cet endroit, les résultats d'une série d'analyses, qui permettent de suivre l'augmentation de la proportion de l'alliage à partir du règne de Néron, jusqu'au moment où, dans le cours du IIIe siècle, la monnaie qui avait été d'abord d'argent n'est plus qu'un billon, lequel ne contient quelquefois que 2 0/0 d'argent, contre 82 de cuivre et 16 de plomb et d'étain, et même un simple cuivre, encore de mauvaise qualité, saucé d'argent. A partir du règne de Dioclétien, quand on recommença à faire de la monnaie d'argent (livre VII, chap. IV, § 3), elle fut de bonne qualité comme métal.

Dès le commencement de l'Empire, l'administration romaine fit frapper, dans quelques-unes des provinces d'Orient, des pièces du poids des anciens tétradrachmes, mais faites d'un billon qui ne contenait d'argent qu'une quantité correspondante à la valeur nouvelle et assez basse attribuée désormais à ces pièces en deniers romains (voy. livre VII, chap. IV, § 4). Ainsi le tétradrachme impérial d'Antioche avait un poids moyen de

(1) De Kœhne, *Musée du prince Kotchoubey*, t. II, p. 410 et s.; Mommsen, *M R.*, t. III, p. 294.

15 gr. 60 ; mais sa valeur officielle n'était que de 3 deniers de Rome (1), ce qui fait un poids d'argent de 11 gr. 70 sous Auguste, de 10 gr. 230 sous Néron et de 10 gr. 110 sous Trajan (voy. livre VII, chap. IV, § 1). Ces tétradrachmes contiennent donc, sur leur poids total qui reste le même, environ 3 gr. 90 d'alliage à la première époque, 5 gr. 37 à la seconde et 5 gr. 49 à la troisième (2), puis, de Septime Sévère à Trébonien Galle et Volusien, sous qui furent frappés les derniers tétradrachmes d'Antioche, leur titre métallique est au-dessous de celui du billon de Rome.

A partir du règne de Tibère, on se mit à fabriquer, au lieu d'argent, dans l'atelier monétaire d'Alexandrie et pour l'usage spécial de la province d'Égypte, des pièces bien inférieures encore comme métal aux tétradrachmes d'Antioche, des pièces de billon combinées de telle manière qu'avec le poids de quatre deniers romains — qualifiés alors à Alexandrie de drachmes (3) — elles eussent comme valeur 1/25 de l'aureus (4). On ramenait ainsi à des données précises l'altération sans frein des espèces d'argent qui avait marqué le temps des derniers Ptolémées, et en particulier le règne d'Aulète (livre VI, chap. VI, § 2). Ce sont ces pièces impériales de la valeur d'un denier avec le poids de quatre, que les numismatistes ont pris l'habitude d'appeler le *potin* d'Alexandrie, désignation inexacte et qu'il faut remplacer par celle de *billon*, car l'alliage des

(1) Poll. IX, 86; Anonym. Alexandr. dans Vincent, *Recherches sur Héron: Mém. présent. par div. sav. à l'Acad. des Inscr.* t. IV, p. 212.

(2) Bœckh, *Metrol. Untersuch.* p. 71 ; Mommsen, *M R*, t. III, p. 321.

(3) Anonym. Alexandr. *l. c.*

(4) Mommsen, *M R*, t. III, p. 333.

monnaies d'Alexandrie n'offre en aucune façon la composition véritable du potin. Ces monnaies ont d'abord contenu 1/4 d'argent, titre parfaitement loyal et qui faisait correspondre très-exactement leur valeur intrinsèque avec leur valeur de circulation. Mais plus tard, dans le IIIe siècle, elles descendent jusqu'à ne plus donner à l'analyse que 0,0181 d'argent, 0,9138 de cuivre, 0,0289 de zinc, 0,0385 d'étain et des traces de plomb (1).

Le *potin*, d'après la définition de Savot, est un alliage de cuivre, de laiton, de plomb et d'une petite quantité d'étain. On n'en rencontre réellement d'employé sous forme monétaire que chez quelques tribus gauloises, aux derniers temps de leur indépendance, entre les guerres de César et l'organisation des provinces des Gaules par Auguste (voy. livre VII, chap. III, § 6). Les pièces de ce métal factice sont toujours coulées, prodigieusement grossières, offrant dans leur fabrication tous les indices de circonstances de pénurie et de nécessité pressante. Leur analyse donne 60 0/0 de cuivre, 10 de zinc, 20 de plomb et 10 d'étain (2). Ces métaux, joints dans ces proportions au cuivre, en diminuent fortement la ductilité, et par suite la composition de l'alliage imposait presque la substitution du procédé du coulage dans un moule à celui de la frappe. La sorte de vernis qui recouvre ces pièces de potin gauloises et généralement en a empêché l'oxydation, a été obtenu en les faisant recuire après la fabrication.

Les prescriptions d'Auguste pour le maintien de certaines qualités de métal dans la monnaie de laiton et de cuivre, et pour l'interdiction de tout alliage d'étain ou de

(1) Sabatier, *Production de l'or, etc. dans l'antiquité*, p. 79.

(2) Caylus, *Recueil d'antiquités*, t. VI, p. 331.

plomb, ne furent pas observées beaucoup plus exactement que celles par lesquelles il avait cru mettre l'or et l'argent à l'abri des altérations. On trouvera dans le chap. IV du livre VII, § 2, plusieurs analyses de monnaies de bronze du IIIe siècle, qui en font connaître la composition. Mais nous avons cru ne pas devoir séparer ces données du tableau général de la grande crise monétaire de la Rome impériale, dont elles sont un des éléments importants.

CHAPITRE II

LA MONNAIE FIDUCIAIRE, SANS VALEUR INTRINSÈQUE, CHEZ LES ANCIENS

§ 1. — MONNAIES DE PLOMB, D'ÉTAIN, DE VERRE ET DE TERRE CUITE.

1. Outre l'or, l'argent et le cuivre, qui constituaient la seule monnaie réelle, ayant une valeur propre comme marchandise, les peuples anciens marquèrent aussi quelquefois des empreintes monétaires sur d'autres matières métalliques, et même non métalliques. Les espèces de cette nature, qui n'avaient que le rôle restreint d'un numéraire d'appoint, étaient de simples monnaies fiduciaires, à valeur purement conventionnelle, représentant de très-petites sommes facilement échangeables contre de l'argent, et pour la représentation desquelles il n'était pas nécessaire que le signe eût un prix comme marchandise en rapport avec la valeur nominale qu'on y assignait.

C'est ainsi que plus d'un auteur mentionne des monnaies de plomb (1) et qu'à côté de nombreuses pièces de plomb antiques semblables à des monnaies, avec lesquelles on les

(1) Voy. la réunion des textes dans Rink, *De veteris numismatis potentia et qualitate*, p. 34.

a souvent confondues, mais qui ne sont que des tessères, il est parvenu jusqu'à nous quelques monnaies véritables de ce métal portant inscrite l'indication de leur valeur (1). On connaît trois séries principales de ces plombs monétaires, véritables assignats dont la circulation devait être, bien évidemment, toute locale.

L'une a été fabriquée en Egypte, sous la domination des Empereurs, et, suivant toutes les apparences, dans le IIe ou le IIIe siècle de notre ère (2). Le type constant y est, sur le droit, la figure du dieu Nil; le type du revers, toujours mythologique, varie, sans doute suivant les villes où ces espèces ont été émises. Mais la majeure partie des pièces ont été fabriquées et mises en circulation à Memphis, dont elles portent le nom, ΜΕΜΦΙC; celles-ci ont toujours au revers le bœuf Apis, seul ou accompagné de la déesse Isis. La seconde série a eu la Gaule romaine pour patrie, vers la fin du Ier siècle ou le cours du IIe. Elle offre constamment d'un côté l'image de Mercure tenant le caducée et la bourse, tandis que le nom du lieu d'émission est sur l'autre face, accompagnant le plus souvent un rameau (3). Ces plombs monétaires de la Gaule paraissent avoir été destinés à circuler exclusivement dans les localités mêmes dont ils portent le nom. Aussi celui qui a la légende ALISIENS a été trouvé dans les ruines mêmes d'Alise, celui qui a PERTE à Perthes auprès de Vitry-le-

(1) Longpérier, *Rev. num.* 1861, p. 407, pl. XVIII, n° 1.

(2) Longpérier, *Rev. num.* 1861, p. 407-412; Feuardent, *Collection Giovanni de Demetrio, Égypte ancienne,* Domination romaine, p. 333-335.

(3) Longpérier, *Rev. num.* 1861, p. 253-256; 1866, p. 1-8; D'Amécourt, *Rev. num.* 1862, p. 167-170. M. d'Amécourt en signale encore quelques autres (*Annuaire de la Soc. franç. de Numismatique,* t. IV, p. 118), mais sans les décrire avec précision.

François, enfin les différents plombs où on lit MEDIOL dans la ville antique du Mont-Berny, près de Compiègne, laquelle paraît s'être appelée Mediolanum (1). Enfin, on

(1) Il faut peut-être admettre un beaucoup plus large développement encore pour la circulation d'une monnaie fiduciaire de plomb dans la Gaule romaine. Dans la collection étonnamment riche de plombs antiques de toute nature, recueillis à Lyon dans les graviers de la Saône, que possède M. Etienne Récamier, on en remarque toute une nombreuse série, d'une grande unité d'aspect, qui tous représentent la même apparence extérieure. Ce sont des pièces de très-petit module, au revers absolument lisse, tandis que le droit présente quelques lettres occupant tout le champ et quelquefois accompagnées d'une palme ou d'un rameau, analogue à celui du revers des plombs sûrement monétaires, dont il vient d'être question dans le texte. Les lettres du droit, sur toutes ces pièces, donnent en abrégé le nom d'une des villes situées le long du cours de la Saône et de celui du Rhône ou de celles qui se trouvaient sur les routes aboutissant directement à Lugdunum. Nous y relevons, en effet :

A^c^N, *Anicium*.
AR, *Arelate*.
AV, *Avenio*.
CAV ou CA (sur d'autres exemplaires), *Cabillonum*.
CV, *Cularo* ou plutôt *Colonia Vienna*.
DIVIO ou DV (sur d'autres exemplaires), *Divio*.
ER, *Ernaginum*.
GEN, *Genava*.
LVNA ou LNA (sur d'autres exemplaires), *Luna*.
MA ou M̊, *Matisco*.
RV, *Revessio*.
SIT, *Sitillia*.
TE, *Tenurtium*.
TRI ou TR, *Trivortium*.
VA, *Valentia*.

La lecture d'un seul de ces noms sur une pièce isolée pourrait sembler une conjecture bien hasardée et dépourvue de fondement assez solide ; mais le groupement de toutes ces marques, sur des pièces exactement pareilles entre elles, forme un ensemble dont toutes les parties se confirment réciproquement ; qu'il devient, par conséquent, bien difficile de

trouve une très-grande abondance de pièces de plomb des rois de Numidie, aux mêmes types exactement que leurs

mettre en doute. La ville même de Lugdunum, où les plombs de cette série ont été recueillis, y est richement représentée, soit par des pièces où on lit LVG ou LVC, soit par d'autres qui portent CC LC *Colonia Copia* L*u*G*dunum*, soit enfin par d'autres où le nom de *Copia* serait seul abrégé en CO.

En voyant cette nombreuse série de pièces de plomb portant les noms de villes liées entre elles par un commerce actif, il est bien difficile de ne pas croire qu'elles aient été destinées à une circulation fiduciaire commune entre ces différentes villes, circulation dans laquelle elles auraient représenté de très-minimes valeurs pour les appoints. Seulement, dans cette donnée même, s'élève la question de savoir si elles ont dû être émises par l'autorité publique ou bien si leur origine était privée, si, par exemple, elles n'ont pas été fabriquées par quelque grande compagnie commerciale, telle que celle des *Nautae* du Rhône et de la Saône, pour le service de ses comptoirs. Cette dernière hypothèse est peut-être la plus vraisemblable, bien que l'on ne puisse pas, dans l'état actuel, donner une solution affirmative dans un sens ni dans l'autre pour la question que nous avons posée.

Il semble pourtant que cette série de plombs n'ait été que la continuation plus étendue, sous la domination romaine, d'une autre série très-analogue et de même nature, qui aurait été fabriquée, avec les noms de différents peuples gaulois, dans les derniers temps de l'indépendance, quand les Romains occupaient déjà une partie de la Gaule. En effet, dans la collection de M. Récamier, nous rencontrons encore, toujours provenant des trouvailles faites dans les graviers de la Saône, d'autres pièces de plomb, fort ressemblantes à celles-ci, mais d'un module un peu plus fort et d'une apparence plus ancienne, sur lesquels on lit au droit, tandis que le revers est lisse : ÆP, ED ou ROM, que l'on est bien tenté d'interpréter par les noms des Arvernes, des Eduens et des Romains. Il est surtout difficile, quand on voit sur un de ces plombs, d'un côté ΓΕΡ, de l'autre ÆR, de ne pas y trouver l'indication de Gergovie des Arvernes.

Tous ces intéressants monuments, inédits jusqu'à ce jour, seront bientôt publiés par leur savant possesseur, à qui l'on doit les interprétations que nous venons d'en donner. Il en existe de pareils au Musée de Lyon, et un de ceux de *Cabillonum* a été publié par M. d'Amécourt (*Annuaire de la Soc. franç. de Numismatique*, t. IV, p. 117, pl. VII, n° 152).

pièces de cuivre (1), et ayant eu certainement un cours de monnaies. Ces trois séries sont les seules dont jusqu'à présent le caractère et la destination soient déterminés avec une entière certitude; mais il est probable que parmi les plombs antiques il en est encore un assez grand nombre que l'on devra ranger aussi plus tard dans la classe de ceux qui ont servi de monnaies (2).

2. Aristote (3) et Pollux (4) disent que Denys de Syracuse frappa des pièces d'étain pour la circulation commerciale dans ses États. On ne possède aucune de ces monnaies (5); mais ceci n'a pas lieu de surprendre, à cause de la

(1) Garrucci, *Rev. num.* 1862, p. 412-416; L. Müller, *Numism. de l'anc. Afrique*, t. III, p. 19 et 31.

(2) Voy. Garrucci, *Rev. num.* 1862, p. 402-425.

(3) *Œconom.* II, 2.

(4) IX, 79.

(5) M. J. P. Six (*Num. chron.* n. s. t. XV, p. 28 et s.) a proposé une explication très-ingénieuse, mais encore conjecturale, des témoignages relatifs à cette monnaie d'étain de Syracuse. Il en résulterait que ces passages devraient être entendus comme se rapportant à une monnaie de cuivre et à la proportion d'alliage d'étain qu'elle contenait, puis que le fait serait en rapport avec la réduction de la litra par Denys.

Je reproduirai, du reste, les termes dans lesquels le savant hollandais développe son opinion :

« Pollux dit que Denys força les Syracusains à se servir d'étain au lieu d'argent et que cette monnaie avait la valeur de 4 drachmes attiques (d'étain s'entend) au lieu d'une seule (drachme d'étain) qu'elle contenait en effet. Or les Grecs n'employaient pas l'étain seul, que je sache, mais ils s'en servaient journellement pour faire du bronze en le mêlant au cuivre. Le cuivre, que Denys a dû se procurer en grande quantité dans le nord de l'Italie, devait avoir alors peu de valeur en comparaison avec l'étain, qu'il fallait acheter aux Carthaginois, avec lesquels il était sans

facilité avec laquelle l'étain se détruit par l'oxydation dans le sein de la terre.

cesse en guerre, à moins qu'il n'ait trouvé une grande quantité de ce métal dans le butin enlevé lors du sac de Motya. Il s'agit donc, dans le passage de Pollux, d'une monnaie de bronze, dont l'étain formait l'ingrédient le plus précieux. Or, les bronzes les plus anciens de Syracuse, à la tête de Pallas, pèsent environ 8 drachmes attiques. Supposons qu'ils contiennent 1 drachme d'étain et 7 drachmes de cuivre et que Denys les donna en payement comme s'ils contenaient 4 drachmes d'étain (et 4 drachmes de cuivre). Dans ce dernier cas, ils auraient eu, je suppose, la valeur d'une litra de cuivre de 50 drachmes de poids. Donc 50 drachmes de cuivre étaient égales à 4 drachmes d'étain et un alliage de 4 drachmes de cuivre, que Pollux ne compte pas. Ceci nous donne un rapport de l'étain au cuivre de 1 à 12,5 et un rapport de l'argent à l'étain de 1 à 20, puisque l'argent était au cuivre dans le rapport de 1 à 250. Si les 4 drachmes de cuivre doivent compter, ces chiffres seraient 11,5 et 21,5 au lieu de 12,5 et 20. Le résultat, d'après cette hypothèse, est que les bronzes de 8 drachmes valaient réellement 7 drachmes de cuivre et 1 drachme d'étain égale à 12 1/2 drachmes de cuivre, ce qui fait ensemble 19 1/2 drachmes ou juste 20 drachmes de cuivre, si l'on ajoute 1/2 drachme pour les frais de monnayage. En introduisant cette nouvelle espèce, Denys aurait donc remplacé la litra d'argent égale à 50 drachmes de cuivre par une pièce qui n'en valait que 20 ou un peu moins de la moitié, c'est-à-dire qu'il aurait fait ce que l'on fit à Rome lors de la première réduction de l'*aes grave*. C'est à cette même réduction de la litra à moins de sa moitié, qu'il faudra peut-être rapporter les paroles d'Aristote (*Oeconom.* II, 2), que cite M. Holm (*Geschichte Siciliens*, t. II, p. 444) : ἐπικόψας χαρακτῆρα ἐξέδωκε τὴν δραχμὴν δύο δυναμένην δραχμὰς, car il me paraît impossible d'admettre que Denys ait donné la valeur d'un didrachme à la drachme d'argent. Mais il peut très-bien avoir emprunté du *cuivre* brut ou en barres et avoir acquitté sa dette en espèces de bronze de moindre poids, sous prétexte que l'étain qu'il y avait ajouté avait plus que doublé sa valeur. »

Nous reviendrons sur cette difficile question, au livre VII, chap. I, § 1 ; ici nous nous bornons à rapporter l'ingénieux système de M. J. P. Six, sans nous prononcer ni pour ni contre. Il soulève, en effet, de sérieuses objections. Ainsi il est difficile d'admettre que l'*aes rude* des Grecs de Sicile, qui se mesurait par litræ pondérales, fût de cuivre pur, quand les monuments nous attestent que celui des Italiotes était un bronze conte-

Le Digeste (1) mentionne également des pièces d'étain, mais à titre de fausse monnaie. On découvrit il y a quelques années à Lyon, soigneusement enfoui dans un vase, un dépôt de 700 pièces en étain de Septime Sévère, Caracalla, Géta et Julia Domna, frappées avec les coins des deniers d'argent. Cette trouvaille se trouve presque en entier dans la possession de M. Étienne Récamier; le Cabinet des médailles en possède aussi un échantillon. Les pièces, toutes à fleur de coin, n'ont jamais été revêtues de la pellicule d'argent des monnaies fourrées (voy. le § 3 de ce chapitre); elles ne présentent non plus aucune trace d'une sauce d'argent; il est donc évident qu'elles ont été frappées pour être mises dans la circulation avec la couleur et l'aspect propres à leur métal, non pour être données par fraude comme de l'argent. La régularité de leur frappe et le soin apporté à leur fabrication excluent d'ailleurs l'idée d'un travail clandestin de faux-monnayeurs; ce sont des monnaies sorties des ateliers bien organisés du gouvernement. A ces remarques il faut ajouter que les dates de puissances tribuniciennes et de consulats, inscrites sur les pièces en question, sont postérieures à la grande expédition de Sévère en Bretagne, dans le pays par excellence de la production de l'étain. On peut donc se demander si, à la suite de cette opération, l'Empereur n'aurait pas fait essayer dans l'atelier de Lugdunum la fabrication de pièces de petite valeur en étain, frappées avec les coins

nant 6,3 0/0 d'étain (Mommsen, *M R*, t. I, p. 175; Gozzadini, *Sepolcreto etrusco*, p. 22; F. Lenormant, *Essai sur l'organisation de la monnaie dans l'antiquité*, p. 98).

(1) X, 48: *Eadem lege exprimitur ne quis nummos stanneos, plumbeos emere, vendere dolo malo velit.*

de l'argent. Il aurait pu chercher dans cette mesure un moyen de remédier, sans porter atteinte aux priviléges du Sénat, à l'insuffisance des envois de monnaie de cuivre que l'atelier sénatorial de Rome faisait dans les provinces, insuffisance qui devait être très-sensible en Gaule depuis que l'on avait cessé d'y fabriquer les pièces provinciales au type de l'Autel de Rome et d'Auguste (voy. livre III, chap. I, § 4, 7 ; livre VII, chap. IV, § 4). Mais si cette conjecture était admise, on devrait aussi reconnaître que l'essai de monnaie d'étain ne réussit pas, que l'on y renonça presque tout de suite. Un des plus sérieux inconvénients d'espèces de ce métal devait être nécessairement la facilité de les confondre avec les pièces d'argent.

3. Nous possédons des preuves irréfragables de l'usage de monnaies de verre en Égypte dès le temps du Haut-Empire (1), usage qui se continua dans le même pays sous les Byzantins (2), puis sous les Arabes (3). C'est principalement du temps des Khalifes Fatimites que l'Egypte vit fabriquer le plus grand nombre de ces assignats de verre, portant l'indication d'une valeur de monnaie. Les

(1) Longpérier, *Rev. num.* 1861, p. 442 et s. ; Feuardent, *Collection Giovanni di Demetrio, Egypte antique*, Domination romaine, p. 334 et 336.

(2) Longpérier, *Rev. num.* 1861, p. 413.

(3) Assemani, *Mus. cuf. Nan.* 2e part. p. 121, pl. VIII ; Adler, *Mus. cuf. Borg. Velitr.*, p. 77, pl. VI, nos 57 et s. ; Ol. Gerh. Tychsen, *Introd. ad rem num. Moham.* p. 149, pl. III, no 38 ; De Sacy, *Magasin encyclopédique*, t. III, p. 59 ; Pietraszewsky, *Num. Mohammed.* p. 97 ; Sawaskiewicz, *Le génie de l'Orient commenté par les monétaires*, p. 96, pl. I, nos 5-10 ; Fræhn, *Recens. num. Mohamm. Acad. Petrop.* p. 621 ; *Mus. Munterianum*, part. III, p. 160 ; Edw. Thomas, *Num. chron.* 1872, p. 199 et s.

Arabes de Sicile en firent aussi, à l'imitation de ceux d'Egypte (1).

4. Cédrénus prétend que les Romains, à une époque très-ancienne, auraient eu des monnaies de bois; mais cette tradition doit très-probablement être reléguée dans le domaine des fables (2), avec la monnaie romaine de terre cuite dont parle Suidas (3). Pourtant il se pourrait que cette dernière indication se rapportât à quelque espèce d'assignat momentanément en usage et qui n'aurait pas émané des autorités publiques. On trouve fréquemment à Athènes des moulages en terre cuite de monnaies d'argent ou d'or de diverses contrées, appartenant principalement à la période qui s'étend du milieu du ve siècle avant Jésus-Christ, entre autres de statères de Cyzique (voy. livre VI, chap. IV, § 3; et chap. IX, au mot *Cyzicènes*). Le savant numismatiste sicilien M. Antonio Salinas, pendant son séjour en Grèce, a recueilli un grand nombre de ces monuments, soit en originaux, soit en moulages et en dessins, et il annonce depuis plusieurs années l'intention d'y consacrer une monographie. Personne, à ma connaissance, n'en a jusqu'ici traité. La destination de cette classe spéciale d'objets, qui se rattachent forcément à la numismatique, est très-obscure; mais on peut

(1) Torremuzza, *Ant. inscr. di Palermo*, p. 410.

(2) Eckhel, *D N*, t. I, p. XX.

(3) V. ἀσσάρια. — Le mot ὀστράκινοι, dont se sert Suidas, a été entendu par quelques interprètes modernes comme désignant des coquilles, analogues aux *cauris* dont une partie des indigènes de l'Afrique se sert encore aujourd'hui en guise de monnaies.

conjecturer que de telles pseudo-monnaies de terre cuite, moulées sur des espèces existantes, ont dû avoir une circulation fiduciaire, mais d'un caractère tout privé, comme celle des billets de crédit dont la loi autorise dans certains pays l'émission par des institutions particulières.

§ 2. — Prétendues monnaies de fer et de cuir.

1. Pollux (1) raconte que les habitants de Byzance, aux époques les plus anciennes, se servaient de fer au lieu de cuivre comme monnaie d'appoint, « de telle façon que l'on disait trois *sidères* au lieu de trois *chalques* (2) ». Hésychius (3) affirme que c'étaient de véritables monnaies frappées, avec des types, les images des dieux. Mais la chose est difficile à croire sur le seul témoignage de ce lexicographe. Le fait qu'il paraît avoir réellement lu dans les auteurs anciens qu'il extrayait, la présence de figures des dieux en relief sur le fer que l'on employait dans les échanges à Byzance, n'exclut en aucune façon l'interprétation la plus vraisemblable à donner des rares témoignages sur cette habitude, qui précéda l'introduction de la monnaie de cuivre, laquelle, pour la grande cité du Bosphore de Thrace, date du milieu du ve siècle avant Jésus-Christ (4) (voy. livre VI, chap. IV, § 6). Cette inter-

(1) VII, 106.

(2) Ὥστε ἀντὶ τοῦ· πρίω μοι τριῶν χαλκῶν, λέγειν· πρίω μοι τριῶν σιδηρῶν.

(3) V. σιδάρεοι.

(4) Brandis, p. 295.

prétation consiste à admettre qu'au-dessous du numéraire monnayé d'argent, dont les tailles descendent fort bas (jusqu'à 1/24 du statère ou 1 obole de drachme légère), on n'employait pas une monnaie proprement dite, mais des lingots de fer circulant pour leur prix marchand de métal, représentant, par conséquent, de très-minimes valeurs sous une forme fort encombrante.

C'est là le système que nous rencontrons à Sparte jusqu'à une époque fort tardive. Les lois de Lycurgue y interdisaient l'usage de l'or, de l'argent et même du cuivre dans la circulation commerciale, et ne permettaient d'employer que le fer comme instrument des échanges (1). Il n'y avait pas, du reste, à Sparte une monnaie de fer à proprement parler, comme l'ont dit quelques auteurs en employant une expression inexacte. Le fer dont on y usait pour les échanges était en barres de forme allongée, ὀβελοί (2), dont chacune avait le poids d'une mine éginétique, désignée en Laconie par le très-ancien nom de πελάνορ (3). Le *pelanor* de fer spartiate, avec ce poids de plus de 600 grammes, est évalué à 4 chalques (4) ou une demi-obole d'argent, évidemment de poids éginétique. Pour transporter une valeur de 6 mines d'argent d'Egine sous cette forme, il fallait, nous dit-on, employer deux bœufs au charroi (5) ; en effet, le poids de fer représentant cette

(1) Plat. *Eryx.* p. 400 ; Plut. *Lycurg.* 9 ; *Lysandr.* 17 ; Poll. IX, 79 ; voy. O. Müller, *Dorier*, t. II, p. 201 et s.

(2) Plut. *Lys.* 17 ; cf. Aristot. *ap.* Poll. IX, 77.

(3) Plut. *Apophth. lacon.* p. 903 ; Hesych. v. πελάνορ.

(4) Mêmes sources.

(5) Plut. *Lyc.* 9 ; Xenoph. *Resp. Laced.* 7.

valeur était de 4,536 kilogrammes. On voit à quel degré ce *ferrum rude* spartiate, car il est permis de forger une semblable expression par analogie avec l'*aes rude* italique, constituait un moyen d'échanges incommode et encombrant. Et c'est là précisément ce que Lycurgue avait cherché en l'établissant. Mais nous ne pouvons croire ce que disent quelques écrivains (1), que l'on rendait par avance impropre à tout usage, en le trempant rougi dans le vinaigre, le fer destiné à tenir ainsi lieu de monnaie chez les Spartiates. C'est, au contraire, seulement à titre de marchandise utilisable, donnée et acceptée pour sa valeur métallique, que ces barres de fer pouvaient circuler et servir aux échanges.

Il n'y a donc pas là de monnaie à proprement dire, mais au contraire une circulation métallique imparfaite, telle qu'elle existait partout avant l'invention de la monnaie (voy. plus haut, livre I, chap. III, § 1), et la seule originalité en consiste dans l'emploi du fer comme matière, au lieu d'un autre métal. Par conséquent, on ne doit pas se laisser tromper par le terme inexact de « monnaie de fer » employé par quelques écrivains en parlant de Sparte; nous n'avons pas dans l'usage de cette cité un exemple à joindre à ceux de l'emploi chez certains peuples anciens de monnaies fiduciaires, n'ayant pas une valeur intrinsèque réelle correspondant à leur valeur nominale. C'est seulement vers l'époque des guerres médiques que les monnaies étrangères commencèrent à circuler à Sparte, en dépit des lois de Lycurgue ; et le monnayage proprement dit ne commença dans cette ville qu'au temps d'Alexandre le Grand (voy. livre VI, chap. V, § 1 et 7).

(1) Plut. *Lyc.* 9 ; Poll. IX, 79.

Quelques indications, assez peu précises du reste, chez certains auteurs de l'antiquité (1), sembleraient de nature à faire penser que Lycurgue n'aurait fait que régulariser par ses lois et faire prévaloir à l'exclusion de tous les autres métaux, dans l'usage spartiate, un emploi du fer en barres comme marchandise servant aux échanges ordinaires, qui aurait été général dans le Péloponnèse avant l'invention de la monnaie, mais concurremment avec l'emploi des barres de cuivre et d'argent pour le même objet. Déjà, dans les poésies homériques (2), nous voyons employer le fer en barres, de même que le cuivre et les métaux précieux, comme instrument des échanges commerciaux, aussi bien que les têtes de bétail (sur ce dernier moyen d'échange, voy. plus haut, livre I, chap. II).

César (3) signale encore de son temps chez une partie des Bretons l'emploi du fer en barres, en même temps que du cuivre pris au poids pour sa valeur de métal, comme le moyen le plus ordinaire des échanges. Mais il serait difficile d'admettre, sur l'unique affirmation de Suidas (4), qu'au temps de Numa l'on faisait de même chez les Romains ; c'est l'*aes rude* (livre VII, chap. II, § 1), et non le *ferrum rude*, qui constituait l'antique circulation des peuples italiques, avant qu'ils adoptassent l'usage de la monnaie.

(1) Aristot. *ap.* Polluc. IX, 77 ; Etym. Magn. *v.* δραχμή et ὀβολός ; Eustath. *ad Iliad.* p. 136.

(2) Voy. Hultsch, p. 125.

(3) *Bell. gall.* V, 12 : *Utuntur aut aere aut taleis* (*annulis*, MS de Londres, d'accord avec la version grecque) *ferreis ad certum pondus examinatis pro nummo.* Cf. Vaux, *Num. chron.* t. XVI, p. 130.

(4) V. ἀσσάρια.

2. D'après Sénèque (1), on aurait employé chez les Lacédémoniens, en guise de monnaies, des morceaux de cuir frappés d'un timbre ou d'une estampille par l'autorité publique. Ce seraient là de véritables assignats, d'une nature toute fiduciaire. Mais le témoignage du philosophe est isolé et ne porte aucune indication d'époque.

Nous sommes mieux renseignés sur les prétendues monnaies de cuir qui auraient existé chez les Carthaginois avant l'adoption de la monnaie métallique (2). Celles-ci, bien qu'il s'agisse d'un fait très-réel, doivent être rayées de l'histoire monétaire. En effet, le scholiaste d'Aristide (3) nous fait connaître d'une manière très-précise en quoi consistait l'usage ainsi qualifié. « On veut dire par là, dit-il, non que les Carthaginois faisaient à proprement parler des monnaies en cuir, mais qu'habitant un pays de grandes chasses et rempli d'animaux précieux, ils employaient les peaux comme moyen d'échange pour se procurer ce qu'ils voulaient (4). » C'est ainsi qu'encore aujourd'hui, dans une partie de la Sibérie, les pelleteries, seul

(1) *De benef.* V, 14 : *Aes alienum habere dicitur et qui aureos debet, et qui corium forma publica percussum, quale Lacedaemonios fuit, quod usum numeratae pecuniae praestat.*

Suidas (*v.* ἀσσάρια) attribue cet usage aux anciens Romains, mais sans aucune autorité.

(2) Aristid. *Orat. platon.* p. 145 ; Isidor. *Orig.* XVI, 17.

(3) *Ad l. c.*

(4) Cette donnée est plus vraisemblable que celle du dialogue de l'*Eryxias* (24, p. 555, ed. Bekker), où on lit : « Chez les Carthaginois, voici ce qui « remplace la monnaie : dans un petit sac de cuir on enferme quelque « chose de la grosseur d'un statère, sans que le public sache quelle « est cette substance ; ces sachets sont scellés et se donnent en guise de « numéraire. Celui qui en possède le plus est considéré comme le plus « riche. »

objet d'exportation du pays, servent en guise de monnaie à estimer la valeur des choses, à les acheter et à les vendre. On voit qu'encore ici il ne s'agit pas de l'emploi d'une monnaie fiduciaire faite en cuir, mais d'une marchandise choisie pour servir d'instrument commun des échanges à défaut du signe métallique.

§ 3. — Les monnaies fourrées.

1. On désigne par l'expression de « monnaies fourrées » des pièces qui se composent d'un flan de métal de peu de valeur, cuivre, fer, plomb ou étain, formant âme et revêtu dans toutes ses parties d'une mince feuille d'argent, plus rarement d'or. Ame et enveloppe ont été soumises en même temps à la frappe monétaire. Les pièces fourrées étaient donc des monnaies sans valeur intrinsèque, que l'on émettait pour des espèces d'argent ou d'or par une opération frauduleuse.

Ces pièces sont particulièrement multipliées dans la série romaine. On rencontre aussi des monnaies fourrées grecques depuis les époques les plus anciennes ; mais l'âme y est presque toujours de cuivre ou de plomb. Celle de fer, dans les monuments parvenus jusqu'à nous, paraît propre aux pièces romaines. Pourtant lorsqu'Aristote (1) dit que les habitants de Clazomène, dans un moment de pressante détresse financière, monnayèrent du fer pour de l'argent, il fait manifestement allusion à une émission d'espèces fourrées.

(1) *Œcon.* II, 2.

On considère ordinairement les pièces fourrées comme les œuvres de faux-monnayeurs. C'est une opinion qui, dans l'état actuel de la science, doit être abandonnée pour la grande majorité d'entre elles. Les pièces fourrées sont trop multipliées et affectent trop spécialement certaines émissions monétaires déterminées, à certaines époques de l'histoire, pour qu'on puisse les attribuer exclusivement au faux-monnayage privé. Le travail très-soigné, très-délicat de la plupart d'entre elles, pésente les caractères les plus incontestables d'une fabrication régulière. Pour les produire avec ce degré de réussite dans la frappe, surtout celles qui ont une âme de cuivre ou de fer, il fallait des soins que n'aurait pu y apporter une fabrication clandestine, traquée par la police ; il fallait surtout un outillage perfectionné, qui ne pouvait se rencontrer que dans les ateliers monétaires de l'Etat.

Il est donc tout à fait nécessaire, quand il s'agit de monnaies fourrées, d'observer soigneusement la distinction, déjà faite autrefois par Neumann (1), bien mieux établie de nos jours par M. Mommsen et surtout par M. le baron de Witte (2), entre deux classes toutes différentes de ces monuments numismatiques :

1° Les pièces hybrides (voy. livre IV, chap. IV, § 3), qui associent souvent une tête à un revers d'une autre époque ou qui offrent des erreurs grossières dans les légendes. Celles-ci doivent être presque toujours des produits des officines des faux-monnayeurs. Elles sont, d'ailleurs, bien moins parfaites d'exécution que les monnaies de la seconde classe.

(1) *Pop. et reg. num. vet.* t. II, p. 195 et s.

(2) *Rev. num.* 1868, p. 177 et s.

2° Les pièces parfaitement régulières comme types et comme légendes. Celles-ci sont sûrement l'œuvre des gouvernements.

2. M. Mommsen (1) a démontré de la manière la plus positive que, sous la République, le gouvernement romain faisait, à la suite de décisions légalement prises par le Sénat, des émissions monétaires dans lesquelles entrait un certain nombre de pièces fourrées. C'était une monnaie fiduciaire que l'on faisait accepter au public en la mêlant à la monnaie loyale, et à laquelle on donnait cours forcé ; mesure fausse et inique qui, toutes les fois qu'on y recourut, mit le désordre dans les finances de l'Etat et des particuliers, causant bien des embarras et bien des troubles.

L'expression consacrée en latin pour désigner une semblable opération est celle de *miscere monetam*, ou bien *aes* ou *ferrum argento miscere*. Il n'y a pas moyen d'entendre autrement ces expressions et de croire qu'elles se rapportent à une altération du titre de la monnaie par un alliage exagéré. En effet, chimiquement, le fer ne saurait donner un alliage avec l'argent (2). De plus, il est à chaque instant question de décisions ordonnant de *miscere aes* ou *ferrum* à la monnaie d'argent sous la République. Or, jamais le titre du métal ne s'y trouve sérieusement altéré (3), tandis qu'au contraire on rencontre à cette époque, surtout par moments, un très-grand nombre de pièces fourrées.

(1) *M R*, t. II, p. 78 et s.

(2) Mongez, *Mém. de l'Acad. des Inscr.* nouv. sér. t. IX, p. 253.

(3) Letronne, *Considérations*, p. 84 ; Schiassi, *Medaglie di Cadriano*, p. 33 ; Mommsen, *M R*, t. II, p. 78.

Mais voici une preuve, à ce qu'il me semble, encore plus directe. Pline (1) dit : *Miscuit denario IIIvir Antonius ferrum; miscentur aera falsae monetae*. Or, les deniers légionnaires de Marc-Antoine sont dans les pièces dont on possède le plus d'exemplaires fourrés, et précisément à âme de fer (2).

Ce n'est que dans les bas temps, vers le IIIe siècle, alors que la fabrication des pièces fourrées imitant l'argent avait cessé par suite de l'impossibilité d'y trouver désormais un bénéfice, tant le titre des monnaies était devenu mauvais, ce n'est qu'alors que l'on commence à trouver l'expression *miscere aes argento*, en parlant des monnaies, pour désigner une nouvelle altération du titre métallique par alliage (3). Quand il s'agit de monnaies fourrées dans lesquelles la feuille de revêtement est en or au lieu d'être en argent, les termes légaux sont *tingere* (4) ou *inficere* (5).

3. L'art de la fabrication des pièces fourrées a dû être inventé par la fraude privée avant que la fraude publique en profitât. Les faux-monnayeurs clandestins ont dû nécessairement en faire les premiers, avant que les gouvernements les imitassent. Dès qu'il y a eu des monnaies, des faussaires ont cherché à les imiter frauduleusement. Il y en avait à Athènes dès le temps de Solon (6), au mo-

(1) *H N*, XXXIII, 9, 132.

(2) Mongez, *Mém. cit.* p. 255.

(3) Vopisc. *Tacit.* 9.

(4) Ulpian. *Digest.* XLVIII, 10, 8.

(5) Schol. *ad* Pers. V, 105.

(6) Demosth. *Adv. Timocrat.* p. 765, ed. Reiske.

ment même où dans cette cité l'on commençait la première fabrication d'une monnaie nationale (voy. livre VI, chap. II, § 2). Toutes les législations antiques punissaient ce crime de la même peine, la mort (1). Que les faux-monnayeurs, soit chez les Grecs, soit chez les Romains, aient souvent fabriqué des pièces fourrées, c'est ce dont il ne serait pas possible de douter en présence de certains originaux de pièces de ce genre (2), quand même Pline (3) ne le dirait pas en termes formels. Pourtant, au moins chez les Romains, les faussaires se bornaient plutôt à exécuter sur les monnaies en circulation des surmoulages en plomb ou en étain (4), qu'ils passaient à une sauce d'argent.

De très-bonne heure, les gouvernements besoigneux et peu honnêtes eurent recours dans leurs nécessités à la nature de fraude dont nous parlons. Hérodote (5) raconte que Polycrate, tyran de Samos, ayant une grosse somme d'or à payer aux Lacédémoniens, les trompa en leur donnant des monnaies de plomb simplement dorées. La supercherie est si grossière que l'on a peine à y croire, et Hérodote lui-même fait des réserves sur l'invraisemblance du récit. Pourtant il faut noter que notre Cabinet des médailles, dans la collection de Luynes, possède une hecté archaïque de Milet formée d'une âme de plomb revêtue d'une mince feuille d'électrum (6). Polyen (7) parle des pièces de cuivre

(1) Voy. la réunion des principaux textes dans Eckhel, *D N*, t. I, p. CXIII.

(2) Mommsen, *M R*, t. II, p. 80.

(3) *H N*, XXXIII, 9, 132.

(4) *Digest.* XLVIII, 10, 9, 2; Jul. Paull. *Sentent. recept.* V, 25, 5.

(5) III, 56.

(6) Brandis, p. 327 et 395.

(7) *Stratag.* IV, 10, 2.

fourrées d'argent que Perdiccas II, roi de Macédoine, dut frapper comme monnaies de nécessité pour la solde de son armée pendant sa guerre contre les Chalcidiens. D'un autre roi macédonien, Pausanias, dont l'autorité fut toujours précaire, disputée par de puissants compétiteurs et n'eut que quelques mois de durée, on ne connaît qu'*une seule* monnaie de véritable argent et un très-grand nombre de pièces fourrées (1). Nous avons vu tout à l'heure qu'un passage d'Aristote indiquait une émission de pièces fourrées à âme de fer par les habitants de Clazomène, dans une circonstance où l'argent leur manquait.

A Athènes, une forte altération des monnaies à la période la plus critique de la guerre du Péloponnèse est attestée par quelques vers des *Grenouilles* d'Aristophane (2) et par le commentaire du scholiaste à cette occasion. Beulé (3) a montré que ces indications ne pouvaient s'appliquer qu'à une émission de monnaies fourrées, car on en rencontre dans la numismatique d'Athènes, tandis que *jamais* la qualité du métal des pièces qui sont réellement en argent ou en or ne s'y montre diminuée par un alliage un peu considérable. Précisément quelques années après, les inventaires du trésor du Parthénon mentionnent une offrande de statères simplement dorés, *στατῆρες κίβδηλοι κατακεχρυσωμένοι* (4). Beulé a également constaté (5) que parmi les tétradrachmes athéniens de la seconde époque, postérieurs

(1) Ch. Lenormant, *Numism. des r. gr.* p. 18.

(2) *Ran.* 730 et s.

(3) *Monnaies d'Athènes*, p. 70.

(4) Bœckh, *Staatshaushalt. d. Athen.* Beil. p. 253 et 277; *Corp. inscr. gr.* n° 150, § 36.

(5) *Monnaies d'Athènes*, p. 107.

à Alexandre (voy. livre VI, chap. v, § 7), il est certaines séries annuelles pour lesquelles le nombre des exemplaires fourrés que l'on rencontre est tellement considérable, qu'il n'y a pas moyen de douter que ce ne soit une décision gouvernementale qui ait fait comprendre les pièces de ce genre dans une forte proportion sur les monnaies livrées au public dans l'année. Tel est, entre autres, le cas de la série où les deux magistrats principaux portent les noms de Polémon et Alcétès.

4. A Rome, la première émission de pièces fourrées, mêlées à l'argent réel, eut lieu du temps de la guerre d'Hannibal, après la bataille de Trasimène, en même temps que la loi Flaminia réduisait le poids de l'as et décidait que le denier vaudrait 16 as au lieu de 10 (voy. livre VII, chap. III, § 3). C'était un résultat de la détresse terrible à laquelle les désastres militaires réduisaient le gouvernement de la République. Ce fait ne nous est connu que par le dire de Zonaras (1); mais, quoiqu'une semblable source soit bien tardive, le renseignement paraît exact, car il est confirmé par deux observations numismatiques : d'abord la rareté extrême des exemplaires fourrés antérieurs à la loi Flaminia (2), exemplaires qui semblent porter les traces d'une origine due à la fraude privée plutôt que d'un caractère public; ensuite l'existence de spécimens fourrés (3) des monnaies d'or frappées un peu après, dans le midi de l'Italie, par les généraux romains dans le cours de la guerre

(1) VIII, 26, s. fin.

(2) Cohen, *M C*, p. XVIII; Mommsen, *M R*, t. I, p. 79.

(3) Rauch, *Mitth. d. num. Ges. in Berlin*, t. III, p. 287.

contre Hannibal (sur ces monnaies, voy. livre III, chap. I, § 7, et livre VII, chap. III, § 3).

La mesure financière, qui constituait en réalité une sorte d'emprunt forcé sous la forme d'une altération des monnaies, était aussi fausse que possible ; mais du moins elle pouvait trouver une excuse dans la nécessité. Quand une fois on l'eut prise, on n'y renonça jamais complétement. Continuée dans des temps normaux, l'opération devint aussi désastreuse qu'elle était déloyale. Une émission d'assignats à cours forcé, sous une forme quelconque, eût été encore moins mauvaise.

En effet, dans la véritable supercherie qu'il commettait en mêlant aux espèces régulières un certain nombre de pièces sans valeur intrinsèque, de telle façon qu'elles s'y confondissent, le gouvernement trompait le public et se trompait lui-même. Il dissimulait l'émission de sa monnaie fiduciaire, et se mettait lui-même dans l'impossibilité de connaître dans quelle proportion le faux numéraire circulait avec l'argent de bon aloi. Lors même que, comme il arriva deux ou trois fois, la quantité de pièces fourrées que le gouvernement était autorisé à émettre avait été décrétée par un vote du peuple, personne ne pouvait savoir combien de deniers de bon aloi remontant à des émissions antérieures circulaient en même temps.

La loi avait beau donner cours forcé aux pièces fourrées, prétendre obliger les particuliers à les accepter sans discussion pour leur valeur nominale, imposer des pénalités à qui les refuserait (1); elle ne pouvait prévaloir contre la force des choses. Les pièces fourrées, quand elles étaient reconnues, — et c'était chose facile, — n'étaient pas ac-

(1) Arrian. *Epictet.* III, 1 ; Paull. *Sentent. recept.* V, 25, 1.

ceptées sur le même pied que les pièces réellement d'argent dans les transactions ordinaires de la vie, de particuliers à particuliers. L'usage, auquel il est si souvent fait allusion dans les écrivains, de constater la valeur et la vraie composition métallique des deniers au son qu'ils rendaient en les jetant à terre (1), ou bien de les percer d'un poinçon pour en voir l'intérieur (2) ; d'un autre côté, l'absence presque complète d'exemplaires fourrés dans les grands enfouissements de deniers de la République, comme ceux de Frascarolo, San Cesario, Collecchio, Cadriano (3), ces deux faits parallèles prouvent que les monnaies fiduciaires ainsi émises subrepticement par le gouvernement trouvaient dans le public une défaveur marquée. Dès lors, les pièces en vrai métal devaient tendre à disparaître rapidement de la circulation. Il y avait avantage pour la spéculation privée à les en retirer, pour les thésauriser ou pour les fondre et vendre les lingots.

Les pièces sans valeur intrinsèque restaient ainsi seules dans la circulation et y prédominaient. Par suite, le numéraire tout entier subissait une forte dépréciation, n'était plus accepté que difficilement et avec un cours désavantageux. Celui qui avait été obligé de recevoir des caisses de l'Etat les mauvaises pièces à leur cours nominal éprouvait une forte perte.

5. Ces inconvénients si graves devinrent surtout insupportables au commencement de la période des guerres

(1) Mommsen, *M R*, t. II, p. 81.

(2) Cavedoni, *Saggio*, p. 29.

(3) Cavedoni, *Ripostigli*, p. 17 et 255.

civiles, par suite de la proportion inouïe que prit la fabrication des pièces fourrées. Cette mesure, à la fois maladroite et malhonnête, produisit alors une crise monétaire d'une très-grande intensité.

En 663 de Rome, 91 avant Jésus-Christ, M. Livius Drusus fit décider par le Sénat que dans les émissions qu'on ferait désormais il y aurait un denier de cuivre fourré contre sept d'argent (1). Quelques années après, au temps de Cinna, la valeur du numéraire était devenue si incertaine, nous dit Cicéron (2), que personne ne savait au juste ce qu'il possédait. C'est à ce moment que fut composée et représentée la *Casina* de Plaute (3), dans le prologue de laquelle il est fait allusion à la situation monétaire : *Nunc novae quae prodeunt comoediae, multo sunt nequiores quam nummi novi*. C'est également aux mêmes années qu'appartient la pièce de la *Mostellaria*, dans laquelle (4) un personnage dit, en s'adressant à Vulcain : *Faber qui cudere soles plumbeos nummos*. Il doit y avoir encore là une allusion, et l'on est en droit d'en conclure qu'à ce moment on émettait des as de plomb d'un aspect plus ou moins déguisé, en même temps que des deniers fourrés à âme de cuivre. Les deux opérations se tenaient d'une manière étroite et naturelle.

En 670 de Rome, 84 avant Jésus-Christ, les tribuns du peuple et les préteurs délibérèrent sur les mesures à prendre pour remédier à cet état déplorable des choses. Un édit du

(1) Plin. *H N*, XXXIII, 3, 46.

(2) *De offic*. III, 20, 80 : *Jactabatur illis temporibus nummus sic, ut nemo posset scire quid haberet*.

(3) Voy. Mommsen, *Rhein. Mus*. nouv. sér. t. X, p. 122 et s.

(4) Act. IV, sc. 2.

préteur M. Marius Gratidianus institua des bureaux de vérification, supprima le cours forcé des deniers fourrés, ordonna aux caisses publiques de les retirer de la circulation et de donner en échange des deniers de bon aloi (1). L'enthousiasme populaire qui accueillit cet acte peut donner la mesure du mal auquel il portait remède. On éleva dans tous les carrefours des statues au préteur qui avait pris l'initiative d'une aussi bienfaisante réforme, et l'on rendit à ces statues des honneurs presque divins, en brûlant devant elles des cierges et de l'encens.

Sylla fit cruellement expier cette popularité à Marius Gratidianus. C'était un adversaire politique redoutable, et aux yeux du parti aristocratique il avait commis un véritable crime en portant atteinte à un droit de l'Etat, qui, pour ce parti, était devenu un véritable dogme, le droit d'altération des monnaies, contesté par les seuls démocrates. Aussi, dès l'entrée du dictateur à Rome, toutes les statues de Gratidianus furent-elles renversées (2), et lui-même, compris dans les listes de proscription, fut mis à mort avec les raffinements de torture les plus barbares (3). Aussi Sylla revint-il à la pratique des émissions mêlées d'un certain nombre de pièces fourrées (4), et par la *lex Cornelia testamentaria* il renouvela dans les

(1) Cic. *De offic.* III, 20, 80; Plin. *H N*, XXXIII, 9, 132; voy. Mommsen, *M R*, t. II, p. 83, qui a le premier mis en lumière toute l'importance de la réforme monétaire de Marius Gratidianus; De Witte, *Rev. num.* 1868, p. 181.

(2) Plin. *H N*, XXXIV, 6, 27.

(3) Cic. *De pet. cons. ad M. Tullium fratrem*, 3, 10; Senec. *De ira*, III, 18; Flor. III, 21, 26; Lucan. *Phars.* II, 173 et s.

(4) Mommsen, *M R*, t. II, p. 83.

termes les plus sévères les dispositions forçant à recevoir la monnaie publique à son cours nominal, quelle qu'en fût la composition métallique (1). Son exemple fut largement suivi après lui ; en effet, parmi les deniers dont on rencontre autant d'exemplaires fourrés que d'exemplaires de bon métal (2), on compte ceux de C. Marius Capito (3), triumvir monétaire vers 674 de Rome (80 av. J.-C.), de L. Papius (4), triumvir un peu avant l'an 680 (74 av. J.-C.), de Q. Crepereius Rocus (5), L. Roscius Fabatus (6) et Ser. Sulpicius (7), qui exercèrent la même magistrature dans les années suivant immédiatement 680. Pour M. Aemilius Lepidus, triumvir monétaire en 693 de Rome, un de ses types (8) se rencontre aussi souvent fourré qu'en argent et un autre (9) beaucoup plus souvent. Enfin, l'un des types de Cassius Longinus (10), monétaire en 700 de Rome (54 av. J.-C.), n'est connu que sous la forme d'exemplaires fourrés (11).

M. Mommsen (12), dans son admiration constante pour

(1) Paul. *Sentent. recept.* V, 25, 1.

(2) Cohen, *M C*, p. XIX.

(3) Cohen, *M C*, pl. XXVI, *Maria*, n°s 1-3.

(4) Cohen, *M C*, pl. XXX, *Papia*, n° 1.

(5) Cohen, *M C*, pl. XVI, *Crepereia*.

(6) Cohen, *M C*, pl. XXXVI, *Roscia*.

(7) Cohen, *M C*, pl. XXXVIII, *Sulpicia*, n° 3.

(8) Cohen, *M C*, pl. I. *Aemilia*, n°s 6 et 7.

(9) *Ibid.* n° 8.

(10) Cohen, *M C*, pl. XI, *Cassia*, n° 5.

(11) Cohen, *M C*, p. XX.

(12) *M R*, t. II, p. 84.

Jules César, a prétendu qu'il avait cessé de frapper des monnaies fourrées et même ordonné que les anciennes fussent retirées de la circulation. Mais cette assertion est démentie par les faits. Il existe des deniers fourrés de César (1), et même un des types au nom de L. Hostilius Saserna (2), l'un de ses monétaires, n'est connu que sous cette forme (3).

6. On sait qu'une partie du numéraire frappé sous la République était encore en circulation du temps de Trajan (voy. livre IV, chap. VI); on pourrait donc croire, au premier abord, que les pièces fourrées, qu'on n'avait aucun intérêt à fondre, devaient avoir échappé au creuset et, par conséquent, se trouver en grand nombre parmi les monnaies subsistantes à cette époque entre les mains du public. Mais il n'en est rien, et l'on n'a jamais rencontré une pièce fourrée du temps de la République revêtue de la contre-marque impériale (livre IV, chap. V, § 1). Ceci semble prouver (4) qu'à une certaine époque les anciennes monnaies fourrées furent retirées et que l'on interdit alors de leur appliquer le poinçon qui en eût autorisé le cours (5). Cet acte de retrait ne peut être historiquement

(1) Ramus, *Cat. num. vet. Mus. reg. Daniae*, t. II, p. 116 et 117; De Witte, *Rev. num.* 1868, p. 182.

(2) Cohen, *M C*, pl. XIX, *Hostilia*, n° 4.

(3) Cohen, *M C*, p. XX.

(4) Mommsen, *M R*, t. II, p. 84.

(5) En revanche, du temps de Pline (*H N*, XXXIII, 9, 132), les amateurs de numismatique de Rome recherchaient pour leurs collections les exemplaires fourrés des anciens deniers et les payaient bien plus cher que les exemplaires de bon aloi.

placé qu'à un seul moment, lors de la réforme monétaire d'Auguste en l'an 15 avant Jésus-Christ (voy. livre VII, chap. IV, § 1). En effet, tant que le Sénat, dans les premières années du principat d'Auguste, garda la direction du monnayage de l'or et de l'argent, il continua de suivre pour les deniers les anciennes pratiques. Un de ceux de L. Aquillius Florus (1), triumvir monétaire à cette époque, n'est connu que fourré (2), et l'on rencontre plus d'exemplaires dans cette condition que d'exemplaires véritablement en argent (3) des deniers de M. Sanquinius (4), qui exerça le triumvirat en 737 de Rome (17 av. J.-C.), deux ans avant qu'Auguste mît la main sur la fabrication de la monnaie des métaux précieux (5).

Sous le fondateur de l'empire, la fabrication des deniers fourrés paraît avoir été restreinte à une destination spéciale, en vue d'une exportation. On a trouvé dans l'Inde des quantités considérables de deniers du temps d'Auguste, — particulièrement celui qui représente au revers Caïus et Lucius Césars (6), — très-souvent d'un poids supérieur au poids normal de la pièce de véritable argent, mais tous fourrés (7); au contraire, les mêmes monnaies, en exemplaires fourrés, sont presque introuvables en Occident. Le Périple de la mer Erythrée (8) nous apprend que le denier

(1) Cohen, *M C*, pl. VI, *Aquilia*, n° 3.

(2) Cohen, *M C*. p. XX.

(3) *Ibid*. p. XIX.

(4) Cohen, *M C*, pl. XXXVI, *Sanquinia*, n°s 1 et 2.

(5) Mommsen, *M R*, t. III, p. 8.

(6) Cohen, *M I*, t. I, Auguste, n° 87.

(7) Eckhel, *D N*, t. VI, p. 171 ; *Num. chron*. t. VI, p. 70.

(8) 8 et 49.

romain était un des grands objets d'exportation de l'Egypte par la Mer Rouge, et qu'il jouissait dans les ports de l'Inde d'un cours de faveur sur la monnaie indigène (voy. livre VII, chap. v, § 2). Il semble donc qu'Auguste ait voulu profiter de ces conditions commerciales, et de ce que les Indiens ne savaient pas encore bien distinguer les pièces fourrées des pièces vraies, pour une opération aussi lucrative que peu honnête, faisant fabriquer des deniers fourrés spécialement pour les exporter vers l'Inde (1). C'était un axiome de la politique impériale que l'on devait chercher à tromper les Barbares et à gagner sur eux, sans s'inquiéter des scrupules de loyauté dans les relations de commerce. Un calcul du même genre, quoique moins frauduleux, a peut-être été la principale cause de la fabrication des *monnaies de restitution* sous Trajan (voy. livre IV, chap. vi).

On rencontre beaucoup de monnaies fourrées des premiers empereurs après Auguste. Les quatre cinquièmes des monnaies d'argent de Claude sont dans ce cas (2), en particulier les deniers portant au revers les légendes DE BRITANN et PACI AVGVSTAE (3). Les deniers d'argent de Néron sont aussi très-souvent fourrés (4), de même que les pièces à types républicains frappées dans les premiers mois après sa mort (5).

Le nombre des pièces fourrées d'argent va ensuite en diminuant à mesure que les pièces en vrai métal devien-

(1) Mommsen, *M R*, t. III, p. 337.

(2) Rauch, *Mittheil. d. num. Ges. in Berlin*, t. III, p. 287.

(3) Cohen, *M I*, t. I, p. 157.

(4) *Ibid.* p. 178.

(5) D. de Blacas, *Rev. num.* 1862, p. 229.

nent d'un titre plus mauvais (voy. livre VII, chap. IV, § 2). L'opération cessait d'être lucrative pour le Trésor. Le bénéfice, moindre à chaque règne, compensait de moins en moins les frais considérables de main-d'œuvre que nécessitaient ces monnaies. Les pièces fourrées sont moins nombreuses à partir de Domitien et deviennent de toute rareté sous Commode (1). Elles cessent à dater de Caracalla, lorsque l'argent n'est plus qu'un billon saucé du plus bas titre. Pourtant ce détestable prince trouva encore moyen de falsifier une aussi mauvaise monnaie, en faisant fabriquer, au lieu du billon qu'il annonçait légalement, du plomb argenté (2).

7. Mais si les pièces fourrées d'argent cessent avec le règne de Caracalla, parce que l'on n'aurait plus pu dès lors en fabriquer qu'à perte, on se met à mêler aux émissions d'or une certaine quantité de pièces fourrées.

Xiphilin, d'après Dion Cassius, qu'il abrége, reproche à Caracalla d'avoir frappé des pièces de cuivre doré, ἐκ χαλκοῦ καταχρυσούμενον (νόμισμα). La collection d'Ennery renfermait une bractée provenant d'un *aureus* fourré de Caracalla (3), et une pièce de ce genre intacte existe au Cabinet de Vienne (4). On rencontre un assez bon nombre de monnaies fourrées, à âme de cuivre revêtue d'une feuille d'or, qui avaient été mises en circulation comme des *aurei*,

(1) Cohen, *M I*, t. I, p. 178 ; De Witte, *Rev. num.* 1868, p. 183.

(2) Xiphilin. *Brev. Dion. Cass.* LXXVII, 14.

(3) *Cat. d'Ennery*, n° 680.

(4) Eckhel, *D N*, t. I, p. CXV.

avec les têtes de Gallien, de Postume, de Victorin et de Probus (1). Et il semble que le gouvernement en avait déjà fait faire quelquefois dans les époques antérieures, car on connaît de ces *aurei* fourrés d'Hadrien (2) et de Commode (3), dont la frappe est trop soignée, dont les coins sont gravés avec trop d'art et de finesse pour qu'on puisse facilement les croire dus à l'industrie des faux-monnayeurs privés.

Quand Dioclétien, après la grande crise monétaire du IIIe siècle, se remit à faire fabriquer des espèces loyales et voulut établir un peu d'ordre dans les monnaies (voy. livre VII, chap. IV, § 3), il mit fin à ces pratiques. Mais un peu plus tard, sous le Bas-Empire, nous voyons reparaître les pièces d'or fourrées; on en a de Valentinien, d'Honorius, d'Anastase et d'Héraclius (4). On en trouve ensuite encore un bon nombre dans le monnayage mérovingien de certaines localités. On comprend le recours à cette fraude dans la barbarie mérovingienne, bien mieux que dans la pleine civilisation de l'Empire romain; elle était, en effet, si facile à discerner, rien que d'après le poids des pièces, que l'on s'étonne qu'elle ait pu alors être pratiquée par les gouvernements avec quelque chance de succès. Il fallait que l'on comptât beaucoup sur les lois pénales qui interdisaient de refuser la monnaie à l'effigie du prince, quel qu'en fût le poids ou le titre (5). Mais l'emploi de ce procédé frauduleux par le

(1) De Witte, *Rev. num.* 1868, p. 185 et s.

(2) Cohen, *M I*, t. II, p. 121, n° 172.

(3) Rauch, *Mitth. d. num. Gesellsch. in Berlin*, t. III, p. 287.

(4) De Witte, *Rev. num.* 1868, p. 185.

(5) Arrian. *Epictet.* III, 1; Paul. *Sentent. recept.* V, 25, 1.

gouvernement lui-même n'est certain, appliqué à la monnaie d'or, que pour le temps de Caracalla et de la grande crise monétaire du IIIe siècle (voy. livre VII, chap. IV, § 2). M. Mommsen (1) refuse de voir dans les *solidi* fourrés des empereurs postérieurs à Constantin, dont quelques-uns ont l'âme d'argent (2), autre chose que des œuvres de faux-monnayeurs. Il est possible que les exemples d'*aurei* fourrés antérieurs à Caracalla soient aussi, malgré leur fabrique soignée, des produits du faux-monnayage. C'est, en effet, exclusivement à cette industrie criminelle que Perse (3) et Ulpien (4) attribuent une semblable pratique.

Au reste, cette question de l'histoire des monnaies fourrées, qui constitue un des chapitres les plus importants de l'économie politique de l'antiquité, présente encore des parties très-obscures, faute d'en avoir suffisamment rassemblé jusqu'ici les documents. A part Frœlich (5) et Neumann (6), personne n'a pris soin de dresser des listes un peu étendues de pièces de ce genre. Aussi, comme l'a dit M. de Witte (7), « au lieu de rejeter systématiquement les monnaies fourrées, tant grecques que romaines, les numismatistes devraient s'attacher à en former des séries qui permettraient de juger et de l'âge et de l'importance des émissions. »

(1) *M R*, t. III, p. 68.

(2) Riccio, *Monete di fam. rom.* p. 2.

(3) *Sat.* V, 105 ; cf. Schol. *a. h. l.*

(4) *Digest.* XLVIII, 10, 8.

(5) *Tentam. in re num. vet.* p. 361 et s.

(6) *Pop. et reg. num. vet.* p. 195 et s.

(7) *Rev. num.* 1868, p. 183.

§ 4. — Les monnaies des mines.

1. En traitant, dans le chapitre précédent, des trois métaux monétaires chez les anciens, de leur valeur respective et de leurs alliages, j'ai laissé entièrement de côté la question des mines d'où l'on tirait, aux diverses époques et dans les différentes contrées, l'or, l'argent et le cuivre employés au monnayage. C'est là, en effet, une question qui ne rentre pas directement dans le sujet de notre livre, qui, d'ailleurs, n'a été que fort imparfaitement élucidée jusqu'ici par les érudits (1) et qui, à elle seule, demanderait que l'on y consacrât un ouvrage spécial, avec de nouvelles études, où les observations des géologues et des ingénieurs des mines devraient se combiner avec les indications des textes littéraires et des inscriptions.

Cependant il existe tout un groupe de petites monnaies de cuivre romaines, du second siècle de notre ère, les unes avec les effigies de Trajan et d'Hadrien (2), les autres avec des têtes de divinités (3), qui portent au revers la mention de différentes mines, en général au génitif, une seule fois au datif et une autre au nominatif (4). Quelques

(1) Voy. cependant : Caryophilus, *De antiquis auri argenti stanni aeris ferri plumbique fodinis*, Vienne, 1757 ; Reitemeier, *Geschichte des Bergbaues und Hüttenwesens bei den alten Völkern*, Gœttingue, 1785 ; J. et L. Sabatier, *Production de l'or, de l'argent et du cuivre chez les anciens*, Saint-Pétersbourg, 1850.

(2) Cohen, *M I*, Trajan, nos 338-361 ; Adrien, nos 644, 645, 973.

(3) Cohen, *M I*, t. II, p. 251, nos 1166-1169.

(4) Sur toutes ces monnaies, voy. Eckhel, *D N*, t. VI, p. 445 448.

savants ont entendu les légendes du revers de ces pièces comme désignant les sources de provenance du métal mis en œuvre dans leur fabrication (1). C'est là une interprétation qui ne saurait soutenir l'examen; mais il importe de jeter un coup d'œil sur les monuments qui y ont donné lieu, d'autant plus que cette étude nous donnera lieu de constater un exemple important de monnaies, qui devaient, suivant toutes les vraisemblances, avoir un caractère avant tout fiduciaire.

Les monnaies des mines à l'époque impériale, car c'est sous cette désignation générale qu'il importe de les grouper, sont toutes du même module, celui du petit bronze, intermédiaires comme poids entre le semis et le quadrans, tels qu'ils étaient à l'époque où ces pièces furent frappées (voy. livre VII, chap. IV, § 1); les revers, sauf deux exceptions (2), rentrent toujours dans les deux mêmes types, ou bien la légende qui mentionne la mine est placée dans une couronne de feuillage, ou bien elle accompagne la figure debout, soit de l'Abondance tenant des épis, soit de la Monnaie, représentée comme à l'ordinaire, avec la balance d'une main, la corne d'abondance sur l'autre bras et la masse de métal auprès de ses pieds.

Les légendes peuvent ainsi se grouper, d'après les pays auxquels appartenaient les mines :

Dalmatie :

METAL. DELM. — Avec la tête d'Hadrien ou bien sans effigie impériale.

METALLI VLPIANI DELM. — Avec l'effigie de Trajan.

(1) Sabatier, *Production, etc.* p. 160 ; Cohen, *M I*, t. II, p. 58 et 181.

(2) Cohen, *M I*, t. II, p. 251, nos 1168 et 1169.

Mésie supérieure :

DARDANICI. — Avec l'effigie de Trajan ou la tête de Rome (1).

AELIANA PINCENSIA. — Avec la tête d'Hadrien (2).

Norique :

MET. NOR. — A la tête d'Hadrien.

Pannonie :

METALLI PANNONICI
METALLI VLPIANI PANN } . — Avec la tête de Trajan.

Provinces indéterminées :

METALLI VLPIANI. — A la tête de Trajan. Cette légende peut se rapporter également bien aux deux mines de même nom, dont les monnaies viennent de nous faire constater l'existence en Dalmatie et en Pannonie.

METAL. AVRELIANIS. — Avec la tête juvénile de Marc-Aurèle ou de Commode. La mine ici mentionnée devait son nom à Marc-Aurèle, mais rien ne nous indique où elle pouvait être située.

Aucune des monnaies des mines ne présente les lettres S C, indice du monnayage sénatorial dont les produits constituaient pour le cuivre la seule monnaie d'empire ayant cours légal dans toutes les provinces indifférem-ment (voy. livre III, chap. I, § 8 ; livre VII, chap. IV, § 1).

(1) Une constitution de Gratien (Cod. Theod. I, 32, 5; Cod. Just. XI, 6, 4) mentionne les *procuratores metallorum intra Macedoniam, Daciam, Mediterraneam Moesiam seu Dardaniam.*

(2) Pincum était une ville de Mésie, voisine de Viminacium.

2. Une première observation doit être faite tout d'abord au sujet des monnaies des mines. Les exploitations qu'elles mentionnent appartiennent toutes à la même région, entre le Danube et l'Adriatique. Ce sont des mines impériales, dont la plupart portaient même les noms des princes sous qui elles avaient été inaugurées.

Ces monnaies sont toutes de cuivre ; pourtant aucune ne porte la mention des grandes exploitations qui fournissaient ce métal au monde romain du temps de l'Empire, de celles que Pline (1) signale particulièrement comme en fournissant les qualités employées au monnayage. Il y a plus ; la plupart des mines qui y sont nommées nous sont connues d'ailleurs, par des témoignages formels des auteurs et des inscriptions, comme donnant des métaux autres que le cuivre. Les textes sur les mines d'or de la Dalmatie sont nombreux (2), et nous voyons que l'on exploitait aussi dans cette contrée des mines d'argent (3) ; celles de la Dardanie étaient consacrées à la production de l'or, dont elles donnaient une qualité particulière (4). Pour le Norique, les riches mines d'or ouvertes dans le VIIe siècle de Rome (5), et encore en exploitation du temps de Strabon (6), paraissent avoir été épuisées à l'époque où régnait Hadrien ; mais la grande industrie minière qui faisait alors la renommée de cette

(1) *H N*, XXXIV, 2, 4.

(2) Caryophilus, p. 55 ; cf. *Corp. inscr. lat.* t. III, n° 1997.

(3) *Corp. inscr. lat.* t. III, n° 6575.

(4) Plin. *H N*, XXXIII, 3, 12.

(5) Polyb. XXXIV, 10.

(6) Strab. IV, p. 208.

province était celle du fer (1). Une inscription de lecture douteuse (2) paraît mentionner les *procuratores ferrariarum* des trois provinces de Norique, Pannonie et Dalmatie (3), et, en effet, il est bien difficile de ne pas rapporter à une exploitation de fer destiné à la fabrication des armes la pièce, à la légende METAL· DELM, qui présente d'un côté la tête de Mars, barbu et casqué, de l'autre une cuirasse (4) ; ces ferrières de la Dalmatie sont plusieurs fois mentionnées par les écrivains (5). Quant à la Pannonie, outre les mines de fer (6), on en mentionne d'argent (7) dans cette province, mais jamais aucune de cuivre.

Ceci écarte absolument l'idée que la mention des mines sur la classe spéciale de monnaies qui nous occupe aurait indiqué la provenance du métal employé pour les fabriquer. Il faut donc y chercher, au contraire, la désignation des lieux auxquels était restreint le cours de ces pièces, que l'absence des lettres S C caractérise comme destinées à une circulation exclusivement locale.

Les exploitations minières, avec les ouvriers qui y étaient employés, et dont le nombre était quelquefois

(1) Voy. les textes littéraires dans Caryophilus, p. 50, et Potter, *ad* Clem. Alex. *Stromat.* I, p. 363. — *Corp. inscr. lat.* t. III, n°s 4788 et 5036 ; t. V, n° 810.

(2) *Corp. inscr. lat.* t. III, n° 4809.

(3) Voy. O. Hirschfeld, *Untersuchungen auf dem Gebiete der Rœmischen Verwaltungsgeschichte*, t. I, p. 76.

(4) Cohen, *M I*, t. II, p. 251, n° 1169.

(5) Claudian. *Bell. get.* 538 et s. ; Cassiodor. *Var.* III, 26.

(6) *Corp. inscr. lat.* t. III, n° 3953.

(7) *Corp. inscr. lat.* t. III, n° 6575.

énorme (1), puis avec tous les gens de métier et les marchands qui venaient naturellement se grouper autour d'eux, les exploitations minières donnaient naissance à des agglomérations très-considérables de population sur leur territoire, souvent fort étendu (2). Lorsque les *metalla* appartenaient au fisc impérial, ce qui dès le IIe siècle de l'ère chrétienne était le cas du plus grand nombre, tout ce qui était compris *intra fines metallorum*, comme les puits de mine, les carrières, les bains, les marchés, les industries, les hommes libres, les affranchis, les esclaves, ainsi que les mineurs, les ouvriers, les artisans, etc., était subordonné à l'autorité et à la juridiction du *procurator metallorum*. Celui-ci, comme le premier magistrat d'une colonie industrielle, déterminait les droits et les devoirs de tous les habitants, établissait les redevances sur l'exercice de chaque métier et fixait le taux de l'impôt sur le produit des mines, dont il réglait l'exploitation. Préposé aux mines d'une province entière, le *procurator*, pour chacune d'elles, substituait à son autorité et à son administration, dans tous les cas ordinaires et sous son contrôle supérieur, un entrepreneur ou *conductor*, dont les droits et les obligations étaient déterminés par un règlement établi lors de la *conductio*. La découverte récente de la table de bronze d'Aljustrel, en Portugal (3), nous a rendu en partie le texte d'un règlement

(1) On parle de 40000 ouvriers employés aux mines d'argent de Carthagène : Strab. III, 2, 10.

(2) Celui des mines de Carthagène avait environ douze lieues de circonférence.

(3) Voy. les articles de M. Ch. Giraud dans le *Journal des savants* d'avril et mai 1877, et celui de M. Hübner dans l'*Ephemeris epigraphica* de la même année.

de ce genre, imposé par le *procurator metallorum Lusitaniae* au *conductor* du *Metallum Vipascense*, et il est probable qu'il reproduit un type consacré en pareil cas pour l'administration des mines appartenant au fisc et de la population groupée sur leur territoire.

Il fallait de la monnaie, et surtout de la monnaie d'appoint, pour les besoins intérieurs des grandes agglomérations industrielles ainsi formées sur le territoire des mines, et égalant comme importance des villes considérables. Or, si la monnaie d'or et d'argent de l'empereur, frappée non-seulement à Rome, mais dans toutes les parties de l'empire, était abondamment répandue dans les provinces, même les plus éloignées, il n'en était pas de même du numéraire de cuivre sénatorial, fabriqué dans les deux seuls ateliers de Rome et d'Antioche (voy. livre III, chap. III, § 2; livre VII, chap. IV, § 1). C'était de ces deux ateliers qu'il fallait expédier dans les diverses provinces ce numéraire, encombrant de sa nature et difficile à transporter, surtout quand les transports étaient lointains et devaient se faire par la voie de terre. Aussi ne se répandait-il que fort peu dans les provinces reculées, en particulier dans celles de l'Orient. Son insuffisance aux nécessités de la circulation dans ces provinces est un des faits les mieux avérés. Pour y suppléer, on avait dû recourir à la création de monnaies provinciales émises au nom des autorités de l'État, mais limitées dans leur circulation au territoire de la province pour laquelle elles étaient fabriquées (voy. livre III, chap. I, § 4; livre VII, chap. IV, § 4), et surtout à un très-large développement des permissions de monnayage du cuivre pour les besoins locaux, accordées aux colonies romaines ou latines (livre III, chap. I, § 5; livre VII, chap. IV, § 4) et aux cités indigènes jouissant de droits étendus d'autonomie municipale (livre III, chap. I, § 6; livre VII, chap. IV, § 4). Ainsi que nous l'avons remarqué tout à l'heure, les pièces des mines à l'époque impériale, par l'absence des lettres S C indicatives de la fabrication dans les ateliers sénatoriaux et du droit de circulation générale dans tout l'empire qui en était la conséquence, présentent le caractère le plus manifeste d'un monnayage local de ce genre. Et en effet, dans les conditions économiques où se trouvait alors l'empire romain, dans les données des règles qui y présidaient alors à la fabrication de la monnaie de cuivre, il était tout naturel que l'autorité impériale accordât des permissions de monnayage de petites espèces d'appoint à circulation localisée, pareilles aux permissions que recevaient les villes grecques ou les colonies, à l'administration de certains *metalla*, sur le territoire desquels se pressait une population particulièrement nombreuse. La nécessité de permissions de ce genre devait surtout se faire sentir dans les provinces auxquelles appartiennent exclusivement les monnaies des mines, car au IIe siècle ces provinces étaient dépourvues de monnaies locales, et le numéraire de cuivre sénatorial des ateliers de Rome ou d'Antioche ne pouvait y parvenir que difficilement. D'un autre côté, il est tout naturel qu'entre les différentes espèces de mines distinguées d'après les conditions de leur propriété, les unes appartenant à des particuliers ou à des compagnies privées, les autres au fisc (1), la permission de monnayage local ne fût jamais accordée qu'à des circonscriptions de *metalla* de la

(1) Sur les conditions différentes des mines privées et impériales, l'absorption graduelle des premières par les secondes et leur administration, voy. l'excellent résumé de M. O. Hirschfeld, *Untersuchungen auf dem Gebiete der rœmischen Verwaltungsgeschichte*, t. I, p. 72-91.

seconde classe, soumis à l'administration de procurateurs impériaux. Si dans des mines privées on voulut jamais suppléer au défaut de numéraire par la création d'un signe d'échange local, ce fut nécessairement un signe purement conventionnel et sans valeur intrinsèque, impossible à confondre avec la monnaie émanant d'autorités publiques, signe qui n'était en réalité qu'un assignat privé, échangeable contre du numéraire réel dans les caisses d'où il émanait, et tirait toute sa valeur du crédit de ces caisses, quelque chose comme les petits jetons de plomb auxquels nous avons attribué conjecturalement un rôle du même genre dans les comptoirs de la Compagnie des *Nautae* du Rhône et de la Saône (voy. plus haut, dans ce chapitre, § 1). On pourrait rechercher, parmi les plombs antiques se rapprochant par leur aspect des espèces monétaires, s'il n'en est pas qui, dans des circonscriptions minières, ont pu servir de signe d'origine privée suppléant au numéraire.

Mais, bien que faites d'un des métaux officiellement monétaires et rentrant par conséquent dans la classe des monnaies proprement dites, bien qu'émises par l'autorité d'officiers impériaux, les espèces qui nous occupent, destinées à une circulation exclusive dans le territoire de certaines mines, devaient nécessairement, comme l'est en général tout numéraire créé dans des conditions du même genre, être des monnaies fiduciaires bien plutôt que des monnaies réelles ; elles devaient circuler pour une valeur nominale sans rapport, même éloigné, avec leur valeur intrinsèque de métal. Sans doute il n'existe pas de preuve formelle de ce dernier point ; ce n'est là qu'une simple conjecture. Mais elle est rendue très-vraisemblable et presque imposée par ce fait que les monnaies en question sont toutes d'un même module, égalant seulement les plus petites monnaies divisionnaires de cuivre, toujours frappées en assez petit nombre sous l'empire et déjà complétement tombées en désuétude dans le IIe siècle. Elles sont donc en réalité fort inférieures au numéraire habituel du même métal à la même époque, dans les monnayages provinciaux et municipaux aussi bien que dans ceux des ateliers sénatoriaux, frappant pour tout le territoire de l'empire. Ceci, joint aux conditions d'une circulation restreinte, limitée à des territoires soumis à une administration particulière et dépendant du fisc impérial, conduit à l'idée d'un signe monétaire tout conventionnel, représentant sous la forme d'une quantité de métal bien inférieure les mêmes valeurs que le numéraire de cuivre habituel du même temps, numéraire lui-même déjà presque complétement fiduciaire, puisque la valeur métallique intrinsèque était bien loin de la valeur nominale qu'on lui assignait. L'administration financière de l'Empire était tout entière imbue de la fausse doctrine de la monnaie-*signe* (voy. livre III, chap. II, § 2), qui avait détrôné la vraie doctrine de la monnaie-*marchandise*, prédominante chez les Grecs (livre III, chap. II, § 1), et c'est cette erreur économique dont les applications dans le domaine de la pratique engendrèrent la grande crise monétaire du IIIe siècle (livre VII, chap. IV, § 2); là où cette administration devait appliquer d'abord une semblable doctrine, avant d'essayer de l'étendre à toute la monnaie d'Empire, c'était dans des territoires dépendant exclusivement du fisc, territoires où les conditions particulières de la circulation intérieure se prêtaient parfaitement et sans inconvénients sérieux à l'emploi d'un signe purement conventionnel.

3. On s'étonnera peut-être de ce que, dans ce chapitre consacré à la monnaie fiduciaire, sans valeur intrinsèque, chez les anciens, nous ne parlions pas de faits semblables aux créations de monnaies obsidionales, auxquelles les peuples modernes ont eu plusieurs fois recours dans les circonstances de disette de numéraire produites par des événements de guerre. Le monnayage militaire pour les besoins des armées en campagne a pourtant eu un grand développement dans l'antiquité, et nous y consacrons plus loin une section spéciale (livre III, chap. I, § 7). Mais ce monnayage, fabriqué par l'autorité et sous la responsabilité des généraux placés à la tête des armées, est généralement produit dans les conditions les plus satisfaisantes comme titre du métal et exactitude du poids des pièces; c'est de bonne monnaie que l'on fabriquait ainsi pour la solde des troupes et pour le payement des fournisseurs. Quant aux circonstances de pénurie qui peuvent amener la création d'une *monnaie de nécessité*, les anciens ne paraissent pas, du moins d'après les monuments parvenus jusqu'à nous, avoir en pareil cas employé la même méthode que les modernes, celle de fabriquer une monnaie spéciale, ayant ouvertement les caractères de la nécessité, ne se confondant pas avec le numéraire normal et devant être retirée de la circulation dès qu'auront cessé les circonstances exceptionnelles qui l'ont produite. Ils préféraient avoir recours au moyen peu loyal d'une émission monétaire mêlée d'une forte proportion de pièces fourrées, moyen par lequel on espérait dissimuler les espèces fiduciaires, livrées au public sans la franchise qui seule pouvait justifier leur existence, moyen funeste, comme nous le montrions tout à l'heure, parce qu'en établissant une confusion entre les espèces loyales et les espèces altérées et en rendant très-difficile le retrait des

premières, il dépréciait tout le numéraire en circulation. D'autres fois, et particulièrement sous l'empire, quand la jalousie de l'autorité impériale eut retiré aux généraux en campagne l'ancien droit monétaire dont ils jouissaient sous la République romaine, au lieu de créer des monnaies spéciales de nécessité pour certains besoins militaires, on donna aux monnaies existant déjà dans la circulation une valeur exceptionnelle et temporaire par l'apposition d'une contremarque (voy. livre IV, chap. v, § 1). Dans ce dernier cas, il est évident, malgré l'absence de textes qui le disent formellement, qu'après la cessation des circonstances qui avaient fait donner une valeur exceptionnelle aux pièces ainsi contremarquées, on devait fixer un certain délai pendant lequel les détenteurs de ces pièces devaient les présenter aux caisses publiques, pour être remboursés de leur valeur nominale en monnaie ordinaire. Passé ce délai, la valeur exceptionnellement donnée aux monnaies contremarquées était périmée ; entre les mains des particuliers qui avaient négligé de les échanger en temps utile, elles n'avaient plus que la valeur normale pour laquelle elles avaient été émises ; les caisses publiques elles-mêmes les remettaient dans la circulation pour cette dernière valeur, et l'on ne tenait plus désormais aucun compte du poinçon, qui y avait été apposé dans un but temporaire et dont elles continuaient à porter l'empreinte. C'est ainsi que l'on constate, dans toutes les trouvailles de monnaies impériales romaines en cuivre, de si nombreux exemples de pièces, qui ont reçu plusieurs contremarques successives et ensuite sont revenues dans la circulation au même titre que les monnaies non contremarquées, et y sont restées encore pendant un siècle ou deux.

CHAPITRE III

PROCÉDÉS DE FABRICATION DE LA MONNAIE CHEZ LES ANCIENS

§ 1. — MONNAIES FRAPPÉES.

1. Deux procédés peuvent être employés pour la fabrication de la monnaie : couler le métal en fusion dans des moules composés de deux pièces en pierre réfractaire ou en terre cuite, ou bien frapper entre deux coins gravés de métal une lentille de métal solide. Pour ce dernier procédé, qui était le plus généralement usité, les anciens ne possédaient pas le moyen puissant du balancier, qu'ont inventé les modernes. Ils frappaient leurs monnaies au marteau, moyen plus lent et plus imparfait, qui donnait souvent lieu à des accidents de fabrication, car il fallait plusieurs coups de marteau successifs pour obtenir le résultat que l'on atteint maintenant avec un seul coup de balancier.

Certains deniers d'argent romain, portant le nom du triumvir monétaire T. Carisius (1), représentent les instruments dont se servaient les monnayers. On y reconnaît

(1) Cohen, *M C*, pl. X, *Carisia*, n° 7.

le *coin-matrice*, qui portait en creux l'empreinte destinée à être reproduite en relief sur la monnaie, l'*enclume* sur laquelle on plaçait les coins pour les frapper, le *marteau*, et enfin la *pince* ou *tenaille* qui servait à placer la lentille de métal, appelée *flan*, entre les deux flans. Une petite pièce de bronze de la colonie latine de Pæstum (1) montre d'un côté la balance à deux plateaux où se pèse le métal destiné au monnayage, de l'autre un ouvrier qui va frapper, avec le marteau qu'il tient à deux mains, les coins posés sur une enclume, au commandement d'un contremaître qui élève le bras pour lui donner le signal. La fabrication des monnaies frappées de l'antiquité par le moyen exclusif du marteau est encore attestée par un passage de saint Jérôme, dans la vie de saint Paul Hermite (2), à propos d'un atelier de faux-monnayeurs dont le saint trouva les instruments abandonnés dans le désert (3).

Les flans des monnaies antiques étaient moulés séparément et à l'avance, sous la forme la plus rapprochée de celle que la pièce devait avoir. Cette préparation par le moulage est attestée aussi bien par la forme globuleuse que le flan affecte le plus souvent, surtout aux époques les plus anciennes, que par l'aspect des bords de celui-ci, qui présentent quelquefois des excédants de matière ou des

(1) Avellino, *Opusc.* t. II, p. 131, pl. V, n° 14 ; Cavedoni, *Bull. arch. Napol.* t. II, p. 118 ; L. Sambon, *Recherches sur les monnaies de la presqu'île italique*, p. 278, pl. XXI, n° 74.

(2) *Erant praeterea per excesum montem haud pauca habitacula, in quibu scabrae jam incudes, et mallei quibus pecuniae olim signatae visebantur. Hunc locum Aegyptiorum literae ferunt furtivae monetae officinam fuisse ea tempestate qua Cleopatrae junctus est Antonius.*

(3) Voy. Mongez, *Mém. de l'Acad. des Inscr.* nouv. sér. t. IX, p. 202.

vestiges du jet de fusion, imparfaitement coupé (1). Il n'y a qu'un très-petit nombre de pièces, dont nous parlerons un peu plus loin, où la netteté de la tranche, son aspect et sa forme indiquent que le flan a été découpé à l'emporte-pièce dans une lame de métal, comme on le fait pour nos monnaies modernes. Varron, dans un endroit (2), paraît faire allusion à cet usage de préparer les monnaies en lentilles de leur poids exact par la fusion avant de les frapper. C'est lui aussi qui est indiqué par l'expression *flando*, placée avant *feriundo* comme pour désigner une opération préliminaire, dans le titre officiel des triumvirs monétaires (3) (voy. plus haut, dans ce livre, chap. I, § 1, 1; et livre III, chap. III, § 2); cette expression est, en effet, éclaircie par le titre que reçoit sur un denier de l'an 74 avant J.-C. (4) le questeur Cn. Cornelius Lentulus Marcellinus, CVR ✳ FL *curator denariis flandis* (5). Des ouvriers spéciaux, dans les hôtels monétaires romains, étaient chargés du travail de fonte qui mettait les flancs monétaires en état d'être frappés; on les désignait par le nom de *flaturarii* (6) (voy. livre III, chap. IV, § 2).

Ainsi préparé, le flan métallique destiné à devenir une monnaie était chauffé au rouge et frappé avec les coins

(1) Hennin, *Manuel*, t. I, p. 78 et 86.

(2) *Ap.* Charis. p. 105, ed. Keil.

(3) Mommsen, *M R*, t. II, p. 46.

(4) Cohen, *M C*, pl. XIV, *Cornelia*, nos 10 et 11; Mommsen, *M R*, t. II, p. 475.

(5) Eckhel, *D N*, t. V, p. 212.

(6) Gruter, p. 638, n° 4; Mommsen, *Inscr. regn. Neapol. lat.* n° 6901. — Les *flaturarii* étaient dirigés par les *conductores flaturae monetae Caesaris* : *Corp. insc. lat.* t. VI, n° 791.

froids (1). La pince, représentée sur les deniers de T. Carisius, était d'un emploi absolument nécessaire pour placer entre les deux coins le flan échauffé. C'est une opération dont étaient chargés, dans les ateliers monétaires romains, des ouvriers spéciaux, appelés *suppostores* (2) (voy. livre III, chap. IV, § 2). Elle était, en effet, fort délicate, réclamait une grande pratique et beaucoup de précision.

La frappe au marteau, qu'employaient les anciens, ne permettait pas d'obtenir d'un seul coup le relief des monnaies, même les reliefs les moins accusés, comme on produit celui de nos pièces modernes avec un seul coup du balancier ou du bélier hydraulique. Il fallait s'y reprendre à plusieurs fois, et à chaque coup *faire recuire* le flan, comme on y est encore obligé, même aujourd'hui, pour les médailles d'un relief trop accusé. Ces diverses opérations de la frappe monétaire peuvent se suivre d'une manière particulièrement claire (3) sur la grande pièce d'or de 20 statères, du roi Eucratide de Bactriane, que possède le Cabinet des médailles de Paris (4), pièce dont les dimensions extraordinaires ont exigé un plus grand nombre de reprises du travail que pour aucune autre monnaie antique connue. Le coin en a été modifié dans l'intervalle entre deux des frappes; la légende, que l'on avait d'abord disposée horizontalement au-dessus du type du revers, a été gravée à nouveau pour lui faire épouser la forme ar-

(1) Mongez, *Mém. de l'Acad. des Inscr.* nouv. sér. t. IX, p. 202.

(2) Gruter, p. 1066, n° 5, et 1070, n° 1; *Corp. inscr. lat.* t. VI, nos 42-44.

(3) Chabouillet, *Rev. num.* 1867, p. 386 ; F. Lenormant, *Gazette des Beaux-Arts*, avril 1877.

(4) *Rev. num.* 1867, pl. XII.

rondie du flan, ce qui est d'un effet beaucoup plus heureux; et ce qui était venu d'abord de la première légende a laissé des traces parfaitement visibles, bien qu'écrasé par les frappes postérieures. En outre, à la fin du travail, le coin s'est fendu sous l'effet des coups de marteau trop répétés.

Avec cette nécessité de s'y reprendre à plusieurs fois en frappant, et à chaque fois d'enlever le flan pour le faire recuire, on comprend quelle précision était nécessaire en le replaçant, pour que les reliefs déjà obtenus coïncidassent bien exactement avec les creux des coins-matrices. La chose était d'autant plus délicate que le flan des monnaies antiques n'était pas, comme celui de nos monnaies modernes, fixé et serré pour la frappe dans une virole (1); on le laissait en liberté entre les deux coins, où un coup de marteau donné à faux suffisait à le déplacer. De là le nombre considérable d'exemplaires de toutes les époques, où le type se trouve doublé par accident, soit que le flan ait glissé sous le marteau, soit qu'on l'ait mal replacé après une des fois où on l'avait fait recuire (2). On est même surpris que cet accident ne soit pas encore plus fréquent avec un procédé aussi imparfait, et il y a là de quoi donner la plus haute idée du degré d'habileté de main et de précision dans leurs opérations, qu'une longue pratique donnait aux ouvriers monnayers de l'antiquité.

2. On possède en originaux un certain nombre de coins monétaires romains, du premier et du second siècle de

(1) Hennin, *Manuel*, t. I, p. 87.

(2) Eckhel, *D N*, t. I, p. LXVII; Hennin, *Manuel*, t. I, p. 237.

notre ère. La plupart se composent d'une matrice gravée, en acier trempé, encastrée dans un cône tronqué ou dans une sorte de barillet en bronze ou en fer (1); un bord en saillie entoure d'ordinaire l'extrémité du coin où la matrice se trouve enchâssée, mais il est notablement plus large que le module de la pièce, et, par conséquent, n'a pas pu servir de virole pour fixer le flan pendant la frappe. Le plus intéressant et le plus complet de ces coins est celui que possède le Musée de Lyon (2); il est complet, avec ses deux pièces, donnant la face et le revers de l'*aureus* bien connu de Faustine la jeune MATRI MAGNAE (3). Les deux coins sont en forme de cippes carrés en fer doux; celui qui se plaçait en bas offre à son sommet une douille carrée fortement en saillie, au fond de laquelle est encastrée la matrice gravée en acier du type du droit; cette matrice est elle-même carrée, et la gravure du type monétaire y forme au centre une légère concavité circulaire. Le flan de la monnaie était placé par le *suppostor* au fond de cette douille, où s'engageait la partie inférieure, un peu rétrécie, de l'autre coin, à l'extrémité duquel on voit encastrée la matrice d'acier du revers. Une fois le coup de marteau donné, on retirait le coin supérieur, puis il fallait renverser l'inférieur pour en faire tomber la pièce frappée. Cette dernière nécessité, à laquelle il n'y avait

(1) Ch. Lenormant, *Encyclopédie du dix-neuvième siècle*, article *Numismatique;* Chabouillet, *Description des camées, etc. du Cabinet des médailles*, p. 451 et s.; *Rev. archéol.* nouv. sér. t. VIII, p. 276, description de coins de Tibère, Caligula et Claude, découverts auprès de Paray-le-Monial.

(2) Comarmond, *Descr. des antiquités conservées au Palais des Arts*, p. 825 et s.; Friedlænder, *Zeitschr. f. Num.* t. V, p. 121 et s.

(3) Cohen, *M I*, t. II, p. 584, n° 62.

pas moyen de se soustraire, était fort incommode et devait occasionner une perte de temps sensible.

Il est aussi de ces coins du Haut-Empire qui sont entièrement en bronze, y compris la matrice gravée (1), et la multiplicité extraordinaire et constante de coins que tous les savants ont signalée dans la numismatique grecque, dans une seule émission de la même ville et de la même année (2), semble prouver que les Grecs n'employaient pas la trempe pour leurs coins monétaires; qu'ils se servaient uniquement d'un métal doux, qui s'usait avec une grande rapidité dans les opérations de la frappe. Malheureusement aucun coin grec n'est connu jusqu'à ce jour; mais on possède quatre coins gaulois, destinés à la production de monnaies connues d'or ou d'argent (3), et ils sont tous en bronze ou en fer doux. Or, les Gaulois, disciples et imitateurs des Grecs en matière de monnayage, ne faisaient que copier leurs procédés. Il est facile, du reste, de constater sur les monnaies grecques, et sur les pièces romaines jusqu'à Constantin, que leurs coins, soit en fer, soit en bronze, soit même en acier, étaient généralement d'un métal d'assez mauvaise qualité, car on voit dans le champ des médailles des inégalités et des soufflures, dues certainement à des imperfections des coins (4).

(1) Mongez, *Mém. de l'Acad. des Inscr.* nouv. sér. t. IX, p. 207.

(2) Il y a cependant exagération manifeste à dire, comme on le fait d'ordinaire, que l'on ne rencontre jamais deux exemplaires sortis du même coin.

(3) Voy. sur ces quatre monuments un important travail de M. A. de Barthélemy, *Rev. archéol.* nouv. sér. t. XV, p. 346 et s.

(4) Mongez, mém. cit. p. 204.

Ceux-ci, on ne saurait s'y méprendre, et les indices les plus caractéristiques en donnent la certitude, ont été, depuis les premiers temps du monnayage jusqu'au ve siècle de l'ère chrétienne, gravés au touret, par le procédé dont usent encore aujourd'hui les graveurs en pierres fines (1). Dans le ve siècle et même un peu avant, sous la domination des princes de la famille de Constantin, les procédés changèrent. A partir de ce moment, les pièces ont été frappées, comme le sont les monnaies actuelles, à froid avec des coins d'acier, ainsi qu'on le reconnaît à la densité et à la dureté du métal, dont la pureté n'a point été altérée, mais que la percussion a durci en l'écrouissant. En même temps, à la nature et à l'aspect du travail, on reconnaît que la gravure au burin a remplacé la gravure au touret pour la préparation des coins (2).

Le Cabinet des médailles de Paris conserve une paire de coins des débuts de cette nouvelle phase de la fabrication monétaire. Ce sont ceux d'un *solidus* de l'empereur Constant Ier (3). Ils sont en acier, gravés au burin, et réunis par deux branches en fer à cheval s'ouvrant au moyen d'une charnière.

3. Au reste, ce n'est que des monnaies elles-mêmes que l'on peut tirer des inductions sur les procédés de la fabrication primitive. Ainsi, pour les pièces qui offrent d'un

(1) Mongez, mém. cit. p. 203 et s.

(2) Ibid. p. 204.

(3) Millin, *Magasin encyclopédique*, juin 1811 ; Dumersan, *Histoire du Cabinet des médailles*, p. 127 ; Chabouillet, *Description des camées, etc. du Cabinet des médailles*, p. 542.

côté un type en relief, et de l'autre un *carré creux* plus ou moins profond, plus ou moins régulier (1) (voy. livre IV, chap. I, § 2), on suppose que ce carré représente une partie saillante sur laquelle on fixait d'abord la lentille de métal, pour l'empêcher de glisser sous le marteau. C'était le temps de l'enfance de l'art. La pièce monétaire n'avait qu'une seule empreinte en relief; sa forme était extrêmement irrégulière. Elle n'était presque encore qu'un lingot de poids fixe, portant une marque officielle qui garantissait sa pesanteur et sa pureté. On était dans la transition entre le lingot simplement poinçonné, que nous trouvons aux origines du monnayage lydien (voy. livre VI, chap. III, § 1), et la monnaie arrivée à son point complet de perfection quant à sa forme.

Celle-ci suppose nécessairement deux coins-matrices, entre lesquels on place le flan métallique destiné à recevoir les empreintes. Pour faciliter la gravure des matrices, y poussait-on un poinçon, comme dans les temps modernes, sauf à retoucher au touret l'empreinte du poinçon? La multiplicité des coins dans toutes les émissions antiques rend ceci très-probable, et l'on ne saurait guère expliquer autrement la rapidité avec laquelle on les exécutait. Mongez (2) croit même avoir retrouvé expérimentalement le procédé précis employé par les anciens. « Deux sculpteurs, dit-il, ébauchent en même temps, séparément, et finissent en cire, l'un la tête, l'autre le type du revers : les lettres sont formées très-vite avec des poinçons d'un usage habituel. On moule ensuite ces deux cires, puis on coule de l'argent dans les

(1) Barthélemy, *Mém. de l'Acad. des Inscr.* anc. sér. t. XXIV, p. 30 et s.; Eckhel, *D N*, t. I, p. LXIV ; Hennin, *Manuel*, t. I, p. 47 et 97.

(2) Mém. cit. p. 208.

deux moules réunis, ce qui produit des médailles. Tout ce travail peut être terminé en moins de vingt-quatre heures. Quant à la frappe des monnaies, elle pouvait aussi être très-prompte, en estampant les coins, comme je l'ai fait moi-même, c'est-à-dire en plaçant la médaille que l'on peut appeler le *prototype*, en la plaçant, dis-je, froide entre les coins de bronze chauffés au rouge, et en frappant sur tout l'appareil avec un fort marteau. Ainsi l'on a pu dans l'espace de trente-six heures, et fabriquer des moules de médailles, et frapper des milliers de médailles en estampant des coins de bronze et en monnayant des flans chauffés au rouge. » L'emploi de poinçons mobiles pour les lettres des légendes monétaires, au moins chez les Romains, est attesté par les lettres renversées, déplacées, transposées et autres accidents de même nature (1), fréquents dans la numismatique impériale, surtout aux époques où le monnayage présente un caractère particulier de hâte (2). Au reste, M. A. Dumont (3) a également constaté de la manière la plus positive l'emploi de lettres mobiles par les Grecs pour la préparation des timbres amphoriques.

4. Dans tous les cas, la monnaie qui porte au droit un type en relief et au revers un carré creux suppose la combinaison, non plus de deux matrices ensemble, mais d'une matrice et d'un poinçon, surtout à partir du moment où l'on a tracé des figures, soit en creux, soit en relief, au

(1) Eckhel, *D N*, t. I, p. CXXVIII et s. ; Hennin, *Manuel*, t. I, p. 234 et s.

(2) Mongez, mém. cit. p. 209.

(3) *Inscriptions céramiques*, p. 46, 395 et s.

fond du carré. A plus forte raison en a-t-il été ainsi pour la fabrication des pièces *incuses*, c'est-à-dire de celles qui, montrant d'un côté le type en relief, comme à l'ordinaire, reproduisent le même type en creux sur l'autre face (1). C'est par ce procédé qu'a été exécutée une série considérable de monnaies, qui témoignent de l'existence d'une sorte d'alliance politique et d'une convention commerciale entre les principales villes de la Grande-Grèce au VIe siècle av. J.-C. (2) (voy. livre VII, chap. I, § 2). Pour se rendre exactement compte de la fabrication de ces pièces, il faut admettre qu'on en obtenait le revers avec le poinçon même qui avait servi à enfoncer la matrice destinée à la frappe du droit. Quelquefois, pour marquer l'alliance particulière de deux villes (voy. livre III, chap. I, § 2, 2), ou même simplement pour rapprocher deux types mythologiques, le creux du revers, quoique reproduisant en concavité les masses de la surface convexe, offrait le dessin d'un objet tout différent. Telle est une pièce de Tarente sur laquelle on voit d'un côté *Apollon Hyacinthien tenant la lyre et la fleur de son nom*, de l'autre le type ordinaire du *héros Taras monté sur un dauphin* (3). Ces variantes donnent à supposer qu'après avoir enfoncé le poinçon dans la matrice on en soumettait la superficie à un nouveau travail, destiné à remplacer le premier sujet par un autre. Il va sans dire, d'ailleurs, que des flans serrés ainsi entre une matrice et un poinçon devaient se réduire à une feuille plate, et que,

(1) Barthélemy, *Mém. de l'Acad. des Inscr.* anc. sér. t. XXIV, p. 44; Eckhel, *D N*, t. I, p. LXVI et 50; Hennin, *Manuel*, t. I, p. 98.

(2) D. de Luynes, *Nouv. Ann. de l'Inst. arch.* t. I, p. 372-447.

(3) *Ann. de l'Institut archéologique*, t. II, pl. M, n° 2; O. Müller, *Denkm. d. alt. Kunst*, t. I, pl. XVI, n° 74.

pour arriver au poids légal de la monnaie, il fallait retrouver en étendue ce qu'on perdait en épaisseur.

Plus tard, vers la fin du IIIe siècle avant l'ère chrétienne, nous voyons reparaître en Etrurie une nouvelle et fort peu nombreuse série d'incuses (voy. livre VII, chap. II, § 2). Ce sont des pièces de cuivre qui offrent d'un côté une tête de divinité en relief, de l'autre un type en creux (1); le flan y a le module et l'épaisseur habituels aux pièces de même poids; on n'y constate ni l'amincissement ni l'élargissement caractéristiques des anciennes incuses de la Grande-Grèce. Il en est de même sur une partie des hectés d'électrum frappées en commun, à la fin du Ve siècle, par plusieurs cités grecques de l'Asie Mineure réunies en union monétaire (voy. livre III, chap. I, § 2, 2; livre VI, chap. IV, § 3). Ces pièces, au flan toujours très-épais pour son étendue superficielle, se caractérisent en ce qu'elles ont au droit le type d'une ville en relief et au revers le type d'une autre en creux.

Il se rencontre aussi quelquefois des monnaies *incuses par accident* (2). Ce sont des deniers de la suite républicaine ou impériale sans revers et avec la tête se reproduisant en creux du côté opposé à la face en relief. C'est ce qui arrive encore aujourd'hui, sous l'action du balancier, lorsque l'ouvrier monnayeur a oublié entre les deux coins une pièce déjà frappée et sur cette pièce empile un nouveau flan. Semblable accident devait être encore plus fréquent que de nos jours lorsque l'on opérait dans des conditions de hâte, avec des coins où l'enlèvement de la pièce

(1) Deecke, *Etruskische Forschungen*, II, p. 52 et s.; et dans son édition des *Etrusker* d'O. Müller, t. I, p. 426 et s.

(2) Eckhel, *D N*, t. I, p. LXVI; Hennin, *Manuel*, t. I, p. 98 et 238.

déjà frappée se faisait aussi incommodément qu'avec celui du musée de Lyon.

5. Les *bractéates* présentent une affinité étroite avec les *incuses*. Ce sont de minces pellicules d'or ou d'argent *(bracteae* ou *bratteae)* empreintes d'un seul type, en relief d'un côté, en creux de l'autre. On les obtenait par voie d'estampage sur un poinçon en relief. Des bractéates d'or de diverses époques, trouvées dans des tombeaux auprès de la cité de Minerve, qui offrent le type athénien de la *chouette* et dont les poids sont exactement ceux de la moitié, du quart et du huitième de l'obole attique (1) (voy. livre VI, chap. IV, § 1), doivent faire présumer que quelquefois, chez les anciens, les bractéates avaient été introduites dans la circulation monétaire. Cette conclusion est corroborée par plusieurs autres exemples ; on connaît des bractéates d'or de Sicyone, de Ténédos et de Mélos (ces deux dernières au Cabinet des médailles de Paris), que la nature et la régularité de leur poids font reconnaître pour des monnaies (2). Il importe de ne pas les confondre avec une autre classe de bractéates d'or, dont nous avons déjà parlé plus haut (livre Ier, chap. I, § 3), lesquelles ont été estampées sur les reliefs de monnaies courantes, et destinées à être cousues comme paillettes sur des vêtements.

Une singularité qui n'est pas non plus sans rapport avec les pièces incuses est celle que présentent les monnaies d'or et d'argent, frappées à Populonia et dans diverses au-

(1) Beulé, *Monnaies d'Athènes*, p. 63 et 86.

(2) Ibid. p. 64.

tres villes d'Etrurie pendant le ve et le ive siècle avant l'ère chrétienne (1) (voy. livre VII, chap. II, § 2). Ces pièces n'ont pas de revers, mais la face postérieure en est plane et n'offre la trace d'aucune cavité. Avec le temps, dans le cours du IVe siècle et dans la première moitié du IIIe, à Volaterræ d'abord, puis à Populonia, on se mit à placer sur ce revers, plane et sans renflement au centre, un type peu développé et d'un faible relief ou bien quelques caractères, ce qui rapprocha ces pièces de l'aspect habituel des monnaies grecques du même temps, sans pourtant qu'une parité complète s'établît entre les deux faces de la lentille métallique.

6. Il y eut encore, dans la fabrication de la monnaie frappée chez les anciens, d'autres particularités dont il est souvent difficile de s'expliquer complétement la cause et qui, dans tous les cas, révèlent des recherches assez délicates de perfectionnement dans les procédés.

Les grosses pièces de bronze des rois Lagides d'Egypte (voy. livre VI, chap. VI, § 2) ont leurs bords d'une régularité qui constitue une véritable exception dans la numismatique ancienne, et taillés en biseau. La nature et la netteté de la section montrent clairement qu'au lieu d'en préparer les flans, comme à l'habitude, par le moulage, on a opéré comme pour nos monnaies modernes, qu'on a découpé le flan à l'emporte-pièce dans une lame épaisse de métal (2). Cette pratique ne sortit pour ainsi dire pas,

(1) Le catalogue le plus complet de ces monnaies a été donné par M. Deecke, *Etruskische Forschungen*, II, p. 5-20.

(2) Hennin, *Manuel*, t. I, p. 86.

du reste, de l'Egypte. Les bords coupés régulièrement en biseau, quoique moins nettement peut-être que sous les Ptolémées, s'observent encore jusqu'au règne de Commode, dans toutes les fortes pièces de bronze aux effigies impériales sorties de l'atelier d'Alexandrie (1) ; mais on ne les constate avec quelque développement dans aucune autre série. Les gros cuivres d'Antiochus IV de Syrie, aux types ptoléméens, qui offrent le type habituel des Lagides et la même fabrique que leurs monnaies, sont des pièces égyptiennes, frappées sur les bords du Nil au moment où le roi séleucide était maître de la majeure partie du pays (2). Cependant on peut relever quelques tentatives d'imitation de cette pratique, mais passagères, sur certains points de la Grèce et en Apulie.

D'autres monnaies de bronze, plus petites, frappées en Syrie sous la domination des Séleucides, quelques pièces d'or et d'argent de Carthage et un certain nombre de deniers d'argent romains du temps de la République, se distinguent par leurs bords découpés en dents de scie. C'est ce que Tacite (3) appelle *nummi serrati*. Quelques expressions de l'écrivain latin (4) semblent au premier abord justifier ceux qui expliquent cet usage par l'intention

(1) Eckhel, *D N*, t. I, p. LXIV.

(2) Feuardent, *Collections Giovanni di Demetrio, Egypte ancienne, Monnaies des rois*, p. 73.

(3) *German*. 5.

(4) *Pecuniam (Germani) probant veterem et diu notam, serratos bigatosque*. — En réalité, ce passage ne veut dire qu'une chose : c'est que les Germains recherchaient les deniers républicains, comme plus pesants que les deniers impériaux, et qu'à la vue ils les reconnaissaient au type du bige et aux flans à bords en dents de scie, deux circonstances que ne présentait aucune pièce impériale.

d'indiquer qu'on n'avait rien soustrait à son poids au moyen de la lime (1). En effet, l'inégalité des bords, pour les lentilles même les plus parfaites, était une tentation perpétuelle offerte aux rogneurs de monnaies, tandis qu'un coup de lime sur une dent de scie devait être bien plus visible qu'une opération semblable habilement faite sur un flan ordinaire. Mais si cette explication pourrait être admissible au cas où il s'agirait exclusivement de monnaies d'argent ou d'or, elle est démentie par l'existence des *numi serrati* des Séleucides, lesquels sont des monnaies de bronze de petite dimension, destinées uniquement à servir d'appoint ; dans la fabrication de ces monnaies, on n'attachait, comme nous l'avons déjà dit plus haut, aucune sérieuse importance à la rigoureuse exactitude du poids. C'étaient des monnaies plus fiduciaires que réelles, dont la valeur intrinsèque n'était pas en rapport avec la valeur nominale. Le rognage en eût donné bien peu de bénéfice, et ce qu'il aurait diminué du poids de la pièce n'eût point influé sur sa valeur de circulation. La même objection se dresse devant la théorie de ceux qui ont cru que l'adoption de la dentelure des bords était une précaution contre l'imitation des pièces de bon argent sous forme de pièces fourrées, s'imaginant qu'elle n'était pas possible à reproduire dans un semblable procédé de falsification. Les faits se chargent d'ailleurs de démentir eux-mêmes de la façon la plus formelle une semblable théorie, puisque précisément plusieurs des deniers romains dont on rencontre autant d'exemplaires fourrés que d'exemplaires de bon aloi rentrent dans la catégorie des *nummi serrati* (2).

(1) C'est ce que réfutait déjà Eckhel, t. V, p. 94 et s.

(2) Cohen, *M C.* p. XIX.

Il reste donc là un problème dont on ne saurait, dans l'état présent de la science, rendre une raison bien satisfaisante. Ce problème est celui de la cause qui a pu faire adopter, à une certaine époque, une pratique que rien de sérieux ne semble justifier, qui, en même temps, devait sensiblement augmenter les frais de main-d'œuvre, en créant des difficultés particulières pour la fabrication de la monnaie. En effet, ce n'est pas après la frappe et au moyen de la lime que l'on découpait les bords de la pièce en dents de scie. C'eût été là, sans doute, le procédé le plus simple d'exécution, mais il n'eût pu se mettre en pratique sans s'exposer à retrancher toujours trop ou trop peu de la matière du flan, par conséquent sans faire perdre à la monnaie l'exactitude de son poids. La dentelure était obtenue dans le moulage, qui préparait le flan sous la forme le plus approchée possible de celle qu'il devait avoir après la plaque. Il est facile de s'en assurer en examinant les bords des *nummi serrati* romains ou carthaginois; les dents de scie y sont le plus souvent arrondies, émoussées, n'ont en aucune façon la netteté d'arêtes qu'elles présenteraient si elles avaient été découpées à la lime. Et la chose est encore plus saillante avec les monnaies de cuivre des Séleucides, où presque toujours l'intervalle des dents offre des bavures plus ou moins étendues de métal, qui se sont produites à la commissure des deux pièces du moule dans lequel on préparait le flan.

C'est à Carthage que cette singulière pratique paraît avoir été mise en œuvre pour la première fois. D'après leur poids et la composition de leur métal, les *nummi serrati* carthaginois d'or et d'argent se placent, dans la suite des vicissitudes du monnayage de cette ville (voy. livre VI, chap. VII, § 1), au milieu du IIIe siècle avant l'ère chrétienne, vers la fin de la première guerre punique (1). Ceux des Séleucides, en bronze, d'après les judicieuses observations de M. Feuardent (2), ont été frappés presque exclusivement du règne d'Antiochus V à celui de Tryphon, c'est-à-dire dans une période de 21 ans, de 164 à 143 av. J.-C.; pourtant on trouve encore quelques pièces dentelées qui paraissent appartenir au règne de Séleucus V, monté sur le trône en 136 (3). A Carthage et en Syrie, on renonça vite à un usage qui compliquait beaucoup, et sans avantage, le travail des monnayers. Cependant elle fut momentanément imitée en Macédoine (4), dans les premiers temps après la réduction du pays en province romaine (146 av. J.-C.), et chez les Romains cette pratique, introduite à deux reprises différentes, à l'imitation de Carthage, puis à celle de la Syrie, fit plus fortune qu'ailleurs.

A Rome, en effet, nous rencontrons une pièce isolée à bords dentelés (5) dans la série des deniers taillés sur le pied de 72 à la livre, c'est-à-dire de ceux dont la fabrication cessa dans les environs de la fin de la première guerre punique (voy. livre VII, chap. III, § 3); on doit la considérer comme imitée des *numi serrati* de Carthage, précisément contemporains. Un intervalle de plus d'un siècle s'écoule ensuite sans que nous voyions reparaître cette particularité dans le monnayage romain; puis, dans le dernier

(1) L. Müller, *Numism. de l'anc. Afrique*, t. II, p. 142.

(2) *Description d'une collection de médailles grecques*, p. 430.

(3) Bompois, *Examen chronologique des monnaies de la Communauté des Macédoniens*, p. 51.

(4) *Ibid.* pl. IV, 5e catégorie, n° 1.

(5) Cohen, *M C*, p. 339; Mommsen, *M R*, t. II, p. 197 et 221.

quart du IIe siècle avant notre ère, on recommence à fabriquer à Rome des monnaies à bords en dents de scie, cette fois à l'imitation des cuivres des Séleucides.

« Les premiers deniers, dit M. Mommsen (1), que nous voyons apparaître avec le bord dentelé, après cent cinquante ans d'interruption, portent les noms de Licinius Crassus et de Cn. Domitius (2) ; ce sont les seuls qui aient été frappés avant 650 de Rome (104 avant J.-C.). Nous n'en connaissons que quatre autres antérieurs à 670 (84 avant J.-C.) : les deniers de L. Cotta (3), de L. Scipio Asiagenus (4), de L. Memmius (5) et de C. Sulpicius (6). Les noms de Domitius et de Crassus, qui se trouvent avec ceux de cinq monétaires sur les premiers deniers dentelés frappés au VIIe siècle de Rome, pourraient faire penser que cette commission extraordinaire de sept membres (voy. livre III, chap. III, § 2) a inauguré une ère nouvelle pour le monnayage, et que ces magistrats sont les auteurs de l'innovation.

« Ce système de dentelure a duré jusque vers la fin de la République. Les deniers dentelés de L. Roscius Fabatus (7) et autres, qui se sont trouvés pour la première fois dans le dépôt de Cadriano, ont probablement été tous

(1) *M R*, t. II, p. 197.

(2) Cohen, *M C*, pl. VII, *Aurelia*, n° 5; pl. XV, *Cosconia*, n° 1 ; pl. XXXIII, *Poblicia*, n° 1 ; pl. XXXIV, *Pomponia*, n° 1; pl. XXXIV, *Porcia*, n° 1 ; Mommsen, *M R*, t. II, p. 362 et s.

(3) Cohen, *M C*, pl. VII, *Aurelia*, n° 7.

(4) Cohen, *M C*, pl. XIV, *Cornelia*, n° 3.

(5) Cohen, *M C*, pl. XXVII, *Memmia*, n° 2.

(6) Cohen, *M C*, pl. XXXVIII, *Sulpicia*, n° 1.

(7) Cohen, *M C*, pl. XXXVI, *Roscia*.

frappés après 681 (72 avant J.-C.). Ceux de M. Aquillius (1) et de C. Hosidius Geta (2) semblent être les plus récents, puisque ces magistrats prennent déjà sur leurs monnaies le titre de triumvirs (voy. livre III, chap III, § 2).

« Au surplus, la dentelure n'a pas été de règle générale, et, à l'époque même où elle était en usage, on fabriquait des pièces à la manière ordinaire (3). Hors de Rome, cette méthode n'a jamais été employée, et il est probable que tous les deniers nommés *serrati* ont été fabriqués dans les ateliers de la capitale. »

7. La plupart des pièces de bronze des Séleucides aux bords dentelés présentent en même temps, sur leurs deux faces, au centre, une petite cavité circulaire produite par une pointe ménagée en saillie dans le creux de la gravure du coin-matrice (4). Cette pointe, dès le premier coup de marteau, pénétrait assez profondément dans le flan de métal soumis à la frappe monétaire, et de cette façon elle l'empêchait de glisser, en la fixant entre les deux coins ; à l'aide de ce moyen, on obtenait le même effet que chez nous par l'emploi de la virole. La même particularité de tech-

(1) Cohen, *M C*, pl. VI, *Aquilia*, n° 2.

(2) Cohen, *M C*, pl. XIX, *Hosidia*, n°s 1 et 2.

(3) Cependant jamais le même type de deniers ne se rencontre dentelé et non dentelé ; il n'existe même pas de monétaire dont on ait à la fois des pièces des deux espèces avec des types différents. Mais, dans les triumvirs de la même année, on voit l'un adopter le système de la dentelure, l'autre ne pas le faire.

(4) Eckhel, *D N*, t. I, p. LXV ; Hennin, *Manuel*, t. I, p. 99.

nique se remarque sur quelques monnaies de cuivre de villes de Syrie et de Palestine, frappées à la même époque que les espèces royales des Séleucides où elle s'observe. M. Feuardent (1) a fait le premier la remarque que l'emploi de cette méthode, pour fixer le flan monétaire entre les coins, ne commence en Syrie qu'à partir du règne d'Antiochus IV et de sa campagne égyptienne. Au contraire, dès les premiers règnes de la dynastie des Lagides, on peut en constater la trace sur les pièces de bronze, qui ont en même temps les bords taillés en biseau. La réunion de ces deux circonstances montre qu'à Alexandrie, et en général dans les ateliers de l'Égypte ptolémaïque, on s'était occupé d'une manière toute particulière de la recherche des perfectionnements dans les procédés de la frappe, et qu'on y avait réalisé dans ce genre des progrès remarquables. C'est là qu'Antiochus IV emprunta cette pratique raffinée, qu'il introduisit en Syrie. Les autres Grecs, non plus que les Romains, ne paraissent l'avoir jamais pratiquée.

Mais la fabrication des monnaies fourrées (voy. le § 3 du chapitre précédent), qui eut chez les Romains de bien plus grands développements que chez les Grecs, dénote de la part des monnayers anciens une étonnante habileté pratique, malgré l'imperfection des moyens mécaniques dont ils disposaient. De nos jours, avec l'outillage bien autrement perfectionné dont nous disposons, on reculerait devant les difficultés matérielles de l'exécution de semblables pièces. On a peine à comprendre comment on arrivait à fixer d'une manière solide, sur le flan de fer ou de cuivre, les minces feuilles d'argent qui en couvraient les deux faces, à dissimuler leur commissure et à les empêcher de

(1) *Descr. d'une collection de méd. grecques*, p. 430.

se séparer sur la tranche de la pièce au moment de la frappe, comment enfin l'on parvenait à faire que d'aussi minces bractées ne se déchirassent pas sous la pression du coin battu avec le marteau. Il est surtout singulier que l'on ait pu arriver à vaincre ces difficultés dans la fabrication rapide d'émissions monétaires nombreuses; et la chose devient presque incroyable quand il s'agit de l'application de ce procédé à la fabrication de monnaies à bords dentelés, pour lesquelles s'ajoutaient encore des difficultés de plus. Mais, comme l'a remarqué Mongez (1), la production des pièces fourrées n'était possible qu'en frappant les monnaies à chaud, comme faisaient les Grecs et les Romains.

8. Nous n'avons pas à parler ici des monnaies des empereurs de Byzance, auxquelles leur forme particulière a fait donner le nom de *nummi scyphati;* elles n'ont, en effet, commencé que postérieurement à l'époque où nous arrêtons nos recherches dans cet ouvrage. Mais, sans avoir leur flan réduit à une aussi mince épaisseur que celui de ces pièces byzantines, certaines monnaies antiques tendent à lui donner une forme scyphate assez accusée, le droit présentant une convexité sensible, à laquelle correspond une concavité non moins marquée de la surfaee du revers. Le flan métallique, dans les pièces de ce genre, a été serré entre deux coins, dont l'un, celui du droit, offrait une surface creusée sur laquelle on a gravé le type, et l'autre une surface bombée, d'une courbure correspondante. Cette particularité se remarque surtout dans les monnaies, plus

(1) *Mém. de l'Acad. des Inscr.* nouv. sér. t. IX, p. 212.

ou moins grossièrement imitées de celles des Grecs et des Romains du temps de la République, qui ont été fabriquées par les peuples barbares échelonnés dans la longue vallée du Danube. On en observe les premiers germes dans le monnayage de la Pannonie et du pays des Quades (voy. livre VI, chap. VIII, § 2) ; elle est surtout développée dans les pièces d'or frappées par les Boiens de la Bohême et les habitants de la Vindélicie (1), et aussi, semble-t-il, sur l'autre revers des Alpes par les gens des environs de Verceil (2), monnaies auxquelles leur forme complétement scyphate, malgré l'épaisseur du flan, a valu en Allemagne l'appellation populaire de *Regenbogen-Schüsselchen*, « petits plats à l'arc-en-ciel » (voy. livre VI, chap VIII, § 3).

§ 2. — Monnaies coulées.

1. On croyait autrefois que l'usage de couler la monnaie était plus ancien que celui de la frapper. C'est qu'alors les savants considéraient l'*aes grave* des Romains et des autres peuples de l'Italie comme les monuments tout à fait primitifs de l'art monétaire (3). Mais aujourd'hui c'est une opinion qu'une étude plus approfondie des faits et des monuments numismatiques a fait abandonner.

(1) Streber, *Ueber die sogenannten Regenbogen-Schüsselchen*, Munich, 1860; Longpérier, *Rev. num.* 1863, p. 141 et s.

(2) Promis, *Ricerche sopra alcune monete antiche scoperte nel Vercellese*, Turin, 1865 ; Friedländer, *Berliner Blätter*, t. III, p. 169 et s. ; *Rev. num.* 1868, p. 129 et s.

(3) Pour la véritable date de cet *aes grave*, voy. livre VII, chap. II, § 1-5.

Les monnaies les plus anciennes portent la trace du marteau ; on voit qu'elles ont été frappées sur un flan de forme d'abord très-inégale, et qui ne gagna qu'avec le temps une régularité poussée beaucoup plus loin par les peuples modernes. Le procédé du coulage n'a jamais été qu'une exception, très-justifiée pour l'*aes grave*, qu'on n'aurait pu frapper pour les besoins de la circulation qu'avec les balanciers les plus puissants et non avec le marteau, seul employé des anciens, exception qui peut dénoter aussi l'inexpérience ou la précipitation, comme pour certaines monnaies gauloises et pour une notable partie du billon du temps de Septime Sévère et de ses successeurs.

Comme l'a très-bien dit M. Mommsen (1), « ce n'était point par ignorance de meilleurs procédés que les Latins et les Romains coulaient leurs monnaies au lieu de les frapper; mais c'était une méthode plus expéditive et surtout plus commode et moins chère à cause de la dimension de ces pièces. Ce qui le prouve, c'est que nous avons des fractions (des as et des sextans) qui ont été *frappées* à Rome même dès les premiers temps du monnayage, et dont le poids correspond à celui de l'as libral (sur le sens de cette dernière expression, voy. livre VII, chap. II, § 3). » Sans doute les Grecs ont fabriqué par le procédé de la frappe quelques pièces de très-grandes dimensions, en argent les *pentécontalitra* de Syracuse (voy. livre VI, chap. IX, au mot *Démarétion;* livre VII, chap. I, § 1), les décadrachmes d'Athènes ou d'Alexandre le Grand et les dodécadrachmes des Lagides, en or l'énorme pièce de 20 statères d'Eucratide de Bactriane (livre VI, chap. V,

(1) *M R*, t. I, p. 197.

§ 3), enfin en cuivre les plus grosses monnaies des Ptolémées, dont le poids moyen est de 96 gr. (livre VI, chap. VI, § 2). Mais la plupart de ces monnaies de proportions insolites étaient des pièces exceptionnelles, frappées en petit nombre, à la fabrication desquelles on avait pu donner des soins particuliers, et consacrer des frais de main-d'œuvre en rapport avec la valeur considérable qu'elles représentaient dans la circulation. On ne pouvait agir de même avec des monnaies de cuivre, d'une faible valeur eu égard à leur poids et à leurs dimensions, émises en quantités très-considérables, comme il le fallait pour la seule forme de numéraire admise officiellement dans l'usage d'une aussi grande ville que l'était déjà Rome à l'époque où elle commença à avoir des monnaies. C'est par milliers que se comptent les as libraux dans les énoncés de sommes que contiennent à chaque instant les historiens pour cette époque, et par conséquent il suffit de parcourir Tite-Live pour avoir une idée de ce qu'était le développement de la fabrication de ces monnaies. Dans de telles conditions, il était réellement impossible de recourir à la frappe pour d'aussi énormes pièces, surtout pour des pièces de cuivre, métal plus résistant que l'or ou l'argent à l'action du coin poussé par le marteau. Les seules pièces de cuivre grecques frappées qui approchent dans une certaine mesure par leurs dimensions des as libraux de l'Italie, celles des Lagides, sont d'une date postérieure; et, comme nous l'avons remarqué dans le paragraphe précédent, leur fabrication se lie à certains progrès dans les procédés mécaniques de la frappe, réalisés seulement alors et dans l'atelier d'Alexandrie. Il est fort douteux que les Grecs, même les plus expérimentés, eussent pu en frapper de semblables au commencement du IVe siècle avant l'ère chrétienne, et à plus forte raison l'on doit admettre cette impossibilité pour les Italiotes, qui n'avaient pas encore eu l'occasion d'acquérir la même habileté pratique que les Grecs. D'ailleurs la masse métallique qu'offrent ces pièces de cuivre des Ptolémées, les plus grosses que les Grecs aient produites par le procédé de la frappe, n'est que le tiers à peine des as libraux de Rome et du Latium, environ le quart de ceux du Picenum (livre VII, chap. II, § 4). Les Grecs d'Agrigente, eux-mêmes, quand ils se sont créé un *aes grave* à une époque un peu antérieure (livre VII, chap. I, § 1), n'ont pas cherché à le fabriquer autrement qu'en le coulant. La substitution de la simple fonte à la frappe pour l'*aes grave* de l'Italie, si elle constitue une exception relativement récente, postérieure de trois siècles au moins à l'invention de la monnaie, a eu sa cause dans la difficulté d'employer un autre procédé pour les données spéciales de ce monnayage. Et c'est la même difficulté qui a fait que les Grecs d'Olbia, vers le même temps ou un peu plus tôt, ont eu également recours au procédé de la fusion pour fabriquer les plus grosses pièces de leur *aes grave*, qui égalent presque, comme dimensions et comme poids, les as libraux de l'Italie (voy. plus haut, dans ce livre, chap. I, § 1, 3).

Chez les Gaulois, les pièces coulées appartiennent exclusivement à la dernière période du monnayage autonome (livre VI, chap. VIII, § 4, et livre VII, chap. III, § 6). Les monnaies gauloises sont nées de l'imitation de celles des Grecs (voy. livre IV, chap. VI, § 2), et de même que pendant longtemps nos ancêtres se sont bornés à copier directement ou de seconde et de troisième main les types helléniques, ce sont sur les procédés grecs qu'ils se sont modelés. Ils ont donc frappé leurs monnaies, plusieurs siècles avant de se mettre à en couler quelques-unes (1). Les pièces dues à l'emploi de ce dernier procédé sont d'une grossièreté d'art et d'exécution qui révèle un travail hâtif et presque tumultuaire, des émissions faites dans des temps troublés et dans des circonstances de nécessité, au milieu des dernières luttes de la nationalité expirante. Il faut ajouter que la composition du potin dont sont faites toutes les pièces, donnant un métal dépourvu de ductilité, imposait presque absolument, ainsi qu'il a été déjà remarqué plus haut (dans ce livre, chap. I, § 3, 4), de recourir pour leur fabrication à la fonte dans un moule, au lieu de la frappe au marteau entre deux coins métalliques.

2. Quant au billon des successeurs de Septime Sévère, on doit noter que l'abaissement prodigieux du titre de la monnaie et une négligence générale de la fabrication y coïncident avec l'apparition de nombreux exemplaires coulés. C'est, à proprement parler, de la *fausse monnaie*, quelle qu'en soit l'origine, publique ou privée; c'est pourquoi, à propos des découvertes de moules de terre cuite propres à couler les pièces de billon des empereurs du IIIe siècle, on a agité entre les antiquaires la question de savoir si c'étaient là des vestiges de l'industrie occulte des faux monnayeurs, ou si le gouvernement, en même temps qu'il prétendait imposer aux populations des monnaies sans valeur intrinsèque, au titre le plus gravement altéré, n'avait pas voulu aussi s'épargner les frais d'une fabrication soignée. Comme ces sortes d'entreprises

(1) A. de Barthélemy, *Rev. archéol.* nouv. sér. t. XV, p. 346.

sont de celles où les mauvais gouvernements ont cherché avec le plus d'obstination dans tous les temps un remède à leurs embarras financiers, on doit s'abstenir de mettre la substitution des espèces coulées aux pièces frappées, aussi bien que l'altération intrinsèque des monnaies, exclusivement sur le compte des faussaires de profession. L'altération, et l'on peut même dire la falsification du titre des monnaies d'argent, remplacées par du billon ou du cuivre saucé (voy. dans ce livre, chap. I, § 3, 4), après Septime Sévère, était un fait officiel et légal (voy. livre VII, chap. IV, § 2); or, la substitution fréquente d'un procédé de fonte à celui de la frappe vers le même temps ne peut guère en être séparée. La fabrication grossière et économique de la monnaie impériale par le moyen de la fonte a été certainement aussi alors un fait officiel, mais exclusivement propre aux ateliers des provinces. C'est en France, en Angleterre et en Suisse qu'on a trouvé un grand nombre de moules monétaires du IIIe siècle (1), jamais en Italie (2); ce qui prouve décidément que ces moules n'appartenaient pas à des faux-monnayeurs. On en a principalement rencontré beaucoup dans un certain quartier de Lyon (3), où l'on sait qu'il y avait une monnaie impériale (4), dans le quartier même

(1) Caylus, *Rec. d'antiquités*, t. I, p. 282 et s.; Eckhel, *D N*, t. I, p. LIV; Hennin, *Manuel*, t. I, p. 82; Akerman, *Catal. of roman coins*, t. I, p. XII et s.; Bruckner, *Merkwürdigkeiten der Landschaft Basel*, p. 2826; *Rev. num.* 1837, p. 176; *Num. journ.* t. II, p. 58 et 195; *Num. chron.* t. I, p. 161.

(2) Eckhel, *l. c.*; *Rev. num.* 1842, p. 67; Mommsen, *M R*, t. III, p. 15.

(3) *Rev. num.* 1837, p. 165 et s.

(4) Strab. IV, 3, 2; voy. Boissieu, *Inscriptions antiques de Lyon*, p. 281.

où a été également découverte la paire de coins d'un *aureus* de Faustine conservée au Musée de la ville.

Mais le fait ne se borne pas à la monnaie de billon des successeurs de Septime Sévère. On rencontre très-fréquemment dans le midi de la France, et rarement au nord de Lyon, une catégorie de monnaies antiques absolument inconnue aux autres pays où s'étendait la domination romaine. Ce sont des pièces de moyen module en cuivre jaune, avec un très-fort alliage de zinc, des *dupondii* de laiton coulés. Les moules en ont été estampés sur les pièces analogues sorties de l'atelier sénatorial de Rome, dont ils reproduisent les types, les légendes et jusqu'aux lettres S C (1). Le marquis de Lagoy a signalé le premier (2) cette sorte de monnaies, et M. A. Colson en a donné un catalogue fort étendu (3), mais qui est loin d'être complet. On trouve, dans celles que nous connaissons, la suite impériale complète depuis Auguste jusqu'à Philippe, et les spécimens sont surtout multipliés d'Hadrien à Septime Sévère. La fabrication paraît en avoir eu pour siége une localité de la Gaule Narbonnaise. Il est difficile de croire que cette véritable contrefaçon des produits du monnayage sénatorial ait été l'œuvre de faussaires privés. L'abondance et la continuité des émissions ne s'accordent guère avec cette donnée. D'ailleurs il y a, entre ces pièces et les monnaies frappées qu'elles imitent, des différences si sensibles de fabrique, de module et de poids, que, si ç'avait

(1) Ces pièces sont, d'ailleurs, plus légères de poids et d'un module notablement plus petit que leurs prototypes frappés; mais le flan en est un peu plus épais.

(2) *Rev. num.* 1842, p. 67.

(3) *Rev. num.* 1864, p. 107-121.

été de la fausse monnaie, on les aurait reconnues du premier coup d'œil et exclues de la circulation. Par quelle autorité étaient-elles fabriquées? C'est ce qui demeure encore un mystère.

Plus tard, au IVe siècle, nous voyons la substitution de la fonte à la frappe interdite par des lois de 326 après J.-C. (1), de 356 (2) et de 371 (3).

§ 3. — Comparaison des procédés anciens et modernes dans leurs résultats.

Pour en revenir à la monnaie frappée, la monnaie normale et habituelle des Grecs et des Romains, il est bon de remarquer que l'infériorité de l'art monétaire moderne comparé à celui de l'antiquité, même sous le burin de Benvenuto Cellini, de Michel Colomb, de Briot et de Varin, ne tient pas seulement à l'impuissance où se sont trouvés ces artistes d'atteindre au même degré de perfection plastique que les anciens. La différence des procédés matériels y a une très-grande part (4).

On cherche avant tout dans la monnaie moderne à ce que le flan qui reçoit les empreintes constitue un disque d'une régularité parfaite, aplati également sur toutes les parties de ses deux faces, de telle manière que les pièces

(1) Cod. Theodos. IX, 21, 3 ; Cod. Justin. IX, 24, 2.

(2) Cod. Theodos. IX, 23, 1.

(3) Cod. Theodos. XI, 21, 1.

(4) Ces considérations ont été déjà développées dans la *Gazette des Beaux-Arts*, t. XVII, p. 257-260.

puissent facilement se réunir et se conserver en piles. C'est en effet une grande commodité pour la conservation de l'argent dans un coffre-fort et une sérieuse garantie contre des soustractions frauduleuses, car il suffit d'un simple coup d'œil pour s'assurer qu'une pile de monnaies n'a pas diminué de hauteur, tandis qu'il fallait compter pièce à pièce ou recourir à la balance, pour vérifier si rien n'avait été enlevé à un group composé de monnaies d'une forme irrégulière et renfermé dans un sac. En outre, le numéraire moderne, avec ses bords mathématiquement réguliers et son épaisseur partout égale, ne permet pas à l'improbité de diminuer le métal par le limage, opération qui s'exécutait avec la plus grande facilité sur les monnaies antiques et dont il n'était possible de s'apercevoir qu'en pesant les pièces. Il y a donc eu des raisons décisives, et de véritable utilité, pour adopter et conserver cette forme dans le numéraire destiné à la circulation, bien qu'elle soit fort défavorable à l'art, en obligeant le graveur à donner aux types un relief trop affaibli, qui ne fasse pas obstacle à la faculté d'empilement des monnaies.

Au reste, ces reliefs affaiblis conviennent seuls à une pièce en forme de disque plan, et il n'est rien de plus désagréable, comme effet, que les médailles qui se frappent aujourd'hui pour perpétuer la mémoire des événements importants, avec leurs types en forte saillie sur un champ absolument plat. Tout autre est l'aspect des monnaies antiques de grande dimension, des *pentécontalitra* de Syracuse par exemple, avec leur belle forme lenticulaire, renflée au centre et amincie aux bords, dans laquelle se reconnaît si bien le merveilleux sentiment de convenance des artistes grecs. La saillie du flan ajoute à la valeur de la partie centrale du type, que le graveur a conçue pour appeler avant tout le regard, tandis que le champ va graduellement en s'effaçant vers les extrémités et n'a plus ainsi cette importance qui, dans nos médailles modernes, écrase le type. C'est surtout dans les têtes décorant le côté principal des monnaies que la supériorité de la forme lenticulaire éclate d'une manière frappante; on y gagne une variété dans les plans, une fermeté et une puissance dans le modelé, une finesse dans les contours, fuyants et arrêtés tout à la fois comme les donne la nature, que l'on ne parviendrait pas à atteindre avec le système moderne. On sent circuler l'air et la vie, et le type monétaire arrive à égaler les plus belles œuvres de la sculpture, tandis que les effigies de nos monnaies sont plates et sans relief, et celles des médailles commémoratives, plus relevées, semblent plaquées maladroitement sur le flan d'une épaisseur uniforme qui les supporte. La donnée d'un disque plan est réclamée par les raisons d'utilité que nous exposions tout à l'heure, pour les espèces du numéraire circulant, mais aucune nécessité ne la justifie pour les médailles, qui ne sont pas destinées à être mises en piles et que leur trop fort relief y rendrait tout à fait impropres. On est donc en droit de se demander pourquoi le sentiment du goût ne les fait pas ramener aux formes constantes de la numismatique des anciens, aux formes qu'avaient presque exactement renouvelées les artistes italiens du XVe siècle, dans leurs beaux médaillons coulés et ciselés, seuls monuments que l'art monétaire moderne puisse mettre sérieusement en parallèle avec ceux de l'antiquité.

Mais c'est ici qu'intervient la différence des procédés de fabrication. La monnaie antique était frappée au marteau; les monnaies et les médailles modernes ont été frappées par des moyens mécaniques d'une grande puissance, d'abord avec le balancier, puis de nos jours avec le bélier hydraulique. L'emploi de ces machines a produit une économie importante et une augmentation considérable de rapidité dans la fabrication; il est donc naturel et juste qu'on les ait adoptées, à l'exclusion d'un procédé plus imparfait sous ces deux rapports, pour la monnaie proprement dite. Mais l'art y a perdu, comme il perd presque toujours à l'emploi des machines. Le marteau, frappant moins rudement que le balancier ou le bélier hydraulique, n'écrasait pas le flan de la même manière et permettait ainsi d'éviter la dureté et la sécheresse des contours, que l'on remarque dans toutes nos monnaies et médailles, mais qui est inconnue à la numismatique de l'antiquité. Le marteau, manié par un ouvrier habile, était d'ailleurs un instrument aussi intelligent, aussi obéissant à la volonté que le ciseau du sculpteur; le monétaire pouvait régler la force de son coup comme il l'entendait, le rendre plus ou moins violent, selon qu'exigeait la nature du coin dont il avait à produire l'empreinte. Il lui était facile de calculer les choses de manière à faire porter inégalement la principale vigueur de la frappe sur les différents points de la surface du flan, de manière à donner plus de saillie et plus de valeur à certaines parties du type. Au contraire, l'effet des machines ne saurait se régler de la même façon; il ne connaît pas ces nuances délicates qui sont si importantes dans les œuvres de l'art; il frappe avec la violence, avec la régularité uniforme et brutale d'une force inconsciente.

L'invention du balancier, si précieuse pour la fabrication des monnaies courantes, dont il faut produire le plus grand nombre possible dans le temps le plus court et au meilleur marché possible, marque au point de vue de l'art une date funeste dans la numismatique moderne. On peut en observer les effets immédiats dans les séries monétaires de presque tous les pays de l'Europe; mais nulle part ils ne sont marqués d'une manière plus frappante que dans les espèces de la République d'Angleterre, sous Cromwell. La pièce d'or, dont le coin a été gravé par Briot, a été fabriquée au marteau, et elle peut être considérée comme le plus beau produit de l'art monétaire des siècles modernes; la monnaie d'argent a été gravée par Blondeau, les coins en sont presque aussi beaux que ceux de l'or, mais elle a été frappée au balancier, et cette circonstance seule suffit pour qu'elle ne puisse pas supporter la comparaison. Après l'invention du balancier, celle du bélier hydraulique, perfectionnement incontestable au point de vue matériel, en ajoutant à la régularité, à l'économie et à la rapidité de la fabrication, a marqué une nouvelle phase de décadence pour l'art. Il suffit de comparer une médaille du règne de Louis XIV avec une de celles que la Monnaie de Paris frappe aujourd'hui, pour juger de la différence des résultats des deux procédés. Et si l'on veut faire porter le parallèle sur des espèces destinées à la circulation, combien les belles pièces de cinq francs à l'Hercule, de la première République française, chef-d'œuvre du second Dupré, encore fabriquées au balancier, ne sont-elles pas supérieures sous tous les rapports, je ne dis pas aux monnaies de l'empereur Napoléon III (ce qu'il y a de plus indulgent à faire est de n'en pas parler), mais à celles de la République de 1848, dont les coins ont été repris depuis le 4 septembre et qui sont les plus élégantes monnaies que l'on ait produites de nos jours.

Les raisons qui imposent l'emploi des moyens mécaniques pour la fabrication du numéraire circulant n'ont aucune valeur lorsqu'il s'agit des médailles commémoratives. Comme on n'en frappe qu'un petit nombre d'exemplaires, l'économie est nulle ou presque nulle; et, quant à la rapidité plus grande, c'est un cas où l'on peut dire justement que « le temps ne fait rien à l'affaire ». Pourquoi donc s'obstine-t-on à employer dans leur fabrication un procédé dont les effets ne sont point heureux sous le rapport de l'art, au lieu de revenir au système qui a donné de si beaux résultats dans l'antiquité? L'épreuve mérite au moins d'être tentée, et je suis sûr d'avance que les résultats en seraient assez heureux pour prouver la nécessité de substituer à l'emploi du bélier hydraulique et des disques de métal absolument plane celui du marteau, ainsi que d'une lentille métallique renflée au centre et amincie sur les bords, toutes les fois que l'on voudrait obtenir une véritable œuvre d'art, digne de passer à la postérité pour y transmettre le souvenir des événements mémorables de notre temps. Déjà, du reste, au point de vue de la conception des reliefs du type et de la forme lenticulaire du flan métallique, on peut saluer avec satisfaction chez nos jeunes artistes l'aurore d'un mouvement de retour aux vrais principes, trop longtemps oubliés. A ce point de vue, il y aurait injustice à ne pas signaler au moins comme un heureux exemple l'excellente médaille commémorative du *Vœu de l'église du Sacré-Cœur* par M. Chapu, dans laquelle cet éminent artiste s'est rapproché plus qu'aucun autre contemporain de l'accent des grands graveurs du XVe siècle.

FIN DU TOME PREMIER

TABLE ANALYTIQUE

DES MATIÈRES

DU TOME PREMIER

§ 6. — *Les médaillons contorniates.*

§ 7. — *Les tessères théâtrales.*

§ 8. — *Jetons divers.*

Chapitre II. — Noms génériques de la monnaie chez les anciens.

Chapitre III. — Origine et propagation de l'usage de la monnaie dans le monde antique.

§ 1. — *La circulation métallique avant l'invention de la monnaie.*

§ 2. — *Variations dans le choix du métal étalon aux diverses époques.*

§ 3. — *Alliages des métaux monétaires.*

Chapitre II. — La monnaie fiduciaire, sans valeur intrinsèque, chez les anciens.

§ 1. — *Monnaies de plomb, d'étain, de verre et de terre cuite.*

§ 2. — *Prétendues monnaies de fer et de cuir.*

§ 3. — *Les monnaies fourrées.*

§ 4. — *Les monnaies des mines.*

Chapitre III. — Procédés de fabrication de la monnaie chez les anciens.

§ 1. — *Monnaies frappées.*

§ 2. — *Monnaies coulées.*

FIN DE LA TABLE DES MATIÈRES DU TOME PREMIER

Paris. — Imp. Gauthier-Villars, 55, quai des Grands-Augustins.

Paris. — Imprimerie Gauthier-Villars, 55, quai des Grands-Augustins.

www.ingramcontent.com/pod-product-compliance
Lightning Source LLC
LaVergne TN
LVHW020611110826
845149LV00002B/450